■ 本书获重庆邮电大学社科基金资助

德性与理性：
大学教学管理伦理诉求研究

张 东 著

中国社会科学出版社

图书在版编目（CIP）数据

德性与理性：大学教学管理伦理诉求研究 / 张东著.
—北京：中国社会科学出版社，2018.6
ISBN 978-7-5203-2142-6

Ⅰ.①德… Ⅱ.①张… Ⅲ.①高等学校—教学管理—伦理学—研究 Ⅳ.①G647.3

中国版本图书馆 CIP 数据核字（2018）第 037806 号

出 版 人	赵剑英
责任编辑	孔继萍
责任校对	李 剑
责任印制	李寡寡
出　　版	中国社会科学出版社
社　　址	北京鼓楼西大街甲 158 号
邮　　编	100720
网　　址	http://www.csspw.cn
发 行 部	010-84083685
门 市 部	010-84029450
经　　销	新华书店及其他书店
印　　刷	北京明恒达印务有限公司
装　　订	廊坊市广阳区广增装订厂
版　　次	2018 年 6 月第 1 版
印　　次	2018 年 6 月第 1 次印刷
开　　本	710×1000　1/16
印　　张	18
插　　页	2
字　　数	278 千字
定　　价	85.00 元

凡购买中国社会科学出版社图书，如有质量问题请与本社营销中心联系调换
电话：010-84083683
版权所有　侵权必究

序

德性与理性是伦理建构中最重要的价值维度，古希腊的理性精神奠定了近现代西方文明的根基，中国传统文化精神决定了管理思想的德性本质。以人性视角观之，西方理性思想为科学管理提供了扎实的基础，东方德性传统为现代管理传递着更丰富的价值。单独强调理性与德性任一方面都不免流于偏颇，需要在对话和交流中得以和谐与平衡。正所谓理性求真、德性求善、平衡求美。

从以人为本的教育理念出发，大学教学管理最应该考虑的是大学的精神、人才培养的精神、管理的精神。也就是本书强调的，在大学教学管理体系中贯穿伦理的精义，回答大学教学的信仰和追求，这种信仰和追求归于人的心灵，让当今的大学生不随波逐流，不盲目跟随。这种追求德性和理性的心灵，是文明的基础，是创造力的源泉。伴随人类自身与社会的发展，这种信仰和追求慢慢外化为有形的存在，嵌入教学质量之中，形成社会性共识与质量文化，成为一切秩序思维、质量思维的灵魂。这种共识与文化同时又会影响到人才培养全过程，培养或孕育出新时代的大学生。通过一代代毕业生参与社会活动与工作实践，学生承载的德性与理性思维，成长成才，努力奉献，又必将影响当时代的社会，使得大学精神和大学教学的信仰追求传递和影响着社会。

本书挖掘中国传统管理智慧，吸纳和结合西方先进思想，为大学教学管理提供新思路、新选择。近年来，被诟病的人才培养过于功利化，大学办学过于庸俗化，被一系列的评估排名、考核排序牵着鼻子走，也有人诟病当前的人才培养越来越倾向于"精致的利己主义"，越来越缺乏道德律令和内心的规则。目前正值我国高校"双一流"建设重要时期，如何在高等教育强国建设过程中坚持中国特色、中国文化，决定着一流大学的中国属性，对我国未来高等教育发展影响至深。中国的"双一流"建设，尤其是一流的本科教育、一流的人才培养，必须继承和发扬我国传统文化的优秀精华，实现我国大学的伦理建构，倡导德治礼序。同时，大学教学管理需要借鉴西方理性文明根基，倡导理性科学。因此，回应现代大学运行中尤其是教学中的主要伦理问题，必然需要从教学管理的伦理建构中获取答案。本书强调在以德为治、以礼为序的基础上，构成传统伦理思想和现代管理智慧，德性与理性有机结合，实现崇善、成理、合美的伦理追求，颇具借鉴价值。

张东博士在求学期间选定大学教学管理这一领域，围绕伦理诉求开展研究，对他而言是一个严峻挑战。事实上，在开题和初稿形成过程中，也是困难重重，屡受挫折。好在他已在大学从事教学管理研究和实践多年，知道一些教学伦理研究的范式，收集和积累了大量的文献资料和理论成果，也有将当今大学教学管理伦理问题研究透彻的雄心壮志和务实坚持。最终本书的话语表达和理论体系均围绕与服务"伦理诉求"这一中心而来，或铺垫，或桥接，或强化，从大学教学管理的伦理诉求"何谓"，到伦理诉求"何求"与"何为"，再到伦理诉求的应然与可能，伦理诉求的尺度、限度、适应度、达成度等逐一梳理和论述，渐入佳境，亮点纷呈。

值此书付梓之际，略陈数语，聊以为序，算是对张东博士学术生涯的祝福。

李 森

2017 年 12 月 18 日

于海南师范大学怡园

目 录

摘要 ………………………………………………………………… (1)

Abstract …………………………………………………………… (1)

第一章 导论 ……………………………………………………… (1)
    一 问题的提出 ………………………………………………… (3)
    二 文献综述 …………………………………………………… (10)
    三 研究的目的与意义 ………………………………………… (16)
    四 研究思路、内容与方法 …………………………………… (18)

第二章 大学职能演变与教学管理变革 ……………………… (23)
    一 "双一流"建设对我国高校人才培养的影响 ……………… (23)
    二 现代大学职能的历史演变 ………………………………… (28)
    三 "双一流"背景下大学教学管理观念的变革 ……………… (35)

第三章 大学教学管理的伦理精神与诉求 …………………… (41)
    一 大学教学管理的内涵意蕴 ………………………………… (41)
    二 伦理精神的本真解读 ……………………………………… (57)
    三 "双一流"精神实质与大学教学管理的伦理表征 ………… (63)

第四章 中外管理伦理思想对大学教学管理的启示 ………… (78)
    一 我国传统管理伦理观的优势与不足 ……………………… (78)
    二 西方管理伦理观的优势与不足 …………………………… (84)

三　中外管理伦理观对大学教学管理的启示 …………………（89）

第五章　大学教学管理伦理现状与反思 …………………………（94）
　　一　大学教学管理现状的实证分析 …………………………（94）
　　二　大学教学管理存在的问题 ………………………………（121）
　　三　大学教学管理存在问题的伦理反思 ……………………（132）

第六章　大学教学管理伦理诉求的类型与功能 …………………（140）
　　一　大学教学管理伦理诉求的类型 …………………………（141）
　　二　大学教学管理伦理诉求的功能 …………………………（143）

第七章　大学教学管理伦理诉求的核心原则 ……………………（149）
　　一　大学教学管理的合理性原则 ……………………………（150）
　　二　大学教学管理的合德性原则 ……………………………（156）
　　三　大学教学管理的协调性原则 ……………………………（163）

第八章　大学教学管理伦理诉求的应然与可能 …………………（171）
　　一　大学教学管理伦理诉求的应然维度 ……………………（171）
　　二　大学教学管理应然伦理诉求的实现可能与限度 ………（177）
　　三　大学教学管理应然伦理诉求达成的衡量尺度 …………（182）

第九章　大学教学管理伦理诉求的实现机制与路径 ……………（186）
　　一　大学教学管理伦理诉求的实现机制 ……………………（186）
　　二　大学教学管理伦理诉求的实现路径 ……………………（202）

结语 ………………………………………………………………（242）

附录　调查问卷 …………………………………………………（244）

参考文献 …………………………………………………………（248）

后记 ………………………………………………………………（268）

摘 要

只有培养出一流人才的高校，才能够成为世界一流大学。不忘初心，育人为本。大学之学，在学生，在学术，在学风。大学教学管理必须直接面对"人性"，必须回应大学组织体系中的伦理问题，坚持凸显和强化人才培养中心地位，将教学与人才培养作为现代大学发展的主线。人才培养成为现代大学的核心使命和主要职能。教学中心地位是否突出，人才培养质量是否保障将成为衡量一所大学中心职能发挥程度的主要评价指标。也是建设"双一流"的重要要义与支撑。然而，平心而论，重视人才培养，以教学为中心往往口惠而实不至。加强教学管理的理论研究是丰富教学论研究和推动教学理论发展的内在需要，也是更好地揭示和分析当前教学管理实践困惑的需要。与基础教育阶段的教学相比，大学阶段的教学具有自主性和学术性的特征，对国家经济社会发展和学科知识的集聚有着更直接、更有力的支撑作用。大学教学管理能否为教学自由和规范兼具、学术和德行共存提供保障，已然成为教学论研究的重要课题。

教学管理本身源自克制人性和促进人性完满的需要，其本质是促进教育规范和精神提升。教学管理作为文化领域的管理，与政治、经济领域的管理既有联系又有区别，分别追求的重点有所不同，政治领域更强调"力"（权力）、经济领域更强调"利"（利益），文化领域则更侧重"理"（道理、伦理），教育教学属于文化领域，大学教学管理在承载规范职能的管理性的同时，蕴含着更加丰富的教育性和伦理精神，天然地形成和包容了规范伦理和美德伦理两个层次的伦理特性。大学教学管理是一种价值承载的伦理实践活动，具有复杂的实践场域，充满丰富的人性精神，其蕴含的规范和美德的诉求存在价值序列上的差别，其中规范之于大学教学管理具有优先价值和工具意义,而促进美德伦理和形塑完整的人则具有更高价值和实质意义。

大学教学管理的本质特征、主体要素和外部环境都存在着客观的伦理诉求,这些诉求依照道德原则在大学教学管理实践中达成理解和共识,将形成现代大学教学管理的应然体系,客观地为规范教学管理实践,完满师生精神人格,生成师生伦理美德将起到呼吁和促进作用。全书分为九章。

第一章,导论,厘清研究问题和思路框架。大学教学管理是大学精神和文化的体现,双一流背景下,各种排行榜为学科发展和教学质量贴上标签,大学本科教学评估、学校目标责任和绩效考核、学生量化评比等刚性化、工具性管理模式与大学精神相悖,教学管理的应然伦理精神缺失,导致教学异化和偏离,大学教学管理亟须"回归理性"和"弘扬德性"。本部分明确了课题研究的目的与意义,锁定大学教学管理这一研究场域,以伦理诉求为分析视角和研究工具,按照"是什么?""怎么样?""为什么?""应如何?"和"怎么办?"的逻辑,厘清研究思路,构建研究框架。

第二章,大学职能演变与教学管理变革。通过对大学职能演变的历时性考察和大学教学管理观念的发生学分析,系统梳理我国大学教学的历史沿革和职能变迁,探索我国大学价值观、发展观、质量观和育人观以及与之伴随而来的大学教学管理观念的转变和演进,说明大学教学管理观念的产生是一个历史性的动态生成过程,大学教学管理的伦理诉求具有鲜明的时代性和实践性。

第三章,大学教学管理的伦理精神与诉求。通过对大学教学管理及其伦理精神的本体性解读,分层揭示大学教学管理在大学实践场域中的意义和特征,机构和要素,功能和机制。围绕伦理的词源分析和内涵解读,阐释伦理的本质,回答"伦理何谓";结合伦理的本质和大学的使命,回答"伦理何求?"阐释大学这一特殊伦理共同体形式,理性解读大学教学管理存在的伦理要素。围绕大学精神的历史演变,阐释大学精神的时代诉求及其教学管理的表征。

第四章,中外伦理思想对大学教学管理的启示。我国传统管理伦理强调"以人为本""正人正己""以德为先""天人合一""以义制利"

的伦理理念，西方管理伦理则强调"个人中心""契约理性""自由民主""自我实现"等伦理导向，本部分系统分析和反思中外管理伦理思想的优势和不足，从理性与德性、个性与社会性的四维矩阵结构中分析中西管理伦理价值统整互补的可能与必要，认真把握现代大学教学管理"德性与功利""和谐与竞争""理性与情感"相结合的启示。

第五章，大学教学管理伦理现状与反思。采用网络问卷，专家访谈，现场观察等，以教职员工和学生为调研对象，就双一流背景下教学管理在"政策适应、组织形式和运行状况"三个维度上主要表现和关联分析，揭示教学管理在民主与集权、以事为本与以人为本、行政管理与学术管理等价值取向上的冲突与碰撞。还普遍存在校院两级运行不畅、多元民主参与困境、大学内部治理乏力、外部治理参与不够，师生教学管理满意度不高等问题。通过呈现和揭示大学教学管理伦理诉求不足的主要表征，积极探究大学教学管理的伦理症结和根源。

第六章，大学教学管理伦理诉求的类型与功能。大学教学管理可分为"内发"和"外求"两种类型的伦理诉求，其中内发式诉求主要体现为"关系伦理"，外求式诉求主要体现为"实践伦理"。在大学教学管理的生态视域中，最终应通过内外双向互动统整，实现交往实践的和谐美德。围绕伦理在大学教学管理中的认识功能、价值导向功能、反馈调节功能、动力激发和价值激励功能，阐释伦理在大学教学管理中的功能与意义。

第七章，大学教学管理伦理诉求的核心原则。围绕大学教学管理内部发展需求和社会发展需要，把握教育者、受教育者的客观发展规律，结合中外管理伦理思想的统整与启示，提出大学教学管理伦理诉求的求真、崇善和尚美的核心取向，在大学教学管理伦理诉求中坚持和遵从教学管理的合理性原则、合德性原则和协调性原则。

第八章，大学教学管理伦理诉求的应然与可能。围绕大学教学管理存在的问题和核心原则，本部分将大学教学管理对民主与自由、规范与秩序和公平与正义的追求作为大学教学管理的应然诉求维度，同时，还通过对大学教学管理可诉性考量，客观分析该诉求的可能性与局限性，并将"主体性激发度""自由性实现度"和"社会性适应度"作为衡量大学教学管理伦理诉求的实现尺度。

第九章，大学教学管理伦理诉求的实现机制和路径。从大学教学管理内外双向互动机理入手，形成了"伦理目标、主体德性、关系协调、反馈调整"的内部动力机制和"环境营造、制度规范、文化提升、服务配套"的外部保障机制。在大学教学管理伦理诉求的路径选择上，提出了从"规训"到"理解"的伦理范式转型，构建教学管理伦理共同体以激发主体意识和组织力量；弘扬大学教学管理的角色德性和促进教师道德发展；推进大学教学管理伦理诉求的制度化建设和积极营造教学管理文化，深化大学教学管理伦理理论研究等实现路径。

本研究力图在以下三个方面予以创新：一是研究视角新，用"伦理诉求"的视角对大学教学管理进行本体性解读、历时性考察、价值论分析和实践性探索，对提升"大学"这一阶段性教学论研究，探索大学教学伦理理论创新的趋势和走向具有一定的借鉴意义。二是研究内容和体系新，立足"求真""崇善"和"尚美"的价值追求，围绕着"发展""效能"和"艺术"三个基本向度及"合理性""合德性"与"协调性"的核心原则，揭示大学教学管理应然存在的规范与自由、公正与效率、和谐与审美等多个伦理诉求维度，为大学教学管理的伦理建构提供了可资借鉴的逻辑框架和理想图景。三是研究观点新，提出了大学教学管理伦理"内发"和"外求"的双向诉求机制，将"主体性的激发度""自由性的达成度"和"社会性的适应度"作为衡量大学教学管理伦理诉求可能的三个基本尺度，在范式转型、角色德性养成、伦理制度化等方面提供了诉求实现的路径选择。

当前，我们置身"双一流"建设背景之下，在不断推进大学治理体系和能力现代化进程中，必须回应大学组织体系中的伦理问题。全书话语体系与理论框架均为围绕与服务"伦理精神""伦理诉求"到"伦理建构"这一逻辑而来，或铺垫，或桥接，或强化。从大学教学管理的伦理诉求何谓，到伦理诉求何为，再到伦理诉求的尺度与限度等逐一梳理和论述，围绕建设高等教育强国和"双一流"建设目标要求，探讨伦理建构的基本原则、实现机制和构建路径。

关键词：大学；教学管理；伦理诉求

Abstract

To strengthen the construction of teaching management theory is the intrinsic need in enriching teaching theory research and promoting teaching theory development, also the need to preferably reveal and the analyze the current perplexity in practicing teaching management. Compared with teaching in Basic education, teaching in university education is of more innovative and academic. It is a more direct and powerful support to the national economic and social development, as well as collecting discipline knowledge. Whether college teaching management can provide guarantee to college education, especially in promoting both freedom and standard teaching, academic and virtue coexistence—has become the an important research project in theoretical research of college teaching. Teaching management itself derived from restraining human nature and promoting humanity perfection, its essence is to promote education standards and spirit elevation. As the management in culture domain, teaching management is related to management in political domain and economical one and also distinct from that. The distinction lies in that management in university teaching does not only contain richer educational characteristics but also ethical spirit; meanwhile it bears the function of regulating management. Thus it naturally forms and embraces two levels of ethical characteristics—the normative ethics and the virtue ethics.

University teaching management itself had a strong ethical appeal, and the educators and other participants of university teaching management also have certain ethics appeal. These certain moral principles in university teaching management reach a consensus, thus form the appeal system of modern university teaching management. These appeals in fact call for and promote better regulation of management practice, formation of teachers' virtue. College teaching management has complex practice field and rich ethical spirit. Its implication of standard and the appeals of the virtue are different in value sequence, in which, the college teaching management regulations have the priority in value and instrumental meaning, promoting virtue ethics and shaping whole personality, with higher value and practical meaning.

This dissertations divided into nine parts:

Part One is the Introduction. Not only is the research question made clear and so are the aims and significance elaborated, but this part makes sure of research angle, research thinking and research framework as well. The university teaching management embodies the university spirit and university culture, but in recent years, the sollen ethic spirit of the university teaching management have got lost because of the mode of teaching management goes against the university spirit. Therefore, the university teaching has deviated from its nature. It's urgent to have the university teaching management recover its own sollen rationality and dhama. After locking in the research field, the research thinking and framework are settled by utilizing the ethic appeal as the analyzing perspective and research tool.

Part Two focuses on the evolution of the university functions and the revolution of the university teaching management. When unscrambling the historical evolution and the function change of university teaching in our country, the educational values, university development outlook, talent quality and educational view and the managerial notional change of university teaching are probed into. The emergence of the university teaching management ideas shows the characteristics of being dynamic and the ethic teaching management should be epochal and practical through diachronically examining the function evolution of university and analyzing the management ideas in university.

Part Three deals with university teaching management and its ethic spirit. Through ontologically interpreting the university teaching management and ethics, the significance and characteristics of teaching management are revealed. At the same time, institutions and elements as well as functions and mechanism of university teaching management are clarified. This part also pays attention to the nature of ethic and the spirit of university. What ethic means and demands for is manifested here. University is a special ethic community, and the teaching management should demonstrate its ethical spirit, core characteristics and fundamental functions

Part Four does with the influence and enlightenment of managerial ethic ideas at home and abroad on university teaching management. Advantages and deficiencies in Chinese and western management ethics are Systematically analyzed and retrospected by utilizing the four dimensional matrix structure, that is, rationality and virtue, personality and social, to analyze the possibilities and necessities of complementation and the coupling of the Chinese and western management ethics as well as their enlightenment on the ethics appeal of university teaching management. The enlightenment shows that it is necessary and important to combine virtue and utility, harmony and contest, rationality and emotion in manage university teaching.

Part Five elaborates the Problems with college teaching management and the ethical reflection on them. The deficiency of the ethic appeal and its manifestation are disclosed, such as, conflicts and collisions, which mainly appear in the aspect of democracy and concentration of power, matter first and person first, administrative management and academic management, and on the value orientation of university teaching management, and unbalance of and dilemmas of management mode by means of analyzing the status quo of the university teaching management. And the crux of the problems are analyzed as well in this part.

Part Six goes about the types and functions of the ethic appeal of the university teaching management. There exist two types of ethic appeal, namely, internal relational ethic and external practical ethic. If the two kinds of ethic appeal are integrated perfectly, the harmonious virtue will appear in the course of interaction. The functions and significance of ethic are elaborated through manifesting the functions of ethic on university teaching management. The functions include cognitive function, value-oriented function, regulatory function, motivative function and inspirative function.

Part Seven mainly centers on the core principles of ethic appeal of university teaching management. Considering the internal managerial development needs and social development deeds, as well as law of development of educator and abductees, three core principles on ethics appeal in teaching management are raised, that is, reasonable, virtuous and harmonious, which show the core orientation of ethic appeal of teaching management in university.

Part Eight puts focus on the sollen ethic appeal of the university teaching management. Around the core principles and the existing problems in teaching management, the sollen appeal is discussed, which includes six dimensions-freedom and democracy, norms and order and equity and justice in university teaching management, through which we can objectively analyze the possibilities and limitations. And the dimensions of measuring the level of realizing the ethic appeal consist of the motivation of subjectivity the realization of freedom and the social fitness.

Part Nine refers to the realistic mechanism of and path to ethic appeal in university teaching management. How to generate the internal motivation and external security mechanism is discussed in this part. The internal motivative mechanism depends the ethical aims, the virtue of the subject, the concerting of relation and the regulation of feedback while the external mechanism relies on the circumstance, norms, culture and service etc.. The ethic paradigm transformation—from "disciplining" to "understanding" – are put forward as one of the three ways to manage teaching ethically. The other three ways result in promoting the virtue of managing roles and improving the teachers' moral development, advancing the systematic construction of the ethic teaching management and actively creating the culture of teaching management, and doing research on ethic theory of teaching management.

The creation of the dissertation includes: the research angle, the research content and the research idea. Specifically, this dissertation offers new perspective for advancing the university theory of instruction and the reference for exploring the tendency of the theory of teaching ethic at university by probes into teaching management in university from the angle of ethic appeal. In the aspect of research content, three core principles and six dimentionalities of ethic appeal of teaching management are put forward based on the value pursue of seeking for truth, worshiping goodness and appreciating beauty. As for the research ideas, the dual appeal mechanism of teaching management in university, that is, internal relational appeal and external practical appeal are raised as well as three basic dimentions, including the motivated degree of subjectivity the achieved level of freedom, and the social adaptability and three ways of realizing the appeal which lie in transforming the paradigms, fostering the role virtue and institutionalizing the managing ethic.

Keywords: University; Teaching Management; Ethical Appeal

第一章

导　　论

　　伦理活动作为人类起源最早，最基本的精神性活动样式，其本质是人类依据一定的规则和约定对自身生存发展采用的规范、设计和引导，主要指向人类自我及其内部精神世界。伦理诉求是在人类发展过程中对规范和价值的追求，包含规范和价值的双重依托和需要，伦理本身具有内生的诉求，同时，因一切活动都处于社会环境之中，又包括外发的诉求。伦理及其诉求与管理有着功能的重叠和实质的互通，彼此相辅相成、相互补充、相互支持、相互依赖，在管理实践中不仅体现为正当，而且显得十分必要。大学教学管理作为具有浓厚伦理精神的特殊文化实践活动，其本身所蕴含的伦理精神和道德追求，是教学设计、方案制订及育人功能实现的首要价值标准和本质要求，以伦理为基准的大学教学管理活动，教育性与管理性兼具，既注重内在性的"自律"观念又注重外在性的"他律"要求。教学因其"求善"，大学教学活动也就具有伦理品性；伦理对教学管理的协调和导向作用，既是求真，也是求善的活动，大学教学管理为实现教育"崇善"和管理"公正"提供了道义标准和应然追求。大学教学管理是教学活动的重要环节和保障，是完整而有效教学活动中不可或缺的重要部分，承载着教学的应然价值追求，在教学全过程中具有重要的导向、评估和反馈功能，帮助和督促教学实现其"求善"的应然追求，教学主体及主体间的伦理诉求将直接表现在教学管理全过程中。可以说，大学教学管理伦理诉求是教学求善的本质属性和基本要求。

　　一谈及教学管理，人们马上就会联想到管理效率，管理质量，还会联想到信息化、教学技术、设施设备、豪华大楼，当然还有一流的师资。

无疑这些都是现代大学教学管理所必需的也是必要的特征。同时，不少专家会提出诸如先进的教学理念、人性化管理、个性化评价等特征。从以人为本的教育理念出发，大学教学管理最应该考虑的是如何彰显大学的精神，人才培养的精神、管理的精神，如何在大学教学管理体系中贯穿伦理的精义，即大学教学的信仰和追求。这种信仰和追求不易随波逐流，盲目跟随，伴随人类自身与社会的发展，这种信仰和追求慢慢地外化为有形的存在，形成社会性的共识和文化，这种共识与文化又会影响到人才培养的全过程，培养或孕育出新生的社会个体，通过参与社会活动与实践，影响当时代的社会，使得大学精神和大学教学的信仰和追求传递和影响社会，从而成为一种久远的历史存在。

随着我国高等教育从精英化到大众化，再到普及化的发展历程，也随着我国建设高等教育强国战略目标的明确提出，"双一流"建设成为新阶段全国高等教育的又一重要抓手和重点工程，对大学教学管理的职能职责提出了新的要求，亟须政策回应和实践应对。一流大学和一流学科建设迫切需要一大批拔尖创新人才。进一步强调教学和人才培养的中心地位。随着对教育教学规律认识的不断深入，人们关于教学管理在大学管理中的中心地位和重要作用的认识也日益深入。在大学场域中，深化教育教学改革，提升人才培养质量，以生为本，立德树人的呼声，反映出人们已经深刻地认识到提高教学管理水平与提高教育质量之间、教学管理伦理诉求与教学管理实效之间存在必然联系。教学必然蕴含教育性，教育性又必然包含伦理性，教学管理的教育性决定其不能没有相对确定的基本立场和方向，教学管理活动必然也应然地符合社会发展的规律、学术知识体系发展规律和人的发展规律，通过对规律探求的合理建构，进而形成一定的管理规范和美德伦理。

大学教学管理的伦理诉求，围绕"求真""崇善"和"尚美"的价值追求取向，包含"发展""效能"和"艺术"三个基本向度和合理性、合德性和协调性的核心原则，应然存在规范与自由、公正与效率，和谐与审美等多个伦理诉求维度。由于大学教学管理的伦理诉求来源于国家、社会、学校，教学管理者、教师、学生等多元诉求和需要，客观存在和谐统一和矛盾冲突。如何在大学教学管理理念中实现诉求的多元统整和顺利实现，本书试图建构激发大学教学管理的内部动力机制和健全完善外部保障机制，探索内生和外发的伦理实践路径，促进大学教学管理伦理诉求的实现。

一 问题的提出

"学源于思，思源于疑；疑是思之始，学之端"。任何研究都肇始于问题的发现。无论何种话语，如果在当今社会被凸显出来，一般源于两种原因，一是这种话语缺失，二是当下迫切需要。人们对伦理精神的追求，正是出于现实中道德的迷失和伦理精神发展的必要。伦理审思、透视和诉求在中国当前以经济建设为中心，在市场经济建设背景下的语境中显得极为渴求，在高等教育大国向高等教育强国迈进过程中强调"回归理性"和"弘扬德性"十分必需和必要，本研究的问题也源自作者对我国大学教学管理理论现状的理性审思和教学管理实践活动中伦理现状的深切关注。

随着"211""985"工程建设的日益深化，我国高等教育日益做大做强，为"双一流"建设奠定了坚实的基础，积累了丰富的经验，同时也在构建高等教育强国体系中还凸显了不少亟须回应的问题。2015年，国务院印发《统筹推进世界一流大学和一流学科建设总体方案》，揭开了新一轮大学建设的新高潮。高等教育强国是当前"双一流"建设的根本价值目的，既是国家战略需要、社会迫切要求，也是大学自身发展需要。强大的高等教育能推动国家发展和强大，提升国民总体素质。大学不能简单地迎合时尚，短视地适应社会，但必须满足经济社会发展的长远需求。否则社会在发展，大学象牙塔脱离社会，孤芳自赏，势必只能昙花一现，无法维持持久的繁荣。我国大学在"双一流"建设中，必须深刻认识，自觉践行。

哈佛大学校长洛威尔指出"大学的存在时间超过了任何形式的政府，任何传统，法律的变革和科学思想"。"在人类的种种创造中，没有任何东西比大学更经受得住漫长的、吞没时间历程的考验。"[①] 人类社会发展到近代，科技活动迅猛发展，但凡世界各国科技革命的启动或世界科技

---

① [美]约翰·S.布鲁贝克：《高等教育哲学》，王承绪译，浙江大学出版社2001年版，第30页。

活动中心的转移，均以高等教育的发展作为支撑。

"双一流"建设既是"211工程"和"985工程"建设的统筹和延续，也是加快实现我国高等教育现代化的必然要求和必由之路。高校主动投入日益激烈的国际化竞争中，大学软硬件实力发展迅速，基本达到国际标准或者与国际标准实质等效，各种国际评比中也有所进步。然而，"双一流"建设绝不只是评选和资助，其根本在于"建设"。从目前媒体报道情况看，全国有20多个省区市已制订了"双一流"建设行动计划，预算总建设经费超过1000亿元，有的省份已经开始实施行动计划，政策支持已经到位。针对教育舆论上普遍质疑的"我国世界一流大学缺乏、创新人才缺乏"的问题，香港城市大学校长撰文分析其原因，最后归因于大学"心件"上的缺陷。他所指的与硬件软件对应的"心件"，其实质就是我们必须探讨的大学人才培养的心态，一种专业精神，一种行为习惯和思维模式，一种需要一段时间去学习、沉淀的教育者气质，是大学教育发展不可或缺的要件。无论是政府还是校长不能仅靠命令，不能仅靠物质的投入和标准化的评估。当前的"双一流"建设，迫切需要通过理念和价值观，凝聚大家的共识；通过章程和制度，规范大家的行为，通过文化和精神，激励广大学人共同努力。

习近平总书记指出，高校立身之本在于立德树人。只有培养出一流人才的高校，才能够成为世界一流大学。办好我国高校，办出世界一流大学，必须牢牢抓住全面提高人才培养能力这个核心点，并以此来带动高校其他工作。我们应当时刻牢记，人才培养是我们的核心使命。大学教学一定要着眼于未来，着眼于国家发展、民族振兴和人类进步的人才需求。我们不应当因循守旧、墨守成规，而应当不断地挑战自我、超越自我，勇敢地拥抱新技术、新世界的挑战。发挥既有优势，改革机制和培养模式，调动起院系和教师的教学积极性，激发起学生的学习主动性和创造性，使我们的教育真正成为师生共同探索未来的非凡体验，使我们的学生真正成为能够引领未来的人。[①] 可见，立德树人、求真求实的学术精神是大学精神的基础。

---

① 林建华：《守正创新—引领未来：讲述——北京大学建校119周年"双一流"建设推进会的讲话》，《北京大学新闻》2017年5月4日。

1. "量化为主"的教学评估与"物化逻辑"的教学管理反思

当大学作为知识生产机构参与到社会生产中时，大学师生参与的大学教学活动，被纳入到普遍的社会交换体系中，情感态度和价值观承载的精神劳动与物质生产领域中的物化逻辑相提并论，工具化和物化逻辑开始向知识生产与传播领域延伸，继而向调节大学师生教学行为的教学管理与评价制度渗透。

有学者认为，"社会生活的政治、经济、文化三部分是一个整体，关系密切，但三者又各有不同的矛盾特殊性，用基本'原子'来形容，政治的原子是'力'（power），经济的原子是'利'（profit），文化的原子是'理'（truth），大学应作为一种文化组织，在文化社会生活之中当以'理'为中心，而'力'与'利'则应为'理'服务，若不如此，便是错位"①。在现实中，大学这种文化组织，对伦理的诉求远远超过其他社会领域，然而，大学的"争权"，如行政干预过度，自主权不足，大学的"逐利"，对大学评估和大学排名的偏好和热爱等都对现代大学教学管理的伦理诉求形成了挤压和戕害。

为扭转我国高等教育自"扩招"以来，人才培养规模的快速增长，而高等学校办学基本场地、实验设备、师资力量等资源条件和教学管理水平未得到同步发展而导致教学和人才培养质量下滑的不良趋势，教育部自2004年开始颁布《普通高等学校本科教学工作水平评估方案（试行）》，推行普通高校本科教学水平评估工作，形成了7项一级指标，19项二级指标，44个观测点，优、良、合格、不合格四个等级的评估体系。教育部此轮评估工作现已基本完成。一方面，众多高校高度重视评估工作，客观促进了大学尤其是地方高校教学基本条件的建设和规范教学行为的功能，在以评促建、评建结合上具有积极意义和作用。另一方面，具体从事评估研究的专家学者和大学教学评估工作亲历者对此也颇有微词，评估的预期目标并未达到和实现，且在一定程度上还存在"干扰正常教学"②"浪费教育资源""形式主义严重""行政介入过多"，甚至还

---

① 涂又光：《文明本土化与大学》，《高等教育研究》1998年第6期。
② 为了获取更好的评估等级，有学校甚至将有序的教学和科研暂时停止，落实专门人员、机构、经费，集全校之力，逐级分派任务，迎接评估。

存在因"优秀情节""为评估而集体作假"[①]等系列现象。很多高校师生都反映"迎评促建"工作压力过大，身心皆疲。在评估标准和方式上，采取统一评估标准，存在"一刀切"的倾向，在实际运行中，群众运动式和工程建设式的模式，"推进节奏过快"[②]，从一拥而上到偃旗息鼓，导致了教学管理的目标导向盛行，而过程导向缺乏。表面上是采用的分等评估模式与中国大学发展现状不适应，其实质是教学评估背后的整个教学管理宏观体系缺乏整体的伦理建构，是教学管理的伦理精神不足。之后，教育部高等教育评估中心取消分等评估方式，采用自定尺子、分类评估的方法，开展全国高校审核评估，并采用教育部和地方分别开展的方式推进新一轮的本科教学评估。审核评估倡导"对国家负责，为学校服务"和"以学校为主体，以学生发展为本位"的理念，相比以前的水平评估，审核评估提出了主体性、多样性、发展性、实证性原则，更多地关注了教学"人化"或"人情化"，尊重学校办学自主权，也更多考虑了教学活动的"精神性"或"不确定性"，有利于教学工作的开展和大学师生情感的接受，在现阶段已经取得了评估方式的重大进步。然而，由于其审核要素和审核要点设计较为繁杂，缺乏统一尺度，按照一校一审核的标准，专家独立全面考察，工作量极大，对专家专业水平和敬业精神要求甚高。要在短短的4天对一个具有"历时"性的评估项目作出相对科学的判断，实属不易。同时，各地教育行政部门开展教学工作评估的进度不一，形式多样，结果运用不明确等问题，学校自主评估、持续改进的质量意识和质量文化还需进一步强化和营造。

随着政府转变职能、放管结合、优化服务改革的推进，政府通过购买公共服务的方式，委托评估机构开展相关服务。由于评估本身的专业性和评估流程标准化建设的滞后，第三方机构水平参差不齐，难以区分，不乏个别市场化运作的媒体或社会组织等企图打着评估排名的旗号，以向管理机构示好的方式来取得官方的信任和认可，进而获取眼球经济或

[①] 本科教学评估一般采用学校汇报"自评自证"的信息收集，专家短期进校集中考察打分为主要形式，据网络披露和笔者访谈很多教师都有参与如教学管理文件、试卷和评估数据作假的工作经历。

[②] 李志义、朱泓、刘志军等：《我国本科教学评估该向何处去?》，《高教发展与评估》2011年第6期。

实质经济。以"教学质量"或"师资水平"等各类大学排行榜等形式，使原本仅是为高考学生提供指南和信息参考的报道，现在却成了部分大学的"权威标准"，这种异化过程似乎还在加速。一些享受"被定位"的大学，诸如"世界知名高水平、中国顶尖""世界高水平、中国顶尖""世界知名、中国一流""世界知名、中国高水平""中国知名""区域一流""区域高水平""区域知名"等标签，被贴在各级各类的大学身上。①让本就浮躁的学术教学环境更不安静，大学、社会以及排名机构本身都很难相信"科学标准"的存在，又何来引导，何来以评促教？可见，建立理性、科学、公正的教学评估机制，在大学教学管理中切实做到以评促建，重在建设，依然是大学面临的共同话题。

2015年，国家在启动"世界一流大学，世界一流学科"（简称"双一流"）的建设之际，同期启动了第四轮高校学科评估。尽管是高校自愿参与评估，由于学科评估结果对于各学校获取财政投入和优质生源等，对高校生存发展显得尤为重要。教学工作的中心地位和学科建设的龙头地位，往往容易让办学者混淆，科研业绩甚于教学业绩的做法在很多学校也容易出现，安心教学，安心培养人才成为当前各高校必须面临的问题。教育部长陈宝生提出了"回归常识、回归本分、回归初心、回归梦想"的四个回归，再次强调"双一流"建设不能忽视教学，教学才是大学建设发展的生命线。

2. 教学机构的行政化及价值理性异化的反思

当前，教育机构高度组织化。学校本应是大学章程规约下，具有一定独立性，拥有自主权的专业组织，成员间平等包容。为了管理的效率和统一的方便。我国的学校通常以行政级别加以归类，有着严格的行政等级，这种行政等级导致教学管理的主体间的交互关系，变成上下级关系，指令和服从的表现形式难以包容个性化。现代社会出现了人文精神和科学精神，价值理性和工具理性的对立和紧张，科学精神压制人文精神，工具理性压倒价值理性的场景，比比皆是。尤其是伦理诉求被"窄化"或"误读"为工具伦理和行为技术伦理的景象，既是构建社会精神文明建设，同时也是现代教学论应该面临的重大课题。20世纪以来，人

---

① 尤小力：《"教学质量"岂有"排名"之理》，《中国科学报》2017年5月2日。

类教学走向不同程度的异化已成为不争的事实,随着社会变迁和教育规模的日益扩大,教育国际化、大众化、信息化进程加快,大学从象牙塔走进社会,大学办学形式、培养目标日益多样。整个社会也超乎历史任何一个时代在对大学进行审视和期待,"高等教育领域也随之产生了诸多新的问题,而这些问题,归根结底,总是一个管理的问题"①。同时,研究这个以"人"为核心的管理实践活动,如若不涉及价值领域,不涉及人的主体诉求和伦理取向,就失去了教学研究和高等教育研究的根基。由于大学教学管理本身是一个历史、交往、动态的发展范畴,原有的教学观念框架中的伦理问题也将随着主体观念的变化而变化,教育的价值导向、教育的伦理精神等问题逐渐上升为教学及其管理观念体系中的核心问题,教学管理的实施及其改革创新,伦理考量都极其重要且必不可少。"缺乏伦理精神,教育就会模糊甚至丧失自己的人文使命,缺乏伦理精神,就会动摇教育的根本信念。"②"人们本来就能够感受什么是树,什么是草,什么是大地一样,可是利益和知识导致了另一种蒙昧,人性和感知的蒙昧。"③在教育场域中的人性异化和人性本然诉求呼唤大学教学管理给予必要的回应。同时,如何理解和解释高等教育教学中的管理问题和伦理诉求,影响到一个学校如何进一步发展、向哪个方向发展的问题。

3. "双一流"教学改革时代精神和话语体系的反思

"双一流"建设方案已出台,具体标准尚未出具,实质上讲,"一流"是没有标准的,它只是一个相对的标杆或努力的方向,直接体现在当前各类世界大学排名的次序表中,由于科研最好实现标准量化的评价、教学质量评价却无通用可信标准,这对大学教学中心地位是一个较大的冲击。教育在本质上是对人类所创造的思想文化的自觉传承活动。几乎每个民族都会对自己创造和继承下来的成熟思想文化进行反思和"再阐

---

① 李轶芳:《我国高等教育管理学的历史、现状与未来走向》,《现代大学教育》2003年第6期。

② 樊浩、田海平等:《教育伦理》,南京大学出版社2000年版,第1、16页。

③ 赵汀阳:《论可能生活:一种关于幸福和公正的理论》,中国人民大学出版社2004年版,第5页。

释",使之符合那个时代的精神气质。① 大学在多元化社会中日益面临着不同价值导向和伦理诉求。现代大学教学正在从精英教育向大众化、普及化发展,大学的时代精神展演也正是一个"在路上"的过程,如何确定和捍卫新时代的大学精神,建立符合社会和个人的发展需要的组织伦理规范,是新时代大学发展的必然选择。教学及人才培养工作是大学建设发展的中心工作,人才培养质量是大学教学改革中的核心任务。大学教学管理是协调和稳定教学秩序、调动和维护教学积极性、创造性,提高教学质量,培养创新人才的重要手段和必要保障。一方面,在新的时代背景下,现存教学管理作为刚性秩序管理体系,存在较为严重的有限理性和伦理消弭等合法性不够的问题。另一方面,教学管理的现状本身存在师生话语权缺失、人本观照不够等合理性不足的问题。"在最应该体现伦理精神和价值原则的教育管理和学校管理中,恰恰存在严重的对伦理的漠视和价值的缺失。"② 如何理解教育教学的价值,使教学管理能有效实现和努力实现教育教学的终极目的,有必要对现实实施中教学管理的合法性、合理性和可行性进行伦理反思,揭示其价值内涵和应然方向。

4. 对拓展大学教学管理理论的期待

教学理论研究水平的提升和理论范围的拓展往往可以从三方面获得。其一,从研究方法的角度,借鉴西方研究方法和成果,总结我国自己的研究经验来提高研究水平;其二,从研究内容的角度,丰富研究体系,达到提升和拓展理论研究的目的;其三,借鉴哲学、社会学、心理学、伦理学等学科理论研究教学问题,从而提高理论研究的理论品位。教学研究属于人文科学,《中国大百科全书》对人文科学的内涵作了"研究人类信仰、情感、道德和美感等各门科学的总称"的描述。教学论研究是直接以人为对象,着重以人的文化面、精神面为对象的科学,我们常常从"观念""心理"和"道德"等层面来理解和解释教学行为和教学活动,教学管理是蕴含于教育学和教学论体系中的重要要素,通过文献计量分析来看,作为一种"阶段"教学论研究,大学场域的教学管理的学

---

① 朱永新:《教育的真谛乃是文化的自我创生》,《教育研究》2012年第3期。
② 邬庭瑾:《教育管理伦理:一个新的研究领域》,《华东师范大学学报》(教育科学版) 2005年第4期。

术论文和著作成果相比基础教育阶段而言，数量较少，大学教学管理在适应教育教学规律和管理趋势的同时，需要结合自身实践场域进行深入研究。康德以来，理性和道德的力量引起了人们前所未有的重视，以教学伦理诉求为视角对相对薄弱的环节进行专门的和系统的研究，显得尤为重要。因而，提高教学管理尤其是大学教学管理研究的理论水平是拓展教学论研究的客观需要。

改造主义价值观认为，研究的价值和现实存在的情境紧密相关，在不同的背景中，存在的价值也不相同。"凡是有价值的地方就有探究的因素"[①]。本研究的价值也正是源自现实教学管理情境和教学论研究实际的需要。

二　文献综述

教育教学管理改革方面的研究已经成为国内外教育管理学和教学论研究的热点问题。由于需要对大学教学管理进行多学科，多角度地进行形而上的思考，我们将文献收集范围扩大，研究选取文献主要包括制度论、方法论、伦理学、价值论等相关理论书籍，教学管理理论、教学管理现实中的制度文本，相关部门的组织规范，已公开发表的期刊论文及硕士博士论文等。与本选题相关的前期研究大致可分为七大方面。

1. 管理相关领域与伦理结合研究的兴起

以伦理及其诉求为核心的管理被誉为继泰勒的科学管理、梅约的行为管理之后，在管理科学发展史上的又一个重要里程碑。虽然早期关于以伦理诉求为核心的管理研究多侧重于企业管理、经济管理等领域与伦理的融合[②]，并大量探讨了商业伦理、良心管理、道德管理等涉及企业伦理文化和企业社会责任等方面的问题。在欧美政治哲学中也有大量研究指向社会制度及其伦理理论，如罗尔斯著名的《正义论》，诺齐克的《无政府、国家与乌托邦》等。现代管理学的研究并没有停留在对传统的组织技术方面的偏爱，实现了管理理论的新跨越，从传统管理学中的技术

---

① 陆有铨:《躁动的百年》，山东教育出版社1997年版，第39页。
② 详见吴新文《国外企业伦理学：三十年透视》，《国外社会科学》1996年第3期。

取向和实证主义倾向，逐渐强调和反映现代人性的人文价值和伦理取向，"管理在现代社会中出现了价值的转向和意义的寻求"①。笔者认为，管理发展的这种融合趋势对所有管理领域都具有可借鉴的普适性，教育教学领域的管理也自在其中。教育领域与其他经济社会领域的管理相比，除了同样关注人文价值的意义转向之外，更应该充满道德指向和伦理色彩，渗透和影响教学管理者和教学参与者多方的伦理诉求，具有丰富浓厚的伦理意味。

2. 对教育教学道德内涵和伦理属性方面的关注

此类研究作了大量关于正义、道德和教育教学等概念的细致辨析，深刻而系统地揭示了教育的道德内涵。有学者提出了教育是一种"伦理实体"②；教学的道德性是"促进人的发展和完善"③，教学的使命是"精神成人与人文解放"④，教育的精神基础是"崇善"⑤ 等观点。教育教学管理"以价值为基础，以伦理和道德性为目标，体现在广泛的教育领导中"。哥伦比亚学者索尔蒂（Jonas E. Solti S.）还通过两种不同的伦理判定理论与方法，即"效果论"和"动机论"，具体分析了教学中的惩罚、智慧、自由，还对学生公平等道德两难问题，作了积极的探索。英国学者伯特利（M. Bottery）通过教育中渗透出的伦理问题和价值问题，反思学校的道德性，指出，学校不仅通过对把持的价值本身对其他人产生影响，而且在其中"传递价值的方式也是值得关注的道德事件"⑥。也有学者从教育教学道德属性、伦理精神、伦理基础等角度进行内涵概念的解读⑦，此类研究为本书的理论假设提供了研究的合理性，同时也提供了丰富的研究素

---

① ［美］丹尼尔·贝尔：《经济理论的危机》，陈彪如等译，上海译文出版社1985年版，第29页。
② 樊浩、田海平：《教育伦理》，南京大学出版社2000年版，第39—43页。
③ David. F. Hansen, *Exploring the Moral Heart of Teaching: Toward a Teachers Creed*, N.Y. Teachers College Press, 2001, p. 28.
④ 张琨：《教育即解放——弗莱雷教育思想研究》，福建教育出版社2008年版，总序。
⑤ 王本陆：《教育崇善论》，广东教育出版社2001年版，序言。
⑥ Bottery, M., *The Morality of the School: The Theory and Practice of Values in Education*, London: Cassell Educational Limited, 1990.
⑦ 此类研究详见唐本钰《学校教育中的道德价值生成》，博士学位论文，山东师范大学，2010年；李海《学校道德自律教育研究》，博士学位论文，河北师范大学，2008年；杨迎祥《高校道德教育体系的系统论思考》，硕士学位论文，广西师范大学，2011年。

材和合理的分析框架。

3. 借助以"人性假设"为伦理逻辑的相关研究

关于人性的研究涉及几乎涵盖所有人文学科种类，但无非分为两大类，回答"人性是什么"和人性应该成为什么。以"人性假设"为研究前提进行系统分析的论著较多，教育者一旦确立目的或为了目的而选择某种方法，一般都会回答人性假设的问题。有学者将人性假设与教育教学管理领域相互联系，从"伦理基础的角度分析探索教育管理"[①]。德国著名哲学家雅斯贝尔斯在《什么是教育》中写道："教育的本质意味着一棵树摇动另一棵树，一朵云推动另一朵云，一个灵魂唤醒另一个灵魂。"[②] 教育教学本身便是一种蕴含"终极善"[③] 的事物，正是因为教育的最终目的是为着人的良好生活或幸福这一道德目标，所以教育是一种崇善的事业[④]。它是人的一种存在方式，教育的过程就是人不断自由生成的过程。[⑤] "以人性善为理论假设和前提，提出了加强教育管理理论研究，发展教育管理伦理学科的必要性和迫切性。"[⑥] 也有学者对大学制度、大学使命等论题进行伦理反思，阐释"大学独立于其他组织机构特有的制度形态和伦理特征，追求促进学术生长和人的发展的价值取向"[⑦]，还有从大学伦理精神的角度梳理"学术自由、教育独立、教授治校、培养完善人格的教育思想，并借此思想作为大学制度设计的伦理依据"[⑧]。还有观点认为"大学的伦理逻辑应该是符合个人的，而不是符合社会需要的，强调其独

---

① 金保华:《论教育管理的伦理基础》，博士学位论文，华中师范大学，2008 年。
② [德] 雅斯贝尔斯:《什么是教育》，邹进译，生活·读书·新知三联书店 1991 年版，第 92 页。
③ 亚里士多德在《尼各马可伦理学》中，将善分为手段性的善和目的性的善。后者是一种终极的善，因其本身、本质就是善的。这种最高的善或目的就是人的好的生活或幸福。
④ 王本陆:《教育崇善论》，广东教育出版社 2001 年版，第 2 页。
⑤ 朱欣、谢冬平:《对雅斯贝尔斯存在主义教育哲学之阐述》，《学术交流》2012 年第 2 期，第 190—191 页。
⑥ 黄兆龙:《现代教育管理伦理学》，中国经济出版社 1996 年版，第 268 页。
⑦ 朱平:《制度伦理视角下的高等教育制度》，博士学位论文，厦门大学，2007 年。
⑧ 尚洪波:《大学的伦理精神——蔡元培教育思想伦理研究》，博士学位论文，南京师范大学，2007 年。

立的精神意识"①。但是这种以个人价值为基础的伦理观、制度观，仅仅是一种理想状态，因为制度本身必然是社会意识形态的一种表现，社会或群体价值性是其突出特点。也有学者用现代社会思潮反观教育管理，如有"联结主义"的伊维斯认为要对传统的教育管理理论进行清算，反对只重视事实的标准化管理和只重视价值的道德管理，主张进行有效的连接，反对将教育这种"以人为基础"的管理作为"工艺"管理，分割事实与价值连续统一性及其内在联系。"事实上，科学认识乃是我们认识世界许多方式中的一种，我们绝不能以近代自然科学的认识和真理概念作为衡量我们一切其他认识方式的标准。"② 此类研究为我们分析大学教学管理的价值预设前提奠定了较好的理论基础。

4. 从学校组织行为及教学伦理管理的实践模式分析

研究和讨论学习组织和教育改革中存在的价值和道德问题。代表研究包括学校领导伦理方面，美国学者萨乔万尼的《道德领导：抵及学校改善的核心》，加拿大学者迈克尔·富兰的《学校领导的道德使命》，美国学者保罗·T. 贝格利、奥洛夫·约翰逊合作的《学校领导的伦理维度》，美国学者乔安·P. 夏皮罗和杰奎琳·A. 斯特夫库维奇合著的《教育中的伦理领导和决策：复杂情境中的理论运用》等。有学者以批判伦理、公正伦理、关心伦理结合的方法，在学校教育领域建构了系统的伦理体系。③ 有学者从学校组织的个人、社会与政治的视角建构"伦理学校""伦理组织"，分析教育管理的伦理建构④；也有学者用建构伦理学校作为实践回应学校道德危机，呼唤道德重建，探索教育管理的伦理基础⑤；还有的学者从倡导以德治校的角度，批判传统人际领导模式，呼吁

---

① ［英］约翰·亨利·纽曼：《大学的理想》（节本），徐辉等译，浙江教育出版社2000年版，第10页。
② ［德］伽达默尔：《真理与方法》，洪汉鼎译，上海译文出版社2004年版，第78页。
③ Starratt, Robert J., *Building an Ethical School: A Practical Response to the Moral Crisis in Schools*, London: Falmer Press, 1994.
④ Mike Bottery, *The Ethics of Educational Management: Personal, Social and Political Perspectives on School Organization*, Cassell, 1992.
⑤ Robert J. Starratt, *Building an Ethical School: A Practical Response to the Moral Crisis in Schools*, Rout Ledge Falmer, 1994.

建立以实施理念为本的转化式领导①。此类研究将研究的重点放置到对"德"和"德性"的概念解读及伦理体系构建。任何教育一定不是道德无涉的教育,教学在本质上是一种道德活动和道德的努力②。教学就是一个追求真、善、美的过程,至善则是最高目标,至善体现为一切教学都是为着学生的幸福生活这一终极目的。通过分析诸多伦理道德因素,阐述伦理道德参与学习管理的必要性、可能性及实现方法与理性限度等问题。为伦理诉求的实现路径提出了诸多可供借鉴的道德管理实践模式。

5. 关于教育伦理共同体及道德理解性研究

从学校组织行为、处身其中的成员和相互机制关系的角度分析学校所具有的伦理共同体内涵、特征、意义、功能和作用。这类研究著作包括《天主教学校与共同的善》《在学校建构共同体》《教育政策改革:民主、共同体和个人》《共同体和学校》《超越纪律:从服从到共同体》《学习共同体》《理解美国高中里的共同体》等,一方面,西方学者研究了伦理共同体的基本内涵和要素以及学校伦理共同体所具有的归属感、稳定感及忠诚信任与相依度等特征,阐释了"伦理共同体"在学校组织管理中的目标导向、行为激励、危机化解等积极影响和意义。另一方面,也有学者对把学校建构成共同体的原因和做法,对其所具有的组织联系脆弱性、多元文化的破坏性,在客观上压制了个体精神等方面加以批评,如《公共的学校,非公共的认同》中就从多角度呈现了西方个人权利与共同体利益道德理解的变迁和冲突,主张要注重这种引导的危险性③。相关研究还从伦理共同体的实现依据和实现模式作了探讨,有助于我们理解在时代情境和市场情境中如何理解公共道德和个体道德之间、共同体利益与成员利益之间的关系,考量多元主体对大学教学管理的伦理诉求的平衡与协调。

---

① [美]马斯·J. 萨乔万尼:《道德领导——触及学校管理的核心》,冯大鸣译,上海教育出版社2002年版,前言。

② Hansen, D. T., "Teaching as a Moral Activity", in V. Richardson (ed.), *Handbook of Research on Teaching* (4th ed.), Washington, D. C.: American Educational Research Association, 2001b, pp. 828 – 850.

③ [英]弗里德里希·冯·哈耶克:《自由秩序原理》,邓正来译,生活·读书·新知三联书店1997年版,第5页。

6. 学校教育教学管理的理性批判类研究

以批判为特色的研究包括20世纪"被压迫者教育学思潮"的代表人物保罗·弗莱雷，直接提出教育即政治，对学校教育进行了深刻的批判。同时，一些对学校管理活动价值问题的批判式研究在20世纪中期以来也较为繁荣，将教育的价值问题作为教育管理研究的基本问题进行思考。如有学者批判了学校组织往往作为物化的客体，缺乏对人的情感和价值的构建，而失去了教育组织的意义。福柯甚至将学校比作监狱和医院，深刻分析了教育中规训技术的精致化，通过限制学生的自由，实施着对人身体的规训①。也有学者将教学管理过程比作"灌装的过程""标准件的生产作坊"对学校道德教育的价值危机进行审理②。"20世纪教育的历程表明，政治、军事、经济方面的需要几乎成为各国不同时期教育发展和改革追求的目标，而儿童发展的需要几乎成为一种奢侈品"③，批判教学管理对学生关注不够、主体诉求不足和伦理观念的缺乏。

7. "双一流"对人才培养和教学管理的诉求研究

哈佛大学哈瑞·刘易斯教授在其著作《失去灵魂的卓越》中指出"没有一流本科的'一流大学'是失去了灵魂的卓越；没有一流本科的'一流学科'是忘记了目标的一流"。自2015年开始，围绕"双一流"建设方案的政策解读、任务细化、机制探索等方面的研究较多。有学者指出"'双一流'建设落实首先要明确价值理念，在高等教育体系形成共识"，也有学者从学科、专业和课程一体化建设的角度强调学科建设应该落实到专业和课程建设上来；还有从合作育人的机制上探讨，将协同发展作为"双一流"建设与高等教育创新发展的有效机制；部分高校领导也对"双一流"建设颇感担忧，忽视"双一流"教育生态需求和差异化需要，"985""211"的累积性利好。还有从高等教育供给侧改革的角度，主张在大学内部治理能力建设上，为"双一流"创新发展提供支撑。

综上所述，不论是西方还是我国，相关领域以伦理为视角的研究都取得了长足的进展，在教学管理伦理基础、伦理问题和伦理方法等诸多

---

① 金生鈜：《规训与教化》，教育科学出版社2004年版，第17页。
② 刘丙元：《当代道德教育价值危机审理》，博士学位论文，山东师范大学，2008年。
③ 陆有铨：《躁动的百年》，山东教育出版社1997年版，第916页。

话题方面形成了颇具有价值的成果。不少学者倡导积极开展管理领域的伦理研究，然而就此话题的研究，笔者认为存在"三多三少"的研究现状。

一是对不同领域的管理伦理认同的多，"大多数研究者都对开展教育教学管理伦理研究的意义和价值持肯定和认可的态度"①。国内外学者普遍认为伦理在教育教学管理中具有重要作用和功能，呼吁性质的研究较多，然而对教育教学领域的伦理来源、方向和诉求的研究相对较少。

二是对西方管理伦理思想和管理方法论移植借鉴的研究多，也不乏具有重要借鉴意义的研究，给国内研究提供了丰富的启示，然而，对本土伦理思想的挖掘和现代教育教学伦理进行创新的研究偏少。

三是在教育教学管理中强调教育性的多，无论是管理还是伦理活动，其实质都有着丰富的教育意义，多集中在对教育性的重视和主张，而从操作层面进行管理的本体研究少，缺乏对"管理性"本质的挖掘。

当然，从教学论的阶段性特征来看，研究文献还表现为对基础教育阶段的教学管理研究较多，对大学阶段进行有针对性的教学管理理论研究，尤其从伦理视角和哲学层次，分析教学管理的内在伦理诉求的研究显得较为缺乏，同时，由于"双一流"建设是当前最新的战略背景，大多研究集中为"双一流"建设方案的解读和理解，以伦理视角探索"双一流"建设诉求的研究还很匮乏。在大学教学管理方面的研究，程序化、技术化等形而下的研究多，而以理论视角和伦理深度进行系统研究则相对不足。

三 研究的目的与意义

1. 研究目的

目的是主体根据需要，借助意识、观念的中介，预先设想的行为目标和结果。当今管理，正在从单一简化走向多元综合，从以"管"为中心走向以"理"为中心，从物化、被动、唯利是图的人走向现实的、关系的、主体间性的人，从描述解释走向批判反思，从效率理性走向价值

---

① 邢庭瑾：《我国教育管理伦理研究现状与反思》，《教育发展研究》2007年第12期。

伦理理性的发展趋势。然而，由于中国大学发展的时间较晚（仅百余年的历史），大学精神亟待启蒙，对大学教学管理的伦理探索，尚处于"号召"阶段。需要直面大学教学发展过程中的诸多伦理失范现象，从伦理向度的视域去考察和剖析大学教学运行中的问题和障碍，从而为大学教学管理伦理诉求达成，提供可能构建路径。在"双一流"背景之下，相对一流排名排序的标准化思维，更是需要对大学教学管理伦理建构。因而本书具有如下使命和目的。

第一，在教育教学领域，尤其是大学教学管理领域把握伦理管理的时代潮流和发展趋势，在研究和实践中关注并倡导理性与德性的价值理念。

第二，通过系统的分析和比较国内外伦理思想的优势和不足，大学教学管理多元主体间伦理诉求的对话、协商和互动，试图促进大学教学管理范式从"规训"到"理解"的转型。

第三，围绕大学教学管理的本体性解读和历时性考察，探索大学教学管理的伦理精神与本质，探讨大学教学管理伦理诉求的应然可能和限度，从内生与外发的双向途径，提出大学教学管理伦理诉求实现的机制和路径选择，为大学教学管理实践提供参考。

2. 研究意义和价值

教学既是求真，也是求善的活动，因为求善，教学活动也就具有伦理品性，教学管理研究是一个历久弥新的课题，教学管理的伦理诉求是关系教学管理创新与发展、得失与成败、效能大小与强弱的根本性问题，是保障师生自由全面充分发展的需要，也是实现高教强国战略、以德治国和实现教学现代化、建设社会主义先进文化的需要。"好的教育应该有文化的自觉与自我省察。教育的真谛乃是文化的自我创生。"① 本书以伦理视角为切入点，以主体诉求为动力机制，以制度伦理为分析框架对教学管理进行深入探讨，针对我国高等教育大众化和教育现代化转型过程中所凸显的教学管理伦理价值问题进行系统研究，把握时代脉搏，不仅为构建良性的大学教学管理发展提供可能的方向，还力图为大学教学管理实践提供切实可行的路线图，提高教学管理水平，具有一定的学术价

---

① 朱永新.《教育的真谛乃是文化的自我创生》,《教育研究》2012年第3期。

值和现实意义。

第一，无论着眼于进一步提升我国教育管理的理论水平，提高我国教育管理理论的理论品位，还是为改善我国当前教育管理实践活动中伦理基础严重缺失的状况，都迫切需要我们加强对教育管理伦理的研究，作为管理的根本价值观，本书具有评价现存教学管理世界的价值判断功能和建构理想教学管理世界的行为导向功能，为人们认识教学管理活动及其变化提供基本的观念框架和价值指标。从规范和秩序这一传统的基本价值维度拓展出其重要的道德意义，推进教学管理理论研究，丰富教学论学科体系。具有较强的理论价值。

第二，随着以德治国方略的实施和建设社会主义先进文化的推进，以德治教和以德施教已成为当今社会伦理道德建设的十分引人注目的重要内容。对教学及其管理进行伦理审视和伦理规范，已经成为当今社会伦理道德建设的强烈要求。同时，我国教学管理实践活动中伦理缺失或道德失范的现实状况，决定了本书不仅对教学管理伦理诉求进行学理研究，还必须对伦理诉求的实现路径和相关措施进行系统设计，当前《国家中长期教育改革发展规划纲要》的制定与颁布，对创新教学管理体制机制和模式都提出了具体的要求，使得本书具有从关注教学管理实践到改善教学实践的使命，具有较高的实践价值。

第三，从伦理诉求实现的角度，满足和适应大学教学管理应然的精神需求和质量的需要，将内在的道德维度与为社会实践服务的外在实现维度相联连亚里士多德说过："生命就其本身就是善的，就是使人快乐的"，道德与幸福相互促进，德性的生活方式与追求幸福有着密切的正相关，研究有利于提升处于教学管理实践中的各方主体的生命质量，完满精神人格，增强师生从事教学管理实践的幸福感，具有重要的现实意义。

四 研究思路、内容与方法

"物有本末，事有始终"。哲学的思维首先是对"本体"的追问，即首先回答事物"是什么"的问题。本书也是从"追求本源的意向性追求"出发，通过探索现代大学教学管理内涵体系，揭示大学教学管理的本质。以古今中外伦理及管理伦理的基本诉求为参照，分析大学教学管理伦理诉求的核心原则、应然方向和实践路径。

1. 研究思路

大学教学管理既是一个伦理性问题，又是一个需要伦理视角来解读、解释和解决的实际问题。本书沿着本体论、价值论和实践论的逻辑，将教学管理作为一种伦理文化现象来进行系统研究，考察其自身及外部对教学管理具有的应然诉求和特征。将主体伦理的正当诉求与教学管理实践有效性，即多种诉求的和谐审美相互结合。大学教学管理本身是一种"基于问题"的方法，具有丰富的实践特征，因而本研究不仅从意义角度构建了大学教学管理的伦理诉求，还为此积极探索可供选择的实然路径。拟采用"现状、问题、反思、方向和建构"的基本线索，以伦理视角围绕大学教学管理"是什么"的本体追寻，通过历史考察、现状调查，把握教学管理的伦理属性和精神；通过分析现代教学管理的基本理念和实际运行，分析教学管理伦理诉求不足的诸多表现，考察大学教学管理"怎么样"和"为什么"；结合中国传统伦理和西方伦理管理思想的历史梳理，认真把握现代大学伦理诉求不足的思想根源，并借美德伦理的三个核心原则，合理、崇善和审美，探讨大学教学管理的应然伦理诉求和实现机制与路径。

研究主要解决以下三个问题：

第一，大学教学管理的本质特性与伦理精神。

第二，大学教学管理伦理诉求的内容维度与精神实质。

第三，"双一流"建设背景下大学教学管理伦理诉求的实现机制和可能路径。

研究假设源自三个主要方面：

第一，大学教学管理的有限理性决定其主体需求未尽彰显和表达。

第二，大学教学管理伦理诉求具有正当合理性，能弥补传统教学管理之不足。

第三，教学管理伦理诉求的实现必须搭建合理平台、制度规约及对话沟通的文化，积极促进大学教学管理的伦理范式转型。

研究的基本技术路线主要是遵循伦理研究的逻辑理路，寻求大学教学管理理性发展的关键点，即人性假设前提作为课题研究的理论预设，深入调研，以历时态的逻辑学思路，借鉴其他领域管理思想的历史反思和理论创造，分析大学教学管理改革发展中的成就与困境，充分利用多维视野，分析处于大学教学管理中各参与主体的需求与教学管理实践本身逻辑体系的伦理诉求。按诉求的真、善、美三个伦理层次，理性建构大学教学管理伦理诉求的体系，并研究能达到大学教学管理各类型伦理诉求的实践路径。

研究的基本步骤为：

第一，大学教学管理的本体解释与伦理精神分析；

第二，大学教学管理的问题、困境与归因的理性分析；

第三，中外管理伦理思想对大学教学管理伦理诉求的启示；

第四，现代大学教学管理的伦理原则与应然诉求的体系构建；

第五，现代大学教学管理伦理诉求的实现机制和基本路径探索。

伦理诉求本身不仅说明人们应该"采取何种行动"，而且说明他们"应该怎么样去行动"，因而在文章中还强调与诉求相适应的实践路向研究。研究行为主要按照大学教学管理伦理"内生性"诉求和"外发性"诉求，分类讨论教学管理内部要素伦理诉求的需要和国家、社会等外部因素对大学教学管理的保障和要求，形成大学教学管理伦理诉求的"崇善""合理""审美"三个向度的道德原则。围绕范式转型、文化建构、制度完善和角色德性等方式实现和保障大学教学管理的伦理诉求。

思路框架如图1-1所示。

2. 研究方法

本研究坚持马克思主义唯物史观和唯物辩证法，综合运用文献分析法、比较研究法、调查研究法等方法展开研究。

(1) 文献分析法

文献分析是本书最基础的研究方法，以现实教学管理文本作为分析的素材，以教学管理学者、专家的论著和大学相关教学管理制度及资料文本所呈现的丰硕成果，丰富自己的立论基础。

(2) 调查研究法

主要针对"大学教学管理伦理诉求的现实处境"展开调查，调查教学管理的主要组织结构、文本形式、实际能效等，并考察人们对当前实然存在的教学管理伦理的主观态度、专家对教学管理伦理诉求的基本态

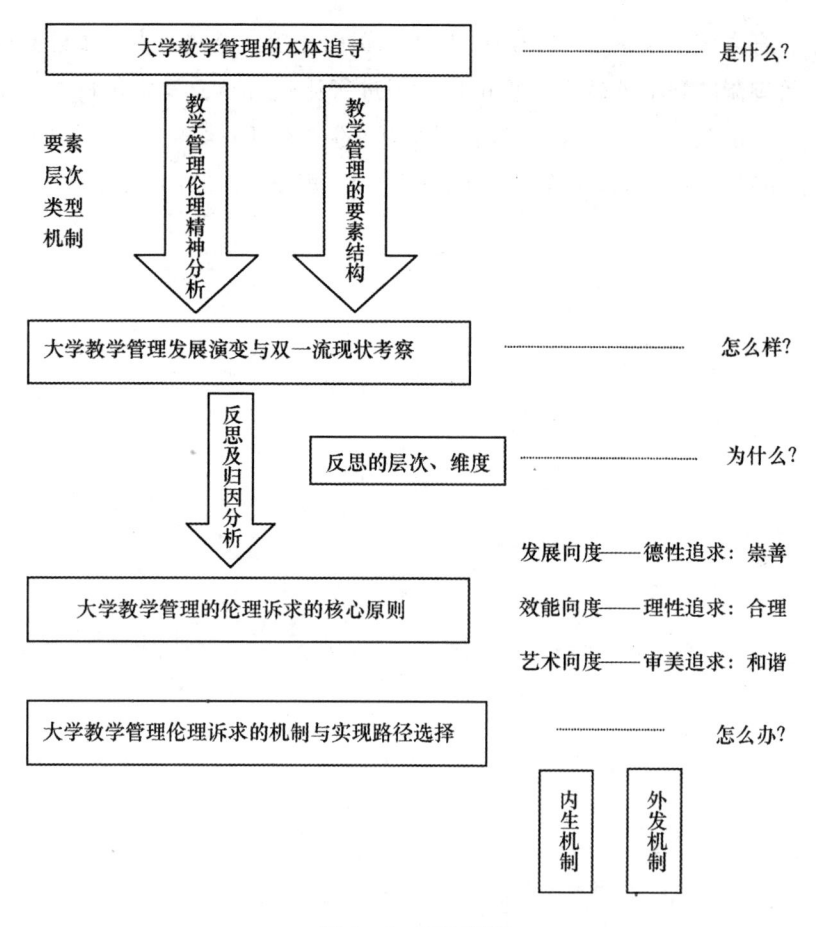

```
                  ┌─────────────────────────┐
                  │  大学教学管理的本体追寻  │·········· 是什么?
                  └─────────────────────────┘
                       ↓教学管理    ↓教学管理
   要素  ⎫           伦理精神       的要素
   层次  ⎬            分析          结构
   类型  ⎪
   机制  ⎭
                  ┌───────────────────────────────────┐
                  │ 大学教学管理发展演变与双一流现状考察 │·········· 怎么样?
                  └───────────────────────────────────┘
                       ↓反思及        ┌──────────────┐
                        归因分析      │反思的层次、维度│·········· 为什么?
                                     └──────────────┘
                                              发展向度——德性追求：崇善
                  ┌───────────────────────────────────┐
                  │ 大学教学管理的伦理诉求的核心原则      │   效能向度——理性追求：合理
                  └───────────────────────────────────┘
                                              艺术向度——审美追求：和谐

                  ┌───────────────────────────────────┐
                  │ 大学教学管理伦理诉求的机制与实现路径选择 │·········· 怎么办?
                  └───────────────────────────────────┘
                                              ┌────┐ ┌────┐
                                              │内生│ │外发│
                                              │机制│ │机制│
                                              └────┘ └────┘
```

图 1 - 1　研究框架

度和理想建议等。

(3) 半结构访谈法

半结构访谈是指，在厘清基本问题范围的基础上，根据访谈的具体情况，并不控制访谈具体问题及问题呈现的顺序。主要用于对高校教学管理制度建设现状与实施效能情况的初步了解，同时，通过对教学管理专家、教师进行访谈，了解他们对现行教学管理伦理的态度和基本观点。

(4) 比较研究法

根据一定的标准和维度，对彼此联系的事物进行考察，寻找其异同，探求教育之普遍联系与特殊规律。① 本书运用比较研究法对古今中外高校教学管理制度和中外教学管理伦理思想进行比较分析，找出各自在理论基础和价值取向上的差异，考察它们之间的"不可通约性"和"可通约性"，进而探求大学教学管理伦理诉求的相关规律。

---

① 袁振国：《教育研究方法》，高等教育出版社2000年版，第161页。

第 二 章

大学职能演变与教学管理变革

通过对大学教学管理观念变革进行历时性考察,系统梳理我国大学教学的发展历程和大学教学职能的历史演进和变迁,探索我国大学价值观、大学发展观、大学质量观和育人观以及与之伴随而来的大学教学管理理念的形成与转变,说明大学教学管理观念是一个历史性的动态生成过程,大学教学管理的伦理诉求有着鲜明的时代性和实践性。

一 "双一流"建设对我国高校人才培养的影响

一流大学的兴起支撑各国科技革命和世界科技中心的转移。中世纪大学兴起促成了意大利成为世界科学活动中心,德国洪堡高等教育的高质量发展促成了德国成为20世纪初的新中心。大学成为人类社会发展的"动力站"和"加油站"。

1. "双一流"建设的高等教育阶段性特征

我国高等教育发展进入整体学术水平和国际影响力提升的黄金期。改革开放以来,中央政府先后在高等教育领域实施了"211工程""大扩招""985工程""2011计划""双一流建设"等一系列体现国家意志的重大政策。应该说国家建设"985""211"高校成果丰硕,但这个方案在人才选拔上往往成为企事业单位选拔标准,成为固化标准,割裂了其他高校的进阶之路。"双一流"与之定位不同、各有侧重,其指向是扩大高等教育规模、瞄准世界一流水平。目前,我国已与46个国家签署了学历学位互认协定,来华留学学历生规模增幅明显;高校在世界大学排名总体呈现上升态势，论文和声誉指标进步显著；一批学科接近或达到世界一流水平，一批高水平大学在生命科学、物理学、化学等基础学科领域取得重大原创性成果。这些都为我们探索具有中国特色、世界一流的高水平大学建设之路积累了宝贵的经验。

按照"四个全面"战略布局的要求，实施创新驱动优先发展战略，高等教育不能仅仅依靠循序渐进的积累，必须实现大的跨越和创新；不能停留在自然而然的生长上，必须走出现行系统和惯性，进行一场自我扬弃和提升的改革。

中央深改组批准的"双一流"建设方案包含五项建设任务：一是建设一流的师资队伍。通过建设一批一流科学家、学科领军人物和创新团队，打造一流师资队伍，强化高层次人才的支撑与引领。二是培养拔尖创新人才。突出教学中心地位和人才培养核心地位，着力培养具有国家使命感和社会责任心，富有创新精神和实践能力的各类创新型、应用型、复合型优秀人才。三是提升科研水平，解决重大问题和原始创新能力，打造新型高效智库。四是传承创新优秀文化，加强文化建设，发挥优秀传统文化育人功能。五是着力推进成果转化，深化产教融合，提升高校对经济社会发展的贡献率和支撑度。因而"双一流"建设将人才培养放到了中心位置，人才培养既指高层次人才，更是指大量的本科人才。由于本科人才处于人才培养的基础层次，是其他各类人才的重要支撑、保障和前提。因而"双一流"建设固然强调一流大学、一流学科建设，却内在地蕴含一流本科专业和一流本科人才的培养。

我国高校对"双一流"的趋之若鹜，从根本上，不可否认，高校有自我办学能力提升的需求，但也不可回避，高校从自我功利意识出发，对当前政府拟开展的资源配置最大化获利充满期待。一般来讲，高等教育资源配置主要有三种模式：一是官僚控制模式，即高等教育经费配置决策由校外机构如中央政府做出，办学经费根据明确规定的分配标准分配给各院校。二是院校控制模式，即院校有条件获得独立经费来源，如大学自己拥有土地、财产或捐赠。三是市场模式，即大学通过出卖服务（教学、研究和咨询）获得收入[①]。资源配置市场模式是院校变革的潜在

---

① 周光礼：《相似的挑战、不同的逻辑》，《高等工程教育研究》2017年第2期。

动力。事实上，没有办学资源的竞争和组织生存的危机，大学一般不会自觉提出管理的质量和效益问题，也就不可能产生旨在改进学校工作、提高管理效益的大学教学管理诊断与改进。教育部长陈宝生表示，国家方案中将实行"双一流"动态机制，不搞终身制。

在21世纪全球大学都如处于十字路口，因为在历史中，大学从来没有像今天这样膨胀和增长得如此之快，又忘乎所以，失其导向。国家"双一流"建设方案有着好的初衷，关键看是否有好的配套制度落实。最近各大高校人才大战已经拉开，部分高校调、停、转弱势学科或教育学科已经显露出心浮气躁的脾气，迫切需要价值引导。

2. 一流人才培养是"双一流"建设的内在要求

人才培养与科学研究关系错位，当前各大高校为追求学科排名和一流建设，追求利于排名的硬指标，科研经费、科研获奖、承担国家重大科研项目等成为各高校追捧的标志性成果，人才培养教学工作实施成为软指标，结果导致人才培养质量下滑，社会对大学人才培养质量普遍不满，引起各界高度重视。为了强化本科教育的人才培养中心地位，大学教学开展本科教学工作评估，突出人才培养地位。教育部开展的本科教学质量工程，也是旨在通过一系列工程项目，推进和加强教学中心地位，但效果甚微，一些政策在推进过程中被扭曲和淡化。大学三大职能间的关系或价值序列并未正确排列。纵观大学职能变化，万变不离其宗，大学的本质始终是姓"学"。

从国外一流大学建设经验来看，但凡一流学校均高度重视专业建设。作为大学教学管理的重要内容，无论称为专业，还是课程计划、课程平台，本质都是人才培养的平台，哈佛、耶鲁、剑桥、麻省理工、牛津等高校无一不高度重视本科人才培养，一流大学的美誉度也往往在于其人才培养的质量，瞩目又著名的校友遍布世界，被人们所颂扬。也正因有这些杰出校友的榜样作用，不断吸引着世界各国优秀的学子，这些高校在战略上坚持致力于学生的全面发展、创新精神、实践能力的培养，坚持教书比天大，教学第一，成为各国学生魂牵梦萦的学术殿堂。一流的教学需要一流的教学管理，为教学提供保障。

有学者指出："大学里有两件事很重要——人和物，而人是最重要的。""教师是大学第一资源、第一财富、第一品牌，希望达到'近者悦而尽才，远者望风而慕'的境界。"大学教学管理以知识生产传承和人才培养为双核展开，人才是知识生产的源泉，人才培养和知识积累创新一直均是大学的基本活动，是大学存续的合法性基础，同时也是学科建设中同一过程的两个方面，成为"双一流"建设的双重内核。

以人才培养为核心的大学教学管理改革，不能回避宏观、中观和微观层面的外部促进逻辑。一是来自教育部"双一流"建设的宏观政策要求。我国大学变革，包括教学管理变革的影响因素50%以上需要用宏观政策变革来解释，也需要宏观政策的推动，大学内部的教学管理很多是在对国家政策进行理解和执行。尽管中国已由计划经济走向市场经济，但高等教育变革的国家行为却没有改变。高等教育的大众化、市场化、国际化、信息化等虽已昭示大学外部环境发生了巨大变化，但外部环境的冲击对大学的直接影响却不大。外部环境主要通过影响政府的政策对大学施加强大影响，比如说，当前"双一流"建设使大学教学国际化、课程跨学科开设，教学管理资源系统在线化、知识体系学科化等，都是推动大学内部教学管理文件制度体系变革的基础。二是来自校院领导决策风格。不论是浙江大学用100万元重奖给本科生上课的校级名师，还是在推进MOOCS本土化建设的各大高校，均与当时学校教学领导的风格有关，同时相关支撑制度也与该校的文化传统有关。目前，高校以大学章程建设为抓手，着力建立现代大学制度，推进大学教学改革的制度化和体系化，必须由大学教学管理的经验取向走向科学取向、由粗放式管理走向精细化管理。科学管理和精细化管理要求建立基于证据的决策和基于数据的决策。从决策议程的产生到改革方案的建构，从政策的合法化到改革的实施，大学教学管理都应有重要的参与空间，通过一线教师和一线管理人员的信息反馈和舆论导向，有可能逐步实现教学管理系统向大学治理体系发展，由决策支持向决策引导转变。三是以外部评估推进人才培养质量体系的构建。没有监测评估就没有问责，就没有应有的约束和管理。大学内部的教学管理应当回应来自外部的社会问责和政府监管，确保大学办学和人才培养符合公共利益原则和效益原则，向社会提供学校办学实力和人才培养质量的证据。

"双一流"建设期间，新一轮的建设工程和时代背景要求升级人才培养规格。奇点出现、科技爆发、认知盈余与共享主义将极大地促进工业化和智能化的进程，极大地推进人机交互以及机器间对话。这要求人才培养必须强化批判性思维、评估信息质量及可靠性能力、自学能力和写作能力；经济新常态要求加强高校供给侧结构性改革。其重点领域包括环境保护、智能制造和生物工程学；全球化要求强化年轻一代应对世界变化发展的能力。国际社会正日益成为一个"命运共同体"。我们一方面要坚持立德树人，加强大学生的文化认同、民族认同、国家认同；另一方面要强化培养大学生多元文化的认知、能力与经验。生源急剧下降要求改革高等教育结构和形式。适龄人口减少是高考人数逐年下降的主要原因。全国高考报考人数，2008年为1050万，到达历史顶峰后持续下降至2013年的912万，2014—2016年保持在940万左右。高等教育毛入学率高，而随着人口规模的变化，高等教育对经济社会发展的贡献度、人民群众对高等教育的获得感、各级各类高校对未来发展的自信心需要进一步增强。"双一流"建设对文化传承创新有更高的要求。建设世界一流大学，更要强调高扬本民族和大学自身长期积淀的优良传统和文化遗产，汲取他国高等教育经验和经典，让追求学术、追求规律和追求理性等国际高校共同点与具有本土民族特色的教育相融，使我们的大学和学科，在打造一流的征程中，充满自信和希望。

在众多数字化考核、绩效化项目的压力下，一方面，高校在科研与教学孰轻孰重中摇摆纠结：不重科研，排名上不去，不重教学，失去大学本位；另一方面，高校在"规模为王"与"内涵为王"中患得患失：不重规模，财政拨款会减少，不重内涵，学术竞争力会下降。高校陷入了"因一流而焦虑"的境地。在实践操作中，一流大学并不是某种身份的象征，也不是排名的宠儿，它们对人类、对国家更显著、更持续的贡献，突出体现在人才培养上。然而，一些学校"双一流"建设规划未涉及改善大学教学和人才培养的因素，将世界一流大学的使命狭隘化、功利化、指标化。一些学校在一流学科建设中重理工、轻人文。为扶持特色优势学科，而裁撤人文社会学科和其他弱势学科。从长远来看，追求卓越和均衡发展不可偏废。从整个高等教育学科体系来看，这种做法无疑会导致学科紊乱与失衡，反而不利于一流大学建设。比如2016年，个别高校开始撤销高等教育研究机构甚至教育学院，就是一个违背规律的做法。有些省份按高校学科类别拨款，拨款金额也体现出"重理工，轻文科"的倾向，仅仅关注学科的工具价值，忽视学科的社会效益及其特殊的文化价值并重视各类学科的适切性、均衡性，在均衡发展中追求卓越。

在现代大学人才培养、科学研究、社会服务、文化传承四大功能中，人才培养无疑是现代大学发展的主线，教学在大学的中心地位是否突出，人才培养质量是否保障是衡量一所大学中心职能发挥程度的主要评价指标，而大学伦理精神的彰显和管理伦理的建构是保障"双一流"发展需要的长远之策和不竭动力。

二 现代大学职能的历史演变

世界高等教育已有近千年的发展历史，我国和西方的大学在高等教育发展历程中由于历史和文化传统的不同形成了各不相同的发展路径，大学发展的理念、精神、使命和职能一直是教育社会学家关注的热点。高校如何深化改革破解发展瓶颈、如何创新人才培养机制，是当前各大学关注的焦点。"什么是一流大学，什么是一流学科"最近成了高等教育研究者和大学领导共同关注和思考的问题。有学者指出："应该走在改革前沿，一流大学应以推动国家发展为己任；而在学科建设方面应鼓励学科交叉，积极发展交叉领域的大学科"。也有领导认为"何为中国一流大学？就是中国在发展过程中面临急需解决的问题时，有大学的身影、大学的贡献、大学的话语权。"大学职能的演变总是伴随着大学与社会的相互关系变迁，以及大学精神的彰显而逐渐呈现。进入21世纪，伴随着工业化、现代化的历史进程，中国高等教育逐渐由专门化、精英化步入多样化、普及化阶段，呈现出若干发展特征。

大学的职能在不同的历史时期产生不断变化的内涵特点，经历不同的历史时期而产生和丰富着新的内涵，推进大学职能的不断演变。国外关于大学职能的研究始于19世纪初。当时，大学科学研究活动的兴起打破了对大学单一职能的认识，从而诱发了关于大学职能问题的争论。这一时期代表性的人物和著作有德国洪堡的《论柏林高等学校学术机构的内部和外部组织》及英国红衣大主教约翰·亨利·纽曼的《大学的理想》。进入20世纪，以大学的职能为主题的研究逐渐增多，特别是20世纪 60 年代以后，关于大学职能的研究进入全面展开阶段，这一时期以博克的《走出象牙塔》、弗莱克斯纳的《现代大学论——美英德大学研究》和克拉克·科尔的《大学的功用》等为代表。随着社会的发展进步，全球大学的职能演进逐渐呈现出"由单一性到多元性，由经院性到社会化"的发展轨迹和趋势。

1. 以"教学"和人才培养职能为目的的发展

最初的大学大多以人才培养为中心和目标而开设。如希腊雅典大学和古罗马亚历山大大学的中心任务都是"教课授徒"。到了中世纪，尽管中世纪的大学被想象为研究真理和为社会服务，但当时大学的独立性很强，研究和服务并非大学的正式使命，欧洲大学的主要任务是保存、传播和创造知识，被看作是知识的储藏所，"教学"才是其唯一和最重要的职能[①]。大学主要任务是通过博雅教育为国家培养受过训练的贵族接班人，例如，巴黎大学和西班牙的部分大学一度是传播亚里士多德哲学和伊斯兰文明的中心[②]。因此，在 19 世纪以前的大学都是以教学为主要任务和特征的大学，所以也被学者称为"教学型大学"。以纽曼为代表的大学理念也认为，"大学是一个教化机构，其使命是为社会培养有教养的绅士，培养人才是大学的第一职能"[③]。从推崇博雅教育出发，对教学作为大学唯一的功能做了强有力的论证。大学即是为学生和传授知识而设[④]。而这类教学型大学也主要是开展"人文"教育，科学教育进展缺乏，当时也普遍认为大学流行于探讨"学"，而排斥"术"，此时的"术"还登不了大雅之堂。也就是说，自大学产生之日起，大学的基本职能就定位于知识传播和人才培养，离开了这一职能，大学就不成为学校。尽管近千年里大学教学的方式方法、课程的设置和内容体系发生了许多变化，教学的目的和手段得到了较大程度的拓展，但是自中世纪以来，大学以知识传承为主的教学形式和教学制度得以保留和延续。直到 19 世纪，在人们的传统观念中，大学还是一个仅培养专门人才的场所。但是伴随着

---

① 金耀基：《世纪之交谈大学的理念》，《世界教育信息》2000 年第 3 期。
② 潘懋元：《外国高等教育史》，上海教育出版社 2003 年版，第 123 页。
③ 庄发扬：《感悟纽曼的大学理念——从人才培养的视角看大学》，《湖北经济学院学报》（人文社会科学版）2009 年第 5 期。
④ ［英］纽曼：《大学的理想》，徐辉等译，浙江教育出版社 2001 年版，第 1 页。

社会发展和大学自身发展的需要，大学必然要突破"单一职能"而担负起新的使命。

2. 适应时代和社会的工具性职能

中世纪后期，大学依然没有意识到研究自然界和现实生活的必要，默然对待时代和社会发展的需求，然而，随着民族和国家观念的兴起，大学自治权受到极大破坏，逐渐"成为教会和国家维持统治现状的重要工具"[①]。大学内外缺乏民主的气息，时不时地被卷入民族和国家运动之中，臣服于民族国家的政府，服务职能相对单一。以前大学形成的教学使命开始从属于为国家服务的使命，一方面大学为国家培养的人才公民，人才培养的主要目的是能够成为国家的卫道士和意识形态的催鼓手[②]，国家和大学成为同谋或共谋。另一方面大学的发展得到了国家的保护和支持，对大学的控制也日益加强，办学权被收紧，大学建立了有效的行政官僚体制，政府也开始插手大学的课程设置和教学内容的筛选，政府要求大学传授世俗化、技能化的实用知识。

3. 教学与科学研究相结合的职能发展

大学职能的变化与科学发展有着密切的关系。伴随19世纪工业革命的蓬勃兴起和发展，社会对科学技术发展的需求也与日俱增，需要科技对工业的快速推进和培养一批能够专门从事科学研究的人才。依靠口耳相传和学徒制的个人经验传承方式，在近代工业的发展冲击下，已经难以适应社会需要，将逐渐被新的传承模式替代。大学由于其良好的人才培养传统，逐渐对科学技术聚焦关注，成为人们从事科学研究和培养科学研究人才的理想场所。世界"第一所近代大学"在哈利大学勃兰登堡的弗雷德里克应运而生，它以自由的科学研究与教学为独特风格，开创了大学从事科学研究的功能，承担了社会科学研究的职能和使命。之后，德国的新人文主义者、历史学家、教育学家威廉·冯·洪堡（Wilhelm Von Humboldt）阐发了与纽曼（John Henry Neman）不同的大学理念，从而引发了世界大学革命性的变革，创立了世界公认的洪堡大学模式，依

[①] 贺国庆、王保星等：《外国高等教育史》，人民教育出版社2003年版，第170—176页。
[②] 周廷勇、熊礼波：《西方大学使命的变迁及其历史效果》，《现代大学教育》2009年第2期。

据新人文主义精神，为新柏林大学确立了研究使命，组建研究所，完成了大学由单一教学向教学与科研相结合的突破，使大学获得了新一轮的蓬勃生机。洪堡大学首先与普通的高级中学和专科学校划界，在教学上不同于简单的人才培养，而是带有研究性质的高等学术机构。之后，美国诞生了注重研究生培养和科学演进并重的"霍普金斯观念"，大学不仅需要通过科研促进人才培养质量的提升，更需要为人类发展扩大知识领域，承担起聚集研究成果的重任，大学在知识生产、文化保存、传递价值和文化引领等方面的功能特征也渐趋融合和被人们重视。

4. 教学、科研和社会服务相结合的职能扩展

随着社会的发展和对大学的要求越来越深入广泛，人才培养、科学研究和为社会服务三大职能逐渐整合为"三位一体"并被人们重视[①]，大学社会服务职能的进一步扩展促使近代大学最终迈出了"象牙之塔"，更加深入地嵌入社会大系统中。在高等教育史上，一些大学如康奈尔大学在创办之时即宣称直接服务于农业和其他生产行业。"教学、科研和服务都是大学的主要职能"，由此，形成了著名的"威斯康星思想"[②]。并成就了其成为世界高等教育史上的第三个里程碑。美国前加州大学校长克拉克·克尔（Clark Kerr）认为，现代大学是一种多元的结构，有多重目标，多个权力中心，为不同的顾客服务，结合美国社会发展，提出了"巨型大学观"，大学成为"知识发生器""知识传播机""研究中心""咨询中心"、继续教育等多功能的社会机构，大学成为与社会生活和国家发展息息相关的"服务站"。联合国教科文组织还为此发表《世界高等教育宣言》，宣称根据社会对高校的期望和高校的行动之吻合程度，评定高等教育的适应性，直接以社会服务能力作为大学的评估指标。由此，大学与社会的联合更加紧密，相互影响、相互渗透的范围也日益扩大。

5. 文化传承创新职能的提出

涂尔干在谈到欧洲教育思想和教育体系的演进时说，"教育本身不过

---

① 薛天祥：《高等教育学》，广西师范大学出版社2001年版，第75页。
② 冯向东：《大学职能的演变和大学的开放性》，《中国高等教育》2007年第10期。

是对成熟的思想文化的一种选编"①。胡锦涛同志在清华百年校庆上强调了大学传承文化和创新文化的历史责任和使命。大学一方面要继承传统文化，另一方面要推动文化创新、创造和传播先进文化。纵观世界高等教育发展的历史，反思大学发展的里程碑，大学由最初单纯地培养人才的职能发展到人才培养与科学研究并重，社会服务与自身发展并重。现在，人才培养、科学研究、社会服务和文化传承创新，已成为公认的现代大学的四大职能。我们还看到，我国的大学无论职能演变程度如何，都将"人才培养"、育人为本作为中心职能加以强调，并已形成共识。"大学是以探索、追求、捍卫、传播真理和知识为目的，继而负有引导社会价值观、规范社会行为使命，是对人类素质改善和提高、社会文明发展和进步具有不可替代的重大公共影响力与推动力的教育机构和学术组织"②。大学职能的变革和发展为大学教育教学改革发展指明了方向，同时，为了适应社会、大学和学生的多元需求，大学教育教学改革的理念也随着时代的发展而发生变化。

"知识的保存，传授，应用和创新，文明的传承和进步，人才的发掘与培育，科学发现与支持更新，无一不以高等教育为基础和平台。"③ 笔者认为，无论大学职能如何演变，其发展路径始终脱离不了两个核心问题的回答和解决，其一是大学的哲学立场或称为大学的精神，其二是大学与社会的关系问题。这两个方面既体现了大学的"独立性"，又体现了大学的"依附性"，而如何体现两者的平衡，大学应适度独立，保持其特殊教育组织的理性，又勇于担当，适应社会和国家发展需要，承担社会使命和责任。如何找到一种内外平衡和独立与依附之"度"，需要对整个大学发展进行伦理的透视和反思，分析大学教学管理"内求"和"外发"双向的互动，实现伦理的应然诉求。

6."双一流"背景下中国大学职能演变与定位

中国现代大学的发展不过百余年的历史，大约可以以 1895 年的北洋

---

① [法] 爱弥尔·涂尔干：《教育思想的演进》，李康译，上海人民出版社 2003 年版，第 23 页。
② 眭依凡：《理性捍卫大学》，北京大学出版社 2013 年版，第 300 页。
③ 《国务院关于印发统筹推进世界一流大学和一流学科建设总体方案的通知》（国发 [2015] 64 号）。

大学堂、1896年的南洋公学和1898年的京师大学堂的开办为起点。近代中国的大学是"中学"与"西学"、旧学与新学、科举与学校矛盾和冲突的产物。中国大学前期的发展主要是通过不断借鉴和学习西方大学发展经验和模式。从清末民初开始，主要通过派遣留学生，邀请洋教员，学习日本和德国的大学运行模式，其中最为著名的是北大校长蔡元培提出的"思想自由，兼容并包"，"五育"并举，认为"大学者，研究高深学问者也"。大学以"教授高深学问，养成硕学闳材"，拓展了我国近代大学制度。自五四运动之后，我国大学发展则仿效美国教育制度，开始学制改革，为我国大学发展定型奠定了基础。新中国成立之后，我国逐渐进行全国范围的院系调整，学习苏联的经验，逐渐形成了一批重点高校布局。由于我国大学制度的历史不长，但又发展迅猛，我国大学的现代化进程和发展走过了一条艰难而曲折的道路。有学者认为中国现代大学非纵向继承，而是从西方横向移植而来的。

进入改革开放和现代化建设新时期以来，党和国家一直致力于加快高等教育发展，"科教兴国，优先发展"战略不断强化。20世纪90年代以来，国家启动"985计划""211计划"、优势学科创新平台、特色重点学科项目、珠峰计划、2011教育振兴计划等，着力优化现代大学办学格局。一批重点高校、重点学科实力和水平得以提升，我国高等教育体系也正力图实现规模、结构、质量、效益的协调发展。我国的大学在"世界通例"和"中国特色"相互观照影响下，已经跨上了高等教育大国的台阶，正向着高等教育强国的方向前行和迈进。但是，也毋庸置疑，我国高等教育对国家的发展所提供的智力支撑和科技支持与世界一流水平还存在差距，与我国实行创新驱动发展战略，实现"两个一百年"奋斗目标和中华民族伟大复兴的中国梦还有较大差距。据此，"双一流"建设方案适时提出，直接目的是加强资源整合，创新高教领域重点建设的实施方式，解决高校"211""985"工程的身份固化、竞争缺失、投入重复等问题。"双一流"的提出，就是在已经取得成就的基础上，进一步提升我国高等教育综合实力和国际竞争力，进而在我国实施创新驱动发展战略，实现强有力的人才支撑和科技支持。

中国大学的发展存在先天历史积淀不足和后天独立精神欠缺的两大症状，一方面从历史文化的积淀上相对西方要薄弱许多；另一方面，其发展借鉴外来模式较多，缺乏独立的本土发展模式。另外，由于我国大学一产生就与整个国家政治经济结合较紧，对市场和政府依赖较大，缺乏必要的自主权，在人才培养和科学研究上又具有相对独立的行政运行体系和结构。在我国大学教学管理实践操作中，行为人往往面临相对较多的伦理情境和现实选择，有必要对其进行伦理规范和美德塑造。

　　精神从本质上说是个哲学概念，大学的精神网络是大学文化生态发展之魂。教育是人类文明的传承与延续，大学、中学、小学是教育的学历层次划分。从人类社会的发展繁衍来看，中小学教育保障社会正常运行，维持人类生存；大学教育更侧重于人类发展的历史重任，其实质就是文化的发展和传承。由此推断，育人、延续和发展文化是大学的核心使命与职能，而大学精神重在塑造学生价值信仰和灵魂。清华大学原校长梅贻琦先生关于大学非在于有大楼而在于有大师的名言，其实也有一种隐喻、一种象征，即大学特有的一种精神和生活方式。

　　回顾我国大学发展，现代大学出现于19世纪末，是维新思潮和洋务运动的产物，是作为一种救亡图存的措施而开办的。为了强军救国，接受了魏源"师夷之长技以制夷"的思想。1904年京师大学堂第一任总监督张亨嘉在就职典礼上要求学生"为国求学、努力自爱"，将大学的命运与国家民族的命运紧密联系在一起。1917年蔡元培执掌北大，全盘引进德国的大学观念，发表了一系列自己的大学办学理念，并将理念转为实践。他首先指出，"教育者，养成人格之事业也"，明确了"教育专为将来"的前瞻思想，他改革管理体制，创建教授会、评议会，实行选课制，设立研究所；提倡美育，以美育代宗教；招收女生，实行男女同校；组织学会与社团，鼓励学生参与"第二课堂"；等等[①]。尤其是在国内首倡强调大学科研，在此之后"科学"两字才在中国知识分子中留下深刻印迹。1911年，作为留美预备学校的清华学堂成立。1931年梅贻琦任清华大学校长，开始按照美国大学模式办学，实现"学"与"术"并举。新中国成立后，我国大学最初全面照搬苏联模式，大学文化生态在一定程度上实现了回归，但大学文化精神趋同现象严重。1957年，在"反右派"以后，大学成为政治的载体，都绷紧了阶级斗争这根弦，大学的学术与

---

① 梁柱：《蔡元培教育思想论析》，高等教育出版社2006年版，第13页。

政治混淆不清、大学斯文扫地、大学精神趋于消亡。改革开放后，随着科学技术是第一生产力的提出，信息社会和知识经济的出现，社会对大学在科技和思想创新中发挥作用的要求越来越急迫。这种情况下，大学要张扬个性、弘扬精神，在出人才、出思想、出科学、出技术上，成为推动改革的思想库、动力源，促进经济的发动机、孵化器。北大前校长马寅初提倡牺牲精神是"北大之精神"，他坚持人口论真理，践行了自己大学理应捍卫真理的诺言，突出大学要树立人才是多样化的、人人都能成才、成不同之才的观念。事实上，一所大学应为人才留足空间。马克思说过，"每个人的自由发展是一切人的自由发展的条件"，大学应为人自由全面发展创造条件，新的人才理念、人才资源是第一资源成为大学的核心理念之一。

大学的根本使命是人才培养，学校的中心工作是教育教学，教师的第一责任是教书育人。当前"重教轻育、教而不育"已成为创新能力培养的主要困境，在创新教育中必须摒弃以前工业化时代"分科设系、学科导向"的教学传统，代之以"能力培养、问题导向"的育才方法。

三 "双一流"背景下大学教学管理观念的变革

大学职能的演变也要求大学教学管理必须与时俱进，不断进行改革，以保障大学相关职能得以真正的实现。一切改革都首先是从观念到行为的发生过程，观念的形成是教学改革的前提。教学观念是一切教学活动的指导思想，是观察、分析和处理教育改革与发展问题时所处的角度或采取的态度，主要包括高等教育管理体制改革、高等学校教育发展和教学改革中的观念问题，即高等学校的教育观、高等教育的发展观、高等教育的价值观、高等教育的质量观、高等教育的效益观等。① 我国自改革开放以来，关于高等教育观念的改革曾有多次大讨论，讨论的内容几乎涵盖了高等教育的所有领域，涉及高等教育的各个层次。研究者站在不

---

① 袁广林：《高等教育理念相关概念的内涵及相互关系》，《现代教育科学》2006年第3期。

同的角度，得出的结论也有所不同。尤其是进入 21 世纪以来，随着高等教育改革的不断深入、思想观念的不断开放，高等教育观念的变革呈现百花齐放、百家争鸣的新局面。但管理观念的模糊依然是当前困扰我国大学教学管理的一个主要问题，如：片面追求大学教育教学人才培养的经济促进功能而忽视整体功能，一味追求教育的社会价值而忽视学生的生命机制，等等。毋庸置疑，不同的教育观念会导致不同的教学管理行为，相应的管理实践必须在正确的教育观念指导下进行。"培养何种人和怎样培养人"，以什么样的教育思想和教育观念指导办学实践和人才培养，是一所大学最具灵魂性的东西。教育观念的改革与发展必然带动大学教学管理的相应变革。本书所探讨的高等教育观念变革主要立足于那些对整个大学教育有全局性影响的、起主导作用的高等教育观念，尤其是对现代大学教育管理带来强烈冲击的新的教育观念。主要包括四个方面。

1. 教育价值观的变革

教育价值观是决定大学管理行为选择的重要前提，当然也是决定教学管理行为选择的重要依据。长久以来，高等教育的价值取向伴随其自身面临的社会条件，呈现出多样化、多向化、多维化、多层化、立体化的特征。自 1978 年以来，我国高等教育价值认识经历了三个阶段：第一个阶段是把教育价值从阶级斗争的工具转换到生产斗争的工具；第二个阶段是从工具价值到本体价值，关注教育的育人功能；第三个阶段开始对教育价值进行综合的深入分析，并注意到教育价值的动态研究。目前，高等教育价值观集中体现在追求教育的整体价值，这主要体现在以下两方面：一是注重教育的个体价值与社会价值的统一。大学教育既要通过其独特的形式和丰富的内容促进学生个体身心和谐全面地发展，也要发挥大学教育对其他社会子系统（包括人口、政治、经济、文化等方面）的作用，承担起社会功能，尤其是要承担起传承和创新文化的功能。二是客观看待教育的正向价值与负向价值。对任何社会、任何时期的教育来说，正向和负向的功能都存在，只不过比重不同。"教育"是一个毫无价值判断的概念，我们不能用"好的教育"来代替"教育"的概念，而应该正视问题，注重引导教育正向功能，并促进正向功能的释放。

美国加州大学洛杉矶分校教授、哈佛大学经济史学家理查德·罗斯克兰斯曾经说过"国家之间的竞争最终是教育体系的竞争,因为生产力最强、最富裕的国家将是那些拥有最好教育和培训的国家"。创新型国家是知识经济时代的必然选择,创新型大学是创新型国家的依托和支撑,是大学自身发展的内在需求。如今,越来越多的大学都已经充分认识到自主创新是自身发展的核心竞争力,而这种核心竞争力的培养需要建立一种长效机制,即"不断更新教育观念,改革教育教学方法,着重用教育去培养和形成学生的创新思维,激活创新思维"的理念。因此,有学者指出,"一切为了激活自主创新能力应成为高校管理的基本追求"[①]。大学的自主创新要特别注重科技创新,并注重在教学中创设情境以培养学生的创新能力,且引导并帮助其转化为生产力。

2. 大学发展观的变革

教育发展一般是指教育在规模、结构、程度、性质等方面由低级到高级、由旧质到新质的变化过程。教育发展的基本内涵包括教育发展的规模、质量、结构和效益。教育发展观则是对教育发展的规模、质量、结构和效益的总体看法和根本观点。

外延发展是过去我国高等教育长期存在的主导型发展观,即靠数量的增加和规模的扩大来发展高等教育,这造成大量低水平高校、同质化专业的重复设置,导致资源的极大浪费。随着改革开放的不断深入以及教育的迅速发展,贪多求大的规模发展思路逐渐暴露出"质量不高""布局不合理""人才供需失调"等若干问题。从1994年开始,规模、结构、质量、效益协调发展和强化质量意识等观念渐趋形成,高等教育发展观开始注重教育内涵,主张高等教育"内涵式"发展。

当前,高等教育发展观中最为核心的观念,是可持续发展的教育理念。教育在可持续发展战略中具有重要的地位,是构成社会可持续发展能力的基础,也是推进可持续发展的核心推动力。高等教育自身也要坚持可持续发展,其主要含义有三:一是持续发展,二是统筹发展,三是公平发展。要实现可持续发展,最为重要的就是强化质量意识,体现质量为本的思想。对质量的追求,已经成为大学发展的国际性趋势。大学的任何改革与发展战略,包括教学管理的改革都以"提高教育质量"为

---

① 林樟杰主编:《高等学校管理新认知》,上海教育出版社2007年版,第35页。

根本出发点。这其中，当然包括大学教学管理的改革。大学教学管理改革的目的就在于为大学的发展提供保证，保证大学在发展过程中克服自身的种种缺陷与困难，促使大学的发展形成良好的态势，并不断深入改革，从而使得大学持续和谐发展。

3. 人才质量观的变革

教育部部长陈宝生提出："结构决定功能，功能决定标准，标准决定质量，质量决定核心竞争力。""人才"是一个仁者见仁、智者见智的概念，其标准很难确定，不同国家、不同时代，由于教育思想观念的不同，其人才质量观也有不同的标准。但可以肯定的是，社会的进步必然会对已有或固化的相关标准进行冲击。如何在高等教育发展中始终"培养社会需要的人才"是现代大学发展的根本任务，推动大学教学管理改革的前提之一就是转变人才观念。"人才"的标准有着一个历史的发展过程。在过去的很长一段时间，我们的教育都重视知识传授，不论是个人本位还是社会本位价值观，知识都是衡量人才质量的主要标准，培根的"知识就是力量"很好地证明了这一点。到了20世纪80年代中期，随着工业化时代的到来，科技向生产力的转化加速，人们认识到仅有知识不能适应社会发展的需要，知识与能力之争初露端倪。随之，高等教育在重视传授知识的同时，也开始加强能力培养，人才质量观也由以前只重视知识转变为既重视知识，又重视能力。但是，由于知识与能力之争，此时的人才质量观呈现不稳定、不平衡的态势。20世纪90年代，随着人类社会向信息化时代的迈进，社会对各类人才的要求越来越高，人才质量观也发生了重大变化，在重视知识和能力的基础上，开始强调个人的素质。这是因为在信息化时代，一个人获取和掌握各种知识、形成和发展各类能力，主要依靠的就是个人的综合素质。学会认知、学会做事、学会共同生活和学会做人成为这一时期响亮的口号，学术性、职业性、事业心和开拓精神，成为人才的新标准。信息化时代加速了社会的发展，竞争加剧的态势越来越显著，21世纪的人才质量标准又呈现出新的特点，社会迫切需要的是具有较高综合素质、富有创新精神、能胜任多种职业、适应性强、自我调节能力强的新型人才。如何培养既符合时代发展，适应社会需求，又尊重文化创新和个人发展规律的现代人才，是教学管理应该深入思考的课题。现代人对人才的表述更强调"德才兼备"，而且将德放置于才之前，人才的道德属性成为人才应然内涵被国家和社会关注，并作为关键属性被弘扬。

4. 育人观的变革

日本明治时期的著名思想家福泽谕吉说过："一个民族要崛起，需要三个方面的改变，第一是人心的改变，第二是政治制度的改变，第三是器物的改变。这个顺序绝不能颠倒，如果颠倒，表面看是捷径，其实是走不通的。"①"以学生为本"是教育的本质要求，教育的功能是"育人"而非"制器"。"以学生为本"是高等教育存在与发展的要求。大学无疑是探索"高深学问的地方"，但其人才培养的职能依然是第一位的。"以学生为本"的实质就是"育人为本"，育人为本这一职能是科学研究、社会服务和文化传承三大职能应当围绕的中心，三大职能的顺利开展，也必须依靠人的力量才将得以推进。国际社会正日益成为一个"命运共同体"。我们一方面要坚持立德树人，加强大学生的文化认同、民族认同、国家认同；另一方面要强化培养大学生多元文化的认知、能力与经验。②

大学教学管理不仅仅是鼓励学生主动思考，学会如何思考，关键是要向其提出思考些什么。大学社会职能的演进与变迁，导致大学与社会的联系更紧密，约翰·L.蔡尔兹认为，"学校是社会的代理机构，甚至是统治集团的仆人，学校不可能是中立的"③，大学作为教育的一个机构，不能是批判现有社会秩序的过程，要使批判或者支持变得有意义，就必须借助一定的标准、伦理判断和社会价值。因而大学教学管理的伦理诉求的取向就显得至关重要，学校要向学生提供相应的结论性意见。人既是教育的主体又是教育的对象，"人的发展"是教育及其教学管理的出发点和归宿。"以学生为本"要求教学管理要以学生的知识能力、个性、创造性等方面发展为出发点。在"以学生为本"的基础上，随着人才质量观的变革，高校育人观实现了一大转变，即从"既要知识传授又要能力培养"发展到"既要知识传授和能力培养，更注重素质内化"的演进。主要是针对现代高等教育中"过弱的人文陶冶""过窄的专业教育""过

---

① 李洪峰：《大国崛起的文化准备》，文化艺术出版社2011年版。
② 袁靖宇：《高等教育要在自我扬弃中提升改革》，《光明微教育》2017年4月27日。
③ 陆有铨：《躁动的百年》，山东教育出版社1997年版，第45页。

重的功利导向"和"过强的共性约制"倾向①,着眼点在于从整体上提高学生的综合素质,以提升其对社会竞争加剧的抗击力。

"在创新教育中应特别注意设置个性化的培养方案,以激发每一位学生的创新潜能,使工业化时代传统的砖头型模式化的整齐划一,转变为信息化时代要求的个性化扁平型的精彩纷呈,使得通才、专才、奇才、偏才、怪才等各类人才,都能发挥各自的创新潜能。"② 这一教育观的提出,是高等教育育人观的全面革新,也对大学教学管理提出了新的挑战。中国高等教育战略目标实现的关键,一是价值体系建立。教育的根本任务是"育人",其核心是培养什么样的人、如何培养人以及为谁培养人这个根本问题。习近平总书记强调高校必须坚持以马克思主义为指导,这不仅是对高校思想政治工作指导思想的重申,更是对高等教育价值导向的界定。二是现代大学制度建设。现代大学制度的核心是大学章程,这是将改革发展理念转化为治理结构最理想的载体。价值体系和现代大学制度的建立,都是远比建设若干大楼乃至引进若干大师重要得多的东西。

大学教学管理观念的更新是一个动态的历史过程,通过分析大学精神、大学理念和大学使命的历史沿革、大学教学观念的更新和发展,我们可以看到,大学教学管理对伦理精神的追求既是历史传统,又是现实追求。

---

① 潘懋元主编:《中国高等教育百年》,广东高等教育出版社2003年版,第93页。
② 曾江、周群:《一流大学以推动国家发展为己任》,《中国社会科学报》2005年5月21日。

第三章

大学教学管理的伦理精神与诉求

通过对大学教学管理及其伦理精神的本体性解读，分层揭示大学教学管理在大学实践场域中的内涵、意义和特征，机构与要素，功能和机制。围绕伦理的词源学分析和内涵解读，阐释伦理的本质，回答"伦理何谓"。围绕伦理的认识功能、价值导向功能、反馈调节功能、动力激发和价值激励功能，回答"伦理何为"，笔者将大学视为一种特殊的伦理共同体形式，理性解读大学教学管理存在的伦理精神、核心表征和主要功能，并以此揭示大学教学管理伦理诉求的来源和结构。

一　大学教学管理的内涵意蕴

"概念是反映事物的特有属性（固有属性或本质属性）的思维形态。"① 真正的思想和科学的洞见，只有通过概念所做的劳动才能获得，对大学教学管理伦理诉求这一论题的内涵分析和研究，必然围绕"教学管理"和"伦理诉求"这一对核心概念进行。黑格尔认为，任何一个定义，都是整个理论的一个浓缩。概念内涵依照"管理—教学管理—大学教学管理"的逻辑，层层递进厘定研究场域，并按照"宏观—中观—微观"的研究层次确定讨论重点。

1. 大学教学管理的内涵界定

（1）"管理"的内涵

制定行为规范和有意识地规范行为是人类社会特有的现象。管理往

---

① 金岳霖主编：《形式逻辑》，人民出版社1979年版，第18页。

往同"规范""秩序""效率"联系紧密,有丰富的规范属性和导向意蕴。管理概念的内涵较为丰富,定义较多,主要包括管理就是"决策",管理就是"责任",管理就是"协调和控制的动态过程",管理就是"创造环境",管理就是"一种社会活动",管理就是"一种协调性的活动",管理就是"一门艺术"等多种解释范式和表述观点,要给管理这一广泛、复杂的概念下一个全面而精准的定义显得十分不易。管理的概念可以罗列为十余种。一是将"管理"的内容和基本流程进行分解所下的定义,"管理,就是实行计划、组织、指挥、协调和控制"。①"管理是一种兼具艺术性和科学性相结合的社会活动,其活动形式表现为决策、计划、组织、控制而达到既定目标的过程。"② 管理是一个能发挥多种作用,具有一定持续性的决策、控制和创造自组织学习的动态过程。二是将管理作为一种作用和功能的定义,如管理是组织的某一专业职能或综合职能;"管理是为达到定义明确的目标而承担的个人最终全部责任"③;"管理是社会组织中,为了实现预期的目标,以人为中心进行的协调活动"④。三是把管理作为一种方法的定义,如管理是对组织资源或要素进行协调以达到目的的活动。四是将管理当成一种艺术的定义。如,"管理是艺术的艺术,它是智慧的组织者"⑤;"管理是由心智所驱使的唯一的无处不在的人类活动"⑥。这些管理概念,有些是直接界定管理的活动属性和本质,有些却是将价值导向也纳入其中,"管理"具有从不同角度出发的多种规定性,如"控制说""职能说""协调说""决策说""系统说""思想说"等。可见,管理是行为人对特定实践活动的行为活动施行的禁止、鼓励、制止、引导、规范、协调、强制等措施,既推进或抑制某种行为,又达到协调各方利益的作用。笔者认为,管理是一个合成概念,以前的概念界定比较强调管这一方面,对"理"的解读不够,"管理"的管是方

---

① [法]H.法约尔:《工业管理与一般管理》,周安华等译,中国社会科学出版社1982年版,第5页。
② 乐笑声:《管理学》,科学技术文献出版社1988年版,第3页。
③ [奥]米歇尔·霍夫曼:《普通管理学入门》,李欧译,北京大学出版社1989年版,第45页。
④ 周三多等:《管理学——原理与方法》,复旦大学出版社1999年版,第18页。
⑤ [美]戴维·R.汉普顿:《当代管理学》,陈星译,新华出版社1986年版,前言。
⑥ [美]戴维·B.赫尔茨:《科学与管理的联合》,《管理科学》1965年第4期。

法,"理"是一种理解,一种道理,一种原理,管理是用一定价值取向的"理"从事管的活动,在一定的社会活动领域中,使得管更艺术,更高效,也使得管更具人文精神和伦理取向。

(2)"教学管理"的内涵

教育教学管理是人们在教育领域所从事的管理活动,教育学奠基人夸美纽斯早在17世纪,就在其《大教学论》中提出了学制要求、课表设置和教学秩序等教学管理问题。我国第一部教育专著《学记》中也较早讨论了教学管理问题,"比年入学,中年考校",对学生如何考核、如何实施教学做了一定论述;"教必有正业,退息必有居学",对如何安排作息时间等若干教学管理方面的问题作了精要的论述;其"导而弗牵,强而弗抑,开而弗达,化民成俗"等思想已成为世界教学论领域的经典,在教学管理的实践领域也被广泛应用。我国历史上北宋时的分斋教学及必修、选修与主副科制,清代书院的选课制、选师制与奖学金制、弹性学制以及学分计算方式等教学规程都已有了详细的说明①。这些教学论思想为当时教学及管理实践作出了不朽贡献。此后,中外众多教育学家围绕教学管理问题,进行了深入的探讨和研究,延续到近代,随着各级各类学校办学规模的扩大和教学内容的日益丰富,教学管理活动显得更加重要和更加复杂。教学管理从相对单一的普通教学实践活动逐渐转向对教学思想、教学制度、教学质量、教学资源等多方面进行全方位和系统化的管理。20世纪以来,为了提升管理水平和专业化,学校管理尤其是教学管理逐步从教育学中分离出来,现已经发展成为相对独立的研究领域和学科体系。

教学管理伴随着学校的产生而产生。当前,已经成为较为普遍且通用的概念语言,并形成了较为成熟的教学管理学科体系。目前,对教学管理的研究已经很多,但就其定义,并没有形成统一的认识。主要定义包括两类:第一类是将教学管理作为实现教学目标的必要活动和环境。如教学管理"是根据一定的原则、程序和方法,为实现教学目标,对教学活动进行计划、组织、领导、控制的过程",教学管理的实质就是"设计和保持一种良好的教学环境,使教师和学生在教学过程中高效率地达

---

① 毛礼锐、沈灌群主编:《中国教育通史》,山东教育出版社2005年版,第65—78页。

到既定的教学目标"。① 第二类是从教学管理的基本职能和主要任务的角度下的定义，如有学者认为，教学管理是明确教学工作的目标，保证教学质量的提高，培养社会主义现代化建设实际需要的合格人才。② 第三类是从教学质量标准的角度给教学管理下的定义，如有学者认为高等学校的教育与教学管理是指"高等学校为实现教育教学目标或达到教育标准，在一定的环境下，根据一定的原则和方法，通过建立教育教学质量标准体系，对教育教学活动进行计划、组织、领导和控制的过程"③。第四类是将教学管理作为教学活动本身的要素和必不可少的部分与环节，"适应高等学校内部的活动以及外部环境的变化，最终达到教学目标的行为过程"④。

（3）"大学教学管理"的内涵

"大学教学管理"从教学论的分类范畴来看，是阶段教学论的研究场域，即在大学阶段的教学管理，因其发生在特定的"大学"场域之中，尽管其与基础教育中的教学管理在职能、内容、意义和功能上均有较大的不同，但其概念内涵同样包含教学环境的营造和引导、教学要素的控制与协调、教学标准的制定和评估等方面，教学效率和质量的提升、教学价值的展现等，与通常所称的高校教学管理相类似。笔者认为，依据管理所涵盖的范围不同，大学教学管理具有宏观、中观、微观三个层面的管理。宏观层面的大学教学管理主要是指国家和地方教育行政管理部门对高校人才培养质量和教育教学活动的监控、评估和管理，即对各级各类高校和其他教育机构教学的组织、协调、领导、控制与监督等，包含国家和地方教育规划的系列要求；中观层面的大学教学管理主要是指学校对高等学校内部教育教学及学术活动的管理，包括代表大学实施管理职能的教务处、教学督导室和代表学院的教学办公室、教研室等开展的教学计划管理、教学运行管理、教学质量管理、教学督导与评价，以及学科、专业、课程、教材、实验室、实践教学基地、学风建设、师资

---

① 冒荣、刘义恒：《高等学校管理学》，南京大学出版社1997年版，第26页。
② 李馨亭：《大学教学管理论》，四川科学技术出版社1989年版，第1页。
③ 林樟杰：《高等学校管理新认知》，上海教育出版社2007年版，第137页。
④ 薛天祥：《高等教育管理学》，广西师范大学出版社2001年版，第110页。

队伍建设等与教学运行息息相关各个组成部分的建设与管理，以及教学管理各纵向层级与横向组织之间的有机协调与配合，还包括教学研究与教学改革等开创性工作的管理。微观层面的大学教学管理主要是指从事课堂教学活动的教学管理，主要包括课堂时间的把握，课堂教学内容的选择，以及课堂行为的管理和导向等。本书选取的案例来源于中观层次的教学管理，即学校教学管理层面、教学职能部门，对全校所有教学环节进行的教学管理体系，如建立教学管理秩序和教学组织，配置教学资源，激发师生教学热情。但是，由于"伦理诉求"本身又是一个相对"形而上"的话题，其哲学意义和价值对"宏观""中观"和"微观"的教学管理及各教育教学实践阶段也同样具有普适意义，本书用伦理诉求作为视角研究教学管理的实质，即运用卡西尔（E. Cassirer）和布迪厄都共同重视的关系性思维和场域理论的逻辑，探索教学管理的精神实质价值导向和实践模式。即在教学管理实践场域之中，认真思考教学管理中的"权力配置""利益（资本）分配""传统惯习"等。

通过对已有相关定义的分析，我们将大学教学管理这一核心概念纳入布迪厄的场域视界中分析。布迪厄眼里的场域理论（field）是将研究对象作为一个关系性而非实体性的概念进行分析。布迪厄的"场域"理论将"资本"和"惯习"等作为与"场域"概念纳入分析框架和范畴。布迪厄认为"资本既被当作场域内争夺的目标，同时又是赖以展开争夺的手段"。而"惯习"则是场域在行动者身上体现出的一种性情倾向（disposition）[①]。布迪厄的场域理论为我们研究教学管理提供了至少四方面的启示，其一，大学教学管理的研究必须分析具体教学管理中相关的权力场域之间的诸多关系；其二，场域具有宏观、中观、微观三个层次；其三，教学管理的主体、行动者或行动机构的位置关系结构需要进行厘清；其四，要认真分析教学管理行动者的习惯倾向。

大学教学管理既来源于其他管理概念，又自成体系，拥有自身独特的生成逻辑和表现形式。教学管理是为了实现教学目的而有计划地对教学资源进行配置、开发、控制和对教学活动进行安排、组织、指挥、规

---

① ［法］布迪厄、［美］华康德：《实践与反思——反思社会学导论》，李猛等译，中央编译出版社1998年版，第134、135页。

范、协调的意识状态和行动过程，是教学实践的必要环节和重要方面，通过组织协调社会、学校、教师和学生的教学活动，使教学活动得以有效高质地进行，从而实现特定教学目的的活动，贯穿于整个教学的各个环节和各个方面，通过管理者的权力强制、权威影响、文化导向和精神引领而得以实施。教学管理必须坚持服务与教导相统一，他律与自律相统一，规范与价值相统一。

2. 大学教学管理的意义与特征

（1）大学教学管理的意义

第一，大学教学管理在大学管理中处于中心地位。

大学管理是一个大系统，教学管理是它的一个子系统。教学管理是大学管理的核心，这是由学校教育的性质决定的。大学的基本任务是培养高级专门人才，不同层次的大学都要努力办出各自的特色和水平，向社会输送大批素质优良的人才，而各种专门人才的培养主要是通过教学工作进行的。教育的这一客观规律决定了教学工作在大学中居于中心地位，而教学工作在大学中的中心地位也就决定了教学管理在大学管理中的中心地位。按照教育规律办学，就必然要把教学管理放在大学管理的中心地位，其他工作的开展都要确保中心工作的有效实施。

第二，大学教学管理保障教学活动的有效进行。

大学的教学活动主要由培养方案、教学大纲、课程体系和授课计划的制订和设计，以及备课、课堂教学、辅导答疑、作业批改、成绩评定、考核反馈、教学总结等教学主要环节，以及实验、实习、实训等实践教学部分共同构成。各类不同层次的大学，每天都在进行多序列、多层次、多因素的教学活动，这些教学活动涉及内容众多，且处于动态的过程之中，要使这些教学活动有条不紊地开展，使各个因素充分发挥作用，就需要合理地组织、指挥和调度，只有这样才能建立起正常、稳定的教学秩序。所以，教学管理是搞好教学工作的客观要求，是教学活动正常有效进行的重要保证。

第三，大学教学管理是提高教学质量的关键环节。

教学质量是大学办学的生命线。大学教学质量的提高，取决于多种因素，其中，学校构成的三要素即学校环境（包括一切软、硬件环境）、教育工作者（教师、教辅工作者等）、学生是对教学质量产生重大影响的因素。而学校环境的建设、师资队伍水平的提高、学生学习的积极性与主动性的调动都离不开健全科学的教学管理。因此，教学管理是提高教学质量的关键因素。

(2) 大学教学管理的主要特性

教学管理工作是整个大学教育教学工作的一个重要方面，它的最终目的是提高教学质量。分析大学教学管理的特性，有助于我们加深认识，有目的地进行建设和改革。大学教学管理具有以下特性。

第一，大学教学管理工作与教学活动联系紧密。

大学的教学管理是在教学活动中实施的，教学管理过程和教学活动紧密相连。一方面，教学的基本规律是教学管理的依据，教学管理过程的一切工作都服从于教学规律并为教学工作服务，甚至有观点认为，教学管理本身也是一种教学。另一方面，教学管理又对教学活动发挥着调节、改善、提高的作用，它具有先行性，通常走在教学工作的前面。

第二，大学教学管理工作的相对独立性。

教学管理工作的相对独立性表现在：教学管理工作具有一般具有历史继承性，在管理实践中需要继承；教学管理工作的发展水平和社会经济发展水平、教育发展水平具有不平衡性，各校的管理实践需要结合学校实际；教学管理内部各种管理形式之间相互作用、相互影响；教学管理的相对独立性突出表现在它对教育教学工作具有指导、动员、批判和规范等能动的反作用，它是提高教育教学质量的一个重要基础和可靠保证。同时，教学管理作为一项比较独立的社会活动与社会和教育发展又具有内在联系，它的运行规律必然受制于社会和教育的发展规律。因此，它的独立性是相对的。

第三，大学教学管理工作的开放性。

大学教学管理的开放性主要表现在教学管理环境和教学管理过程的开放性。教学管理环境的开放性主要表现为大学管理大环境的开放性，相比基础教育班级和课堂局限相对较少。另外，当今社会，网络成为教学实践的新兴形式、教学管理的重要手段，许多高校已建有基于网络的管理软件，推进信息化教学管理模式，如实现网上招生和录取、网上选课、网上择业就业等功能，不断完善教务管理系统和多媒体教学系统，这使得高等学校内部交流及与外界交流的方式于段越来越多，联系越来越密切,开放性更强。教学管理过程的开放性还表现在招收学生范围的拓宽,教师跨校上课的实现,不同学校通过一定方式进行课程学分的互认、互选和互换,教学过程的网络化和多维化发展迅速。

第四,大学教学管理工作的程序性。

大学教学管理活动同一切管理活动一样,是一种有序的活动。正常的教学管理总是遵循着计划、组织、领导、控制这个程序进行。教学管理活动的这种程序性是教学管理工作必然的逻辑发展过程,顺序不能颠倒,缺一不可。计划、组织、领导、控制这四个环节的有机结合形成了大学教学管理的过程。计划策划与安排着整个过程,组织建立产生有效分工合作关系的结构,领导促成管理主体实现既定目标,控制使活动达到预期目标的保证。它们之间相互联系,相互依存,相互制约,循环运行,螺旋上升,相互促进管理过程的不断提高,不断前进。

第五,大学教学管理工作的科学性与艺术性。

教学管理工作不仅具有科学性,还具有艺术性。教学管理工作的科学性表现为,教学管理本身应有其科学的规律和基本的原理,能够形成较为成熟的理论体系,通过对教学管理实践长期以来的研究、探索和总结,能够形成一套比较完整的、反映教学管理过程客观规律的理论知识体系,为指导管理实践提供根本的原理、原则和方法,为不同能力的管理者提供指导帮助。但是,掌握了大量的管理理论、原理或知识,并不代表着就具备出色的管理才能,并不能保证管理活动的有效开展。理论并不是万能的,管理对象不仅有"物",还有"人",管理对象的复杂性决定了管理活动的复杂性,管理者如果只凭书本知识开展管理,无视实践经验的积累、无视对管理理论知识的灵活运用能力的培养、无视管理对象的复杂性与动态性,那么管理工作注定失败。从这个意义上讲,教学管理不仅是知识,还是实践;不仅是科学,更是艺术。因此,教学管理工作必须尊重管理对象的本质,有机统一其科学性与艺术性,利用经过整理的基本知识,根据实际情况加以创造性的灵活运用,以取得预期效果。

第六,大学教学管理工作的效益性。

学校管理的目的就是最大限度地使以人为核心的各类教育资源得到最优配置,进而获得最佳的管理效益。因此,在教学管理过程中我们应坚持以最小的投入获得最大的效益的原则,合理配置和使用人、财、物、信息、时间等资源。目前,各级党委政府都把教育摆在优先发展的战略地位,不断加大对学校的投入,不少学校的办学条件大有改进,但有些学校的教育教学质量并没有明显的提高,教师的积极性也得不到有效的发挥。这些现象存在的原因是多种多样的,但学校管理水平太低、校内人才未能做到合理组织、学校教育工作未能实现整体优化应是其中的重要原因。要改变上述现状,就必须加强教学管理,向管理要质量要效益,强调运用科学的管理方式提高教学质量,让教师愉快地教,学生愉快地学,为学生的成长与发展提供最优质的服务。

3. 大学教学管理的机构、要素与机制

大学的根本任务在于培养适应社会和经济发展需要的具有创新精神和实践能力的高级专门人才,这一任务主要是通过教学活动来完成的。建立一个统一的、强有力的、高效率的教学管理机构能够保证大学对教学活动实行集中统一的指挥,它对有效实现教学管理职能、合理安排教学工作、提高教学质量有着重要的作用。

(1) 大学教学管理的机构和结构

大学教学管理的机构是指在主管校长或者校长委员会直接领导下实施学校教学管理工作的执行部门,是大学组织管理体系的重要部分,其主要职能是组织、指挥、督促、评估学校的教育教学工作。大学教学管理机构设置的合理性直接关系到大学教育教学工作的正常运行。大学教学管理机构的设置一般遵循着四大原则:其一,切合实际,服从教学规律与需要,注重实效;其二,统一领导,分级管理,正确处理集权与分权的关系;其三,精简干练,层次适当,提高工作效率;其四,合理分工,沟通顺畅,加强横向与纵向的协调。我国高校现行教学管理机构的设置大体有两种类型:一是以"直线—职能"为特征的传统科层制;二是以学院为实体,校院两级管理为特征的学院制。[①] 主要结构如图3-1所示。学院这一中间环节的介入,集权式的教学管理模式将转变为分权的教学管理模式,集权管理向公共管理迈进,为教学民主提供可能。

---

① 曾小彬:《试论高校教学管理机构设置与职责划分》,《四川师范大学学报》(社会科学版) 2006年第3期。

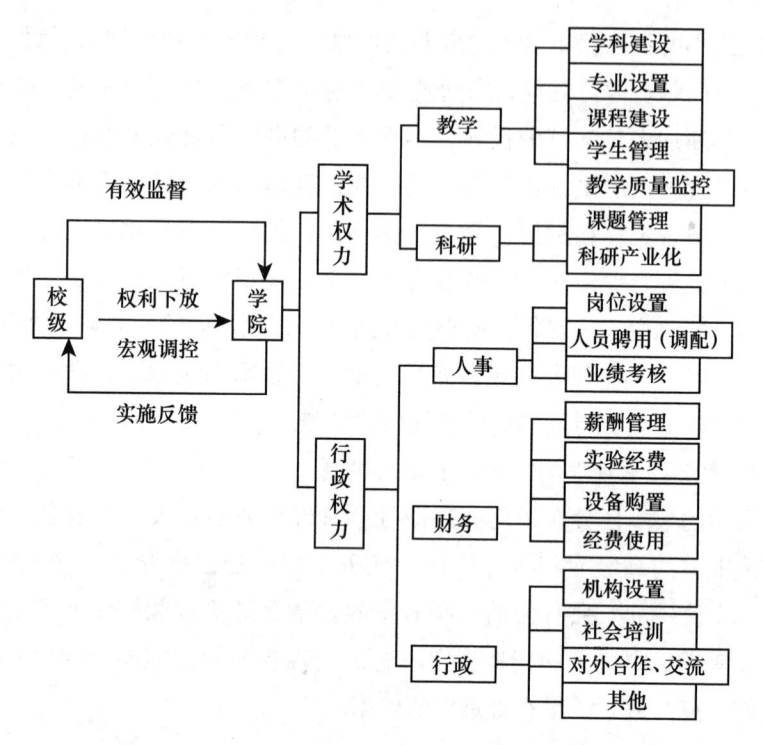

```
                                  ┌─── 学科建设
                                  ├─── 专业设置
                           ┌─ 教学 ├─── 课程建设
                           │      ├─── 学生管理
                    ┌─ 学术 ┤      └─── 教学质量监控
                    │  权力 │
                    │      └─ 科研 ┌─── 课题管理
                    │             └─── 科研产业化
     有效监督        │
 ┌─────────────┐    │              ┌─── 岗位设置
 │   权利下放   │    │       ┌─ 人事 ├─── 人员聘用（调配）
校级─────────→学院──┤       │      └─── 业绩考核
 │   宏观调控   │    │      │
 └─────────────┘    │      │       ┌─── 薪酬管理
     实施反馈        └─ 行政 ┼─ 财务 ├─── 实验经费
                       权力  │      ├─── 设备购置
                             │      └─── 经费使用
                             │
                             │       ┌─── 机构设置
                             └─ 行政 ├─── 社会培训
                                    ├─── 对外合作、交流
                                    └─── 其他
```

图3-1　校、院两级教学管理的宏观结构

（2）大学教学管理的基本要素

要素是构成事物的必要因素和组成系统的基本单元。大学教学管理的要素是指教学管理系统中的基本元素或基本单元。不同的大学，其教学管理活动的重心有所不同，但其构成要素大体一致，主要包括教学管理的主体、客体、目标与手段、内容、环境等，各要素在大学教学管理实践中彼此联系、有机组合、共同作用。现就教学管理的主体、客体和目标简要说明。

第一，从教学管理主体来看，大学教学管理活动具有多样性、多层次性与环节复杂性等特征，教学管理主体是一个十分复杂的体系。我们可以从管理者与被管理者两个方面来进行分析。

管理者角色。"按管理层次分，有校、院、系（处）、科（室）管理者；按工作性质分，有思想政治工作管理者、行政事务管理者、学术研究工作管理者；按工作责、权分，有决策指挥管理者、咨询参谋管理者、执行协调管理者、具体事务管理者。"① 教学管理者由三类人员组成：一是教育行政管理者（教育、教务行政人员）。二是教育教学人员（各科教师、辅导员）。三是作为教学管理的"利益相关方"的全体学生。如何作为主体参与学校教学管理是教育教学改革新的趋势，大学生参与学校管理的理论研究与相关实践也在开展。在"大学生希望参与学校管理的内容"的一项调查中②，调查结果显示，对"教学管理"的关注点是大学生参与学校管理的一大兴趣，占 40.63%，仅次于"与学生切身利益相关的决策"和"学生生活与后勤服务"，它反映出大学生内心对学校教学管理工作的重视和对提高学校教学质量的渴望。大学可在学校工作计划、改革方案、教学质量评估、科研与学术交流、选课、对学生的处分等方面吸纳学生的意见和建议，授权让学生开展活动，促使学校决策更贴近学生的需要。

被管理者角色。被管理者是指"学校系统中，处于被上一级管理者领导和支配的地位，并承担着一定工作任务的人"③。从主客体分类上讲，任何一个人只要存在于一定的组织或社会中，他不是管理者，就是被管理者，或者是自我管理者。人自身具有的特殊性与复杂性，决定了管理活动的复杂性和动态性。较好的被管理者一般能够清楚地领会管理者对其提出的要求和指令，会及时预见自己的行为结果，能够自主从组织目标或自身所期望的目标考虑中调整自身行为，并对他人的行为作出合理的评价和提出改进的建议。良性的大学教学管理，甚至可以使被管理者向管理者转变，成为自我管理者或者交互管理者。随着现代社会的发展，"自我管理者"的概念逐渐被放大，"有发展前途的被管理者绝不应是事事、时时都等待着他人来管理的被动者，相反，他应该是对所接受的管理信号能准确地领悟并能在适当的时候和适当的事情上表现出自我管理能力的主动者"④。能够自律并实施自我管理的被管理者日益被大众接受和运用。

---

① 安文铸：《学校管理词典》，中国科学技术出版社 1991 年版，第 84 页。
② 宋丽慧：《学生参与：转型时期高校管理的视界》，北京大学出版社 2007 年版，第 114 页。
③ 安文铸：《学校管理词典》，中国科学技术出版社 1991 年版，第 84 页。
④ 王凤彬、李东：《管理学》，中国人民大学出版社 2003 年版，第 3 页。

第二，大学教学管理的对象是大学教学活动，是教学管理的实践客体。至少包括四方面内容：其一，大学教学管理包括对教师教的活动与学生学的活动的管理，即对"人力"的管理；其二，教学管理包括对保障实施教学活动的基本教学条件，如设施与设备、教学软件、网络平台、数据资源、运作经费等方面的管理，即对"物力"的管理；其三，校内教学管理还包括对教学计划、专业建设、课程建设、教材建设、备课授课、辅导答疑、考核评估等的管理，即对"教学环节"的管理；其四，教学管理包括对"组织体系"和"社会活动"的多层次管理。有效的教学管理应将上述四方面内容进行有机整合、合理配置，避免简单拼凑、机械连接。

第三，从大学教学管理目标来理解。教学管理的目标是教学管理活动所能达到预期教学目的和可能实现的任务，教学管理目标可以按"时间为经，事件为纬"，按教学管理计划形成目标时间任务书。纵向以时间为线索，可分为大学教学管理的近期、中期和远期目标，横向可以按任务分为总体目标和各级分类目标等。可以说教学管理目标又是一个在总目标统驭下的诸多子目标相互关联、有机结合的目标体系。从意义上看，教学管理目标还可分为战略管理目标和战术管理目标。总之，任何一个教学管理目标体系，从其自身构成来看，都具有可分性、关联性、从属性和相对重要性等特征。

（3）大学教学管理的主要方式和手段

"管理方式的内涵是极为复杂和丰富的，一般说来，它可以包括管理活动的途径、方法、手段、模式、体制和风格等。"① 一是包括制定人才培养相关规划、制度、文件，也包括学校内部和教学班级内部形成的系列制度等制度性手段；二是包括对师生教学采取的激励与惩戒性手段，三是包括为师生提供的各种平台服务，如服务教学运行的信息化系统开发，精品课程平台开发等。应当指出的是，有效解决教学管理问题，不仅需要掌握多种教学管理方式方法，还必须清楚各种模式和方式方法究竟在怎样的条件和环境下使用才会取得更好的效果。任何管理方式方法都不可能是普遍最佳的，而只可能是阶段性或区域性最适用的，适用的

---

① 冒荣、刘义恒等：《高等学校管理学》，南京大学出版社2001年版，第60页。

也才会是有效的。因此，教学管理者不仅要注重学习和开发教学管理的新方式、新方法，还应该通过实践和自身的体会领悟到各种方式方法适用的场合，以便能将教学管理的学问变成卓越的管理业绩，切实提高管理水平与效能。

（4）大学教学管理的主要机制类型

教学管理机制是指在学校的教学活动和管理过程中，学校内部实施教学工作的各部门、各成员之间的相互关系及其运作方式，是各部门之间相互促进、相互制衡的关系，是教学管理机构运作、组织手段的运用和规章制度的有效实行等的"场"环境。良好的教学管理机制能够保证各部门、各成员之间、规范与行动之间的动态平衡与和谐，保证教学目标的达成，确保教学质量的提高。

从某种意义上说，教学管理实际上是一种运行机制。大学教学管理的决策、计划、领导、组织、控制、激励等一系列职能通过教学管理运行机制实现。根据已有文献研究，一般来说，大学教学管理运行机制包括决策、执行、控制、评价和激励五方面的机制，各种机制有其本身的基本步骤和要点。

第一，决策机制。决策指"人们在行动之前对行动目标与手段的探索、判断和选择"[①]。美国卡内基—梅隆大学教授、1978年度诺贝尔经济学奖获得者西蒙提出：管理就是决策，决策是普遍存在的，而且是至关重要的。从大学教学管理角度来说，决策机制是教学管理运行机制的核心与基本要素，贯穿于教学管理的始终。

①教学管理决策分为发现问题、确定目标、拟订计划、选择方案、执行方案、检查评价和反馈处理等基本步骤。当然，这些基本步骤在具体实践中也可能存在相互交叉、重叠、省略和补充。

②决策者可能是单独的个人（个体），也可能是由个体组成的群体，或由具有一定代表性的群体组成的机构。一般而言，个体决策的效率往往高于群体决策，适用于简单、次要和不需要体现共同意志的决策；群体决策的质量往往高于个体决策，决策的风险往往会降低，它适用于复杂、重要和需要有关人员广泛接受的决策问题。

---

① 王凤彬、李东：《管理学》，中国人民大学出版社2003年版，第43页。

③决策的目标分为理性决策与非理性决策、单目标决策与多目标决策等，决策目标往往与决策者的价值判断联系在一起，无论哪种目标，都多少包含价值判断的成分，同时又服从教育教学管理的总目标，因此，管理者需要确立正确的伦理价值观以指导对决策目标的选择。

第二，执行机制。执行机制是以决策方案为前提，通过一定的组织结构和组织运行来实现决策目标的活动过程。良好的执行机制一般有以下要点。

①以决策方案为前提，执行管理者决策的过程。

②借助于一定的组织体系和工作流程，通过对资源的调度和配合、工作与成员的合理安排、协调和组织，有计划、有步骤地完成决策目标。

③执行机制的完善程度是提高教学管理效率的关键因素。大学教学管理中的动力机制很大程度上与教师的职业和专业发展相联系。从大学教学管理的实践来看，动力机制主要包括教学竞争机制和合理的进修培训机制。

第三，控制机制。控制机制通过监视教学组织各方面的活动和教学环境的变化，保证教学组织计划与实际运行状况保持动态适应。大学教学管理控制机制是对大学教学管理运行的监督与反馈，主要具备"纠偏"与"调适"功能。

①控制机制往往要结合教学管理的目的性、整体性、动态性、人性化等基本特点。

②具有明确的控制目的，具有及时、可靠、适用的信息，具有行之有效的行动措施。

③依照一定的法规、政策原则，实现教学的有效沟通，注重思想教育原则、平等协商原则、服务原则。

第四，评价机制。评价机制是教学管理运行中不可或缺的重要组成部分，是教学管理决策和执行效果的判断和反馈，是管理运行的动力。

①评价机制的作用范围和对象包括对工作效果的评价和对工作过程中关键环节的评价，对人员的评价和对事项的评价，对群体的评价和对个体的评价。

②评价机制可以是事前评价（又叫论证）、事中评价（控制的组成部

分)、事后评价(效果检测),要根据实际情况具体确定。①

③构建评价机制要考虑教学管理的评价目的、评价范围、对象及作用点;采用适宜的评价方法;收集储存并运用评价信息;规范评价工作流程,及时有效处理评价结果。

第五,激励机制。激励机制是"主体通过激励因素或激励手段与激励客体之间相互作用的关系总和"②,是能促使人的潜力得以最大限度发挥的心理机制。激励机制贯穿于整个教学管理过程中,通过激发被管理者的积极性、能动性和创造性,从而确保教学管理达成既定目标。目前较为常用的主要激励理论包括:内容型激励理论,主要研究人的需要的类型和内容,主要包括需要层次理论和双因素理论;过程型激励理论,主要研究从动机产生到采取行动满足需要的内在心理和行为过程,主要包括期望理论和公平理论;行为修正型激励理论,它试图避免涉及人的复杂心理过程而只讨论人的行为,研究某一种行为及其结果对以后行为的影响,强化理论是其中的典型代表。

大学教学管理的五个主要机制之间是一种契合关系而不是简单的先导与后续关系,有着复杂的运行模式,因此,在设计大学教学管理内部某一机制的同时,必须要考虑到它与其他机制的关系及其相互影响。

4. 大学教学管理的基本特征

管理的一般理论和原理对教学管理都有着重要的指导意义,教育教学作为一项育人事业,与企业、公司管理有着共同之处,也有自身的特殊之处。相同在于,大学教学管理也同其他管理活动一样,受社会历史条件的制约和影响,其对象同样是人财物,时间、空间和信息等,表现为决策、组织、领导、控制、创新的过程,其诉求和管理方式也会随时代的进步而发生变化。从本体论的视角看,教学是一种人为的和为人的存在,教学存在是教学关系、教学活动和教学实体的统一,其本质上是一种关系性存在。它以师生的"我你"关系存在为前提,在以教与学双方互动生成为发生机制和存在方式的特殊交往中,去促进以自我关系为

---

① 时伟、吴立保:《现代大学教学管理制度研究》,安徽大学出版社2006年版,第238页。
② 关淑润:《现代人力资源管理与组织行为》,对外经济贸易大学出版社2001年版,第331—332页。

核心的"我"的世界的建构及师生的特殊生活的构建，而这一"我"的世界蕴含的是人与人、人与他物（人化的自然或人的社会等）和人与自身三方面关系的统一和合金①。从德性的角度看，亚里士多德认为德性是使一个人好并使他的实现活动完成得好的品质，它是人的实践的生命活动，德性只生成于德性的活动，德性就意味着选择，选择除了必须是出于意愿还必须经过预先的考虑，即实践理性的运用②。基于亚里士多德的德性理论，麦金太尔用"实践"来指称任何融贯的、复杂的、通过社会建立起来的协作性的人类活动形式；通过它，在试图获得那些既适用于这种活动形式又在一定程度上限定了这种活动形式的优秀标准的过程中，内在于这种活动形式中的善（goods）得以实现；其结果是，人们获取优秀的能力以及人们对其中涉及的目的与善的认识都得到了系统的扩展。③一种活动要称得上"实践"，必须满足以下三个条件④：第一，这种活动必须具有融贯性、复杂性、协作性。第二，这种活动必须具有内在于自身的善，且这种善是在追求和实现该活动的优秀标准的过程中实现的。第三，通过参与这种活动，不仅参与者本人而且共同体在获得优秀的能力和实现这些活动的内在善的方面都得到系统的扩展。尽管麦金太尔本人否认教学是这种意义上的实践，但不少研究者却坚定地认为教学就是麦金太尔意义上的具有内在善的关系性活动。因此，从教学本体存在出发，从德性的角度去理解，教学就是麦金太尔意义上的德性实践，是师生双方从"此在"出发，以彼此的德性自由为前提，以教与学的互动关系为发生机制和存在方式，共同构建一种可能的德性生活的过程，它是一个"以善至善"的过程，最终将导向师生个体的幸福与完满。

与其他领域不同表现在，第一，教育教学是人才培养的事业，人是其中最核心的因素，同时教育教学领域的人不同于企业等环境的人，教学过程本身是个人的塑造过程，主体和对象都是围绕"人的发展"展开，影响因素纷繁复杂，教育教学的目标也不同于企业管理目标的确定性，

---

① 张广君：《教学本体论》，甘肃教育出版社2005年版，第6页。
② [古希腊]亚里士多德：《尼各马可伦理学》，廖申白译，商务印书馆2015年版，译注者序。
③ [美]麦金太尔：《追寻美德》，译林出版社2003年版，第238—239页。
④ 程亮：《教学是麦金太尔意义上的实践吗?》，《教育研究》2013年第5期，第120页。

如同"标准件"的生产,很多要素无法量化统计,导致大学教学管理复杂性、动态性特征明显。第二,大学教学管理是价值高度涉入的领域,相比其他管理领域,更多的伦理、道德和价值观问题将在大学教学管理活动和场域中必须面对和展演。第三,在对教育管理工作的评价上,相比其他领域的量化评估指标,大学教学管理往往缺乏透明、已经达成共识的指标,在质量评估上往往更有难度。第四,从大学教育教学管理的阶段性特征来看,相对其他阶段的教学管理,由于教学人员专业化更高,学生学习的专业性、学术性更强,主体对教学管理民主和自由的呼声将会更大更强。

目前,国际国内的大学教育已经陆续迈进了大众化阶段,其质量要求涉及千家万户,容易受到社会的关注,相关管理公平、正义或教育教学质量等很容易成为社会舆论的焦点。大学教学既要适应社会和市场化的外部环境,又要保持大学自我的精神,因此大学教学及其管理往往处于改革的常态之中,教学及其管理的实践实质也是大学改革的实践,任何改革都是以一定的价值取向为支撑和指引,从这一方面讲,大学教学管理的伦理与价值诉求,则显得尤其重要和更加必要。

二 伦理精神的本真解读

本书所指的伦理精神,包括大学教学管理过程中的个人精神、大学精神及社会价值,是探讨大学教学管理伦理建构这一复杂格局的根。伦理精神是大学教学的追求和信仰,这个信仰也就日益成为现实教学中的秩序。每个学生和老师一起才能生成内心的规则,在此基础上,才能建立起对社会、国家、政府以及其他个人的信任,这是社会形成稳定秩序的基础。有了这个基础,才能建立每个人都需要的稳定的公共秩序。因而,如果说"主体性"是教学论研究的逻辑起点,那么"伦理性"就是大学教学管理理论研究的逻辑起点。从中国传统伦理的视角看,伦理的精髓集中体现在"伦"字上,传统思想将伦理和"人伦"作为"人兽之分"的标志,是人之所以为人的根本,也是人作为人"自信"的根本,明人伦是超越"近于禽兽"的根本之途。黑格尔认为在考察伦理时,首先要从实体性出发,考察伦理的本性,从单个的人的伦理为基础逐渐提高，即从个体伦理逐渐发展到社会伦理。"伦理性的实体包含同自己概念合一的自为地存在的自我意识，它是家庭和民族的现实精神"。在教学管理场域中，从"实体性出发"就必然需要考察教师和学生的伦理性及教学管理双方的关系属性。

1. 伦理何谓

"伦理"一词的内涵极其丰富，以致从古至今，中外大家对此仍然见仁见智，莫衷一词。从西方的词源学分析，伦理一词最早出现在荷马史诗中的《伊利亚特》中，表示为希腊文的 ethos，之后形成了拉丁文 ethcia，最后才形成伦理的英文表述 ethic。伦理原意是指一群人共同居住的地方，后来引申为共居的人们所形成的性格、气质以及风俗习惯，通过这些风俗习惯，人们逐渐形成了某些品质或德性，并进而形成共识性规范。"伦理德性是由风俗习惯熏陶出来的，而不是自然本性。……一切德性通过习惯而生成，通过习惯而毁灭"[①]，因而伦理并不仅仅是一种规范和要求，还需要内化到一定的自觉习惯之中。

在我国，根据《说文》的解释，"伦，辈也，从人、从仑"，在古时候主要用于如何处理、协调和规范"人与人之间的关系"，"理"在《说文》中的解释为："理，治玉也。……玉之未理者为璞"，指整理和打磨物件的纹理，引申为通过努力去发现和探索事物的本来规律和规则。连起来解释就是"伦：人与人之间的关系；理：道理，规则；伦理即用一定的道理和规则处理人与人之间的关系"。之后，在《礼记·乐记》中，"伦"与"理"二字连用成词，"乐者，通伦理者也"。到了东汉时期，郑玄对伦理进行了注解，"伦，犹类也，理分也"。到了唐朝，孔颖达称"阴阳万物各有伦类分理者也"对伦理加以表述，意即把不同事物分别开来的原则和规范。伦理的含义还主要用在"人事"而非"物理"上，西汉贾谊曾称，"以礼义伦理教人民"，管理活动是人类社会活动的一种高级形式，离不开伦理的规范作用。在古典文献中，"伦理"与"人伦"一词也经常互通，"伦理"就是"人伦之理"，人伦是整个中国传统伦理的历史源头和逻辑起点。孟子从伦理的生成角度，解释了人伦的产生和要

[①] [古希腊]亚里士多德：《尼各马可伦理学》，苗力田译，中国社会科学出版社1990年版，第25页。

求，表述父子有亲、君臣有义、夫妇有别、长幼有序、朋友有信的"五伦纲常"，"乐以天下""忧以天下"的救世情怀，基本奠定了我国传统伦理中最具代表性的重要文化内核。己所不欲勿施于人，己欲立而立人，君子和而不同，天人合一，和为贵，仁、义、理、智、信，等等，为人处世和天人哲学的原理也都深深烙上了民族的印记，进入民族血液中，形成了中国的文化基因。

笔者认为，结合上文伦理的词源分析，伦理一词的字形也蕴含丰富的哲理。"伦理"一词中的"伦"，从"象形"的角度来看，似一个站得笔直的人，对另外一个人比着一把匕首，体现两人之间的某种隐含关系，象征他们之间关系的强制性，强调实现某种规范和服从某种规范，隐喻着现实社会范畴中人与人、人与社会和人与自然之间关系处理中的行为规范，而且也深刻地蕴含依照某种强制性的原则来规范行为，因而无论"伦"字的词源，还是"伦"的象形，本身有着较强的规范价值和责任意识；"理"似美玉的纹理，本身是一种有规律的纹路，象征着美的图案，自然带有美的追求，具有一定的审美取向和审美价值，象征在规范中蕴含美德。伦理二字相连，即包含人与人之间的关系约定和调整，规范和美德的共存。

2. 伦理何为

古希腊柏拉图的《理想国》将管理与伦理高度结合。从伦理角度研究管理问题，在近代西方是从洛克、卢梭和康德开始的，而当代西方自觉地从伦理角度研究管理，尤其研究管理制度安排和制度设计的是罗尔斯。从伦理与管理的关系来看，伦理是管理的观念先导，是管理赖以产生的价值理念前提。伦理和管理都同时也必须受到时代的影响，每一个时代的管理都是当时时代精神的体现，而作为时代精神之核心的伦理精神也一定会对当时代的管理及其形成的制度体系产生极其重要的制约作用，任何管理及其制度的形成也一定会以一定的价值认识、价值判断和价值取舍为基础和前提，都要以一定的伦理精神为底蕴。管理及其制度的发展和创新也直接源于伦理观念的变革和更新。同时，伦理要受到社会共识影响，并以习惯形式推行，管理及其制度也必将是实现社会伦理要求的有力保障。整个社会也同理，政治、经济、文化的秩序都有着客观的伦理之维，道德和伦理支撑着市场和社会的运行、规范和建构，看不到这一点，我们将成为一个"理论的道德色盲"①，也必然会在现实的管理中受到伦理的惩罚。以伦理为基础和目标的管理伦理学"以管理学为元理论，用伦理学的观点和方法研究管理实践的理论体系"②，既是管理学的一个分支，也是伦理学的一个分支，它是管理学和伦理学相联系的中介。"强调研究和管理过程中的道德现象、道德评价体系、道德标准和道德发展的基本规律"③。管理与伦理有着密切的内在联系和相关性，也正是这种强相关性，教学管理的伦理诉求及其实现路径才具有较强的现实性和实践性。

在现实生活实践中谈到伦理，是作为人类精神生活的一种基本样式，其本质是人类对自我及其内在精神的一种管理活动，必然具有内在管理的功能。作为一种应该和正当的规范意识和行动指令，伦理本身就存在丰富的教育和管理的功能。从伦理学和管理学双向互观，"无论是伦理学角度，还是管理学角度，伦理道德都是人类的一种特殊的管理活动和方式"，作为人类特有的管理活动或方式，伦理在主体内省过程中，调节和体现主体内在心理和精神自律。

伦理的社会管理功能可分为对个体和对集体社会两方面的管理功能，一方面伦理对处于社会生活中的个体，通过其"明人伦""知礼仪"的外在教育和个体内省、自觉地调节个人在社会实践中的应然规范。另一方面，伦理对社会的规范和引导，同时也"不仅仅针对个体，而且也必然延展至整个社会系统，包括集体、群体和组织系统等"④，个体和社会通过伦理规范的桥梁作用也能够在彼此的意识形态上达到精神上的一致。所以，有学者强调"当代伦理道德与经济社会要恢复对话与沟通"。⑤ 强调这种沟通和互动，实质也是使个体和社会能够达到伦理理解上的一致，这也是道德和伦理具有社会经济价值的一个依据。道德作为一种社会和个体共同守候和服从的规则与规范，能够"规范市场经济的行为主体

---

① 韦森：《经济学与伦理学》，上海人民出版社2002年版，第69页。
② 温克勒等：《管理伦理学》，天津人民出版社1988年版，第2—4页。
③ 苏勇：《管理伦理学》，东方出版中心1998年版，第10页。
④ 戴木才：《管理的伦理法则》，江西人民出版社2001年版，第167页。
⑤ 韦森：《伦理道德与市场博弈中的理性选择》，《毛泽东邓小平理论研究》2003年第1期。

（个人、群体和社会）的行为"①。从而也发挥了伦理道德在经济发展中的重要作用，使得伦理通过经济的风向标，激发人们扩展对伦理的更大范围更多的认同。也有学者认为伦理和道德具有同一性，"道德等意识形态对于人类社会的进步具有根本不可或缺的重大价值"，从实用理性的角度讲，伦理道德也是一种"有用"的意识存在，之所以说伦理道德"有用""有效益"，是因为历史和现实都曾经告诉过我们，伦理道德确实是"实实在在地帮助人类社会节约了各类成本，实现了较大效益"②。伦理道德不仅具有形而上的哲学价值，同样具有现实形而下的实践价值，不仅具有主体内心体验的道德价值，也实然地具有了能产生大量效益的经济价值和社会价值。这也是在经济领域和政治领域也必须强调企业伦理、商业伦理、行政伦理的实用哲学根源。"道德因素越来越渗透到经济活动的各个领域中，而且影响越来越大。"③ 从西方技术取向管理价值观角度，同样能证明伦理道德对社会功能的强大影响力，管理中"对价值的研究及其伦理学和美学的各个分支，更为直接地渗透到管理与组织的行为之中。——管理的技术形式的真正本质就是价值"④，伦理实现了个人和社会共同的价值。

3. 伦理何求

小到个人，大到社会，从环境到文化，都有其内在的伦理精神和属性，一种特定的伦理精神和内涵往往是一个社会和一种文化形成凝聚力和认同标准的基础。一旦当某种伦理精神被压抑或未被彰显时，就会形成与之相关的主体质疑和伦理反思，进而形成一定的诉求。"伦理诉求"的概念首先是以伦理为目标进行的主体追求，"是人们在行为中希望获得或保持的东西"。主体追求的伦理目标包含伦理体系中应然包含的基本要素、基本结构和伦理基础。以一种激励、诱导、规范等激发自觉行为的内在深层次管理，满足伦理诉求为指向的管理，将有利于改变传统模式，

---

① 夏伟东：《市场经济是道德经济》，《新视野》1995年第3期。
② 陈彩虹：《道德与功利——现代经济学的一种理解和现代经济学面临的选择》，《东南学术》2001年第6期。
③ 章海山：《经济伦理及其范畴研究》，中山大学出版社2005年版，第265页。
④ ［加拿大］克里斯托弗·霍基金森：《领导哲学》，刘林平等译，云南人民出版社1987年版，第5页。

将"全面、和谐和可持续"等特点表现在管理之中，突出"人"在管理活动中的主体性地位，力求主客体之间、资源与环境之间、社会和个人之间的和谐统一，充分重视自我价值和人本身价值与地位。《中国大百科全书》指出："教学不仅要成就知识，强健体魄，并形成一定的思想品德。"① 可见形成一定的思想品德是教学的应有之义和考量目标。教学是属于学生自身的生命运动。"教学不是要控制学生的生命，而是要激扬学生的生命"②。教学管理是教学的重要环节和必要保障，因而教学的价值取向和教学观念是教学管理理念的核心和基础。教学的目的和教学管理目的具有相对同一性，"教育管理活动的要素涉及事实层面，也涉及价值层面"。教育管理活动的事实层面包含教学管理的主客体要素，即人与资源及其之间的关系。教学管理活动的价值层面是指不同主体在实践活动中以自我价值预设对教学管理活动进行认识和判断，并对其产生形成的管理理念性要素，如教学管理活动本质、原理、原则等。有学者分析了教育的伦理基础和伦理本性。"在教育伦理哲学中，探讨和关注教育伦理基础或伦理本性问题，其焦点和核心在于追问构成教育合理性基础的伦理前提是什么，即教育成其为教育而非其他的物的伦理基础"③，这一论述强调教育的伦理预设，从而"从伦理角度对教育本质进行分析、把握和规定，对教育进行伦理划界"；教育的伦理本性或伦理基础，"是对教育本质的一种伦理追问，是对教育基本伦理预设的审查，是对教育在长期历史发展进程中表现出来的伦理精神的概括"。回答了教育之所以有效，之所以合理的前提问题。还有学者进而区分了"伦理基础"与"伦理性"这两个概念的不同，伦理基础主要体现在伦理价值体系中的支撑部分，将伦理作为教育或教学管理活动运作过程中的要素性指标，作为一种有效的组织形式，教学管理有效运行所需要的条件支撑因素和配合条件。伦理基础则贯穿于教学管理活动价值层面各要素中，无此，教育缺乏构成要素，则不成其为教育，或是无效的教育。而伦理性是一种特

---

① 吴杰、唱印余等编：《教学——中国大百科全书教育卷》，中国大百科全书出版社1999年版，第21页。
② 时晓玲：《教育本该激扬生命》，《中国教育报》2006年6月28日。
③ 王本陆：《教育的伦理哲学刍议》，《高教探索》2002年第4期。

征性属性,是一种价值追求,无此教育依然成立,但教育的应然目的难以完整实现,主体精神未得以彰显和弘扬。

"伦理诉求""伦理基础"和"伦理性"有着不同的内涵。伦理基础和属性是偏向结构和体系化的分析方法,诉求一般指制定和设计某项活动时所需要的某种道德、动机、认同,或是说服受众应该去做某件事的理由。诉求一般可分三类:理性的诉求、感性的诉求和道义的诉求。伦理诉求不仅关注大学教学过程中师生的教和学的活动本身,而且更关注教和学的社会性,关注教和学与社会发展、与人类发展的关系。伦理基础一般指向管理的前提,伦理诉求更强调管理的目标。而伦理目标包含伦理体系中应然包含的基本要素、基本结构和伦理基础。而最基础的前提和核心要素是管理中的人,即对人性的学理解读。人性是作为物性、兽性、神性的对立面提出来的。强调人性,也就是强调要把人当作人看待,反对一切践踏人性、蔑视人的尊严和价值,把人视为可以任意摆布、任意宰割的生物体的做法,倡导建立符合人性的管理制度、原则和方法。本研究的大学教学管理的伦理诉求,一方面是从外部要求的角度看,由于当前国家经济社会的快速发展,市场经济对教学管理中伦理审视和伦理规范不足,整个社会各界对教学管理场域的强烈要求及伦理诉求;另一方面是教学管理内部,或者教学管理本身要发挥应有的作用,必须具备伦理的功能,这种内生型的伦理诉求即是将伦理作为教学管理理论和实务运作中的关键要素,实现伦理管理;其三是教学管理的主体及相关利益人对教学管理的强烈期待,包括教学管理道德层面的德性,又包括以理智为主的理性,还包括规范与自由和谐、逻辑合理的审美,具有公平、正义、合理、审美等卓越特征的追求,既是规范的追求,也是美德的追求。

三 "双一流"精神实质与大学教学管理的伦理表征

办好中国的世界一流大学,必须有中国特色。没有特色,跟在他人后面亦步亦趋,依样画葫芦,是不可能办成功的。这里可以套用一句话,越是民族的越是世界的。世界上不会有第二个哈佛、牛津、斯坦福、麻省理工、剑桥，但会有第一个北大、清华、浙大、复旦、南大等中国著名学府。中国的大学要认真吸收世界上先进的办学治学经验，更要遵循教育规律，扎根中国大地办大学"①。这是"双一流"建设的基本遵循，为深化高等教育改革、办好中国特色世界一流大学指明了方向，也对大学的内部管理治理体系提出了更高要求②。

1. "双一流"建设的精神实质

纵观两千多年来大学发展变革的历史，都将大学精神作为大学的核心追求。成为大学文化教育的核心。这种看不见、摸不着但却能感受到的气场，从根本上决定着大学的生存质量。从某种意义上讲，大学是人类精神理想的实现，它所构筑的是人类精神文化的象牙塔，并用一种隐性的方式影响周围世界。当前，在信息时代背景下，大学文化面临着深刻的生态危机，这种危机意指大学精神的缺失，大学教育中大学精神的缺场，生命体验的缺席。大学精神的回归，主要是使大学文化教育重新高扬人的价值，追求自由的精神。大学应做到为天地立心、为生民立命、为往圣继绝学、为万世开太平，起到对社会文化的引领作用。21世纪的教育须奠定在数字化基础上。回顾人类教育经历过的三种方式，它们分别是：农耕社会的口语传播教育方式、近代工业社会的文字教育方式、21世纪数字教育。可以发现，教育最大的进步，是方式的进步。美国的教育改革以STEAM为核心，STEAM代表科学（Science）、技术（Technology）、工程（Engineering）、艺术（Art）、数学（Mathematics）。倡导并实践集科学、技术、工程、艺术与数学多学科融合的综合教育，这在目前来说被认为符合教育的未来。而我们，也只有彻底转变教育方式，才能跟上时代对教育的要求。

放眼世界，国际大学精神的发展历经五次主要嬗变，这种衍变主要是基于大学职能的更迭。第一次应回归到中世纪，在基督教迷雾中发现"新知"，在孕育"新人"的过程中，交流"新知"的情怀下，大学作为一种文化精神的象征破茧而出。作为传统的精神承载，基督教文明、东

---

① 习近平：《青年要自觉践行社会主义核心价值观——在北京大学师生座谈会上的讲话》，新华网，2014年5月5日。

② 葛剑平：《用工匠精神铸就"双一流"大学》，人民网，2017年5月3日。

方文明在碰撞中进化交流，不断拓展人们的视野。随着文化的传播，人们很快发现，大学作为一种文化精神的载体，在各种文明的交流中扮演着十分重要的角色，逐渐成为一种精神的寄托。第二次是15世纪到18世纪，人文精神的探究进入大学，成为主流。人们由原来着眼神的研究转向着力对人的思索。人文精神开始在欧洲大学逐渐兴起，大学的目标从"神"转向了"人"，人人进大学成为一种追求和向往。第三次嬗变是学术研究在大学职能定位中的确立。19世纪前，大学主要被经院哲学把控和主导，自然的基础科学并未在大学传播。随着德国洪堡大学的成立，大学不仅传道授业，而且在于解惑，营造理智，启迪智慧。第四次大学精神发展延伸是第二次世界大战以后到20世纪末，民主思潮在大学的传播和影响，大学由精英化走向大众化。大学已经不再是传统中的象牙塔，大学服务社会，开始走向社会的中心，大学成为社会重要组成①。最近一次大学精神的新生是21世纪以来，随着以互联网为代表的信息技术飞速发展，信息时代冲击和变革着传统大学，也刺激和影响着当今大学的发展理念，大学对文化的引领作用日益凸显，大学成为了精神的象征和家园，但现实的境遇不容乐观，在不断的内外冲突中大学发展蓬勃向前。

21世纪以来，中国高等教育取得了显著的成绩，已经成为名副其实的高等教育大国。但是，我们从高等教育大国向高等教育强国转变还有较长的路要走。现在中国的很多大学，我们并感受不到大学的气场，觉察不到大学应有的精神和底蕴。大学没有形成应有的文化生态，最终导致很难培养出杰出人才。教育文化不是孤立存在的，而是信息时代背景下文化大范畴的重要构成。教育就是要将教育对象引入规范的文化教育体系，脱离文化而抽象孤立地考虑教育是有失偏颇的。

有学者指出，当前"双一流"建设很快演变成孔雀东南飞的人才大战，一流学科建设靠"拼凑"和一流教师队伍建设靠"挖人"的现象愈演愈烈。教育部部长陈宝生也不得不公开呼吁东部高校对中西部高校的人才"手下留情"。一流大学是以踏石留印、抓铁有痕的劲头"干"出来的，不是靠几项指标评出来的，更不是靠急功近利的方式"拼凑"出来

---

① 王义遒：《论大学精神形成演变的逻辑之道》，《中国高教研究》2012年第9期，第9—16页。

的，需要扎实努力、锲而不舍的"钉钉子"精神。这种急功近利之风必将严重阻碍和破坏"双一流"建设的科学实施，同时也有悖于人才培养和大学办学规律。

要扎扎实实办好"双一流"，必须牢牢把握大学的基本职能和精神实质。教学是教育的中心环节，大学教学管理作为一种大学教育活动的有效组织方式，既有着效能的追求，又必然存在一定的伦理价值取向模式，或者说"伦理范型"①。大学教学管理主要是对人的管理，是以培养人才为目标的管理，以促进人的发展为价值取向，需要调节人与人之间的关系及其行为规范，包含着与之相应的道德原则。因此，现代大学教学管理能够也必须选择"伦理的视角"去探讨大学教学管理的，才能秉持以"人"为焦点、以"人"为目的的理念。

2. 大学教学管理的伦理特征

（1）大学教学管理的伦理本质

伦理自身从本质上讲，是一种价值承载的文化规范与道德实践。伦理区别于其他事物的内在规定性是在于其是"一种人类文化现象，一种人性化的价值观念或价值精神"②，伦理是"人们运用善恶评价的方式来把握世界和把握自身的一种文化价值观念、行为规范及其实践活动，是一种实践精神"③。伦理有着文化性、价值性、应然性、正当性、非强制性的特征。首先，伦理本质上是一种文化现象和文化创造，集中体现为一种观念文化或精神文化。其次，伦理道德是运用实践掌握世界的价值，伦理意识本质上是一种价值意识、价值观念和价值精神，一般价值意识在伦理道德领域体现为主体的观念、行为对他人、社会的有利或有害的善恶意识，以善恶作为评价观念与实践的标准。然后，伦理还是一种应该和正当的规范意识和行动指令，既是思想观念，又是行动准则。应然性、正当性是伦理道德的重要特征。另外，伦理是一种参与行为调节的多种准则之一，如规则、条款、戒律、守则等规范。但与这些制度化的

---

① 褚宏启主编：《中国教育管理评论》（第 6 卷），教育科学出版社 2011 年版，第 18 页。
② 万俊人：《道德的谱系与类型》，《新哲学》（第 1 辑），大象出版社 2003 年版，第 30 页。
③ 金保华：《论教育管理的伦理基础》，博士学位论文，华中师范大学，2008 年。

准则和规范不同的是，伦理道德则并不使用强制性手段为自己开辟道路，而是借善恶评价的方式，即主要借助传统习惯、内心信念和社会舆论来实现。最后，伦理道德的实践性特征，作为一种人类在实践中创造出来的文化价值观念和规范，必然源于实践，并高于实践，并指导实践，推动实践螺旋前进，伦理作为精神与实践，知行统一，知行合一。

伦理的本质也可以称为伦理道德的根本性质，是伦理道德区别于其他事物的内在规定性。在中国历史上，孔子认为，伦理道德乃是上天恩赐于人的，"大生德于予"，孟子强调"性善"在伦理建构中的作用，伦理道德就是善，是人生来就有的，"仁义礼智，'非由外烁我，我固有之也'"；"善"在中国伦理解读中，占的比重是非常大的，伦理就是"崇善"的规范。在西方历史上，柏拉图（Plato）认为，伦理道德是"神"把善的理念放到人的灵魂中的结果；在苏格拉底（Sokrates）看来，伦理道德归根结底来自人对世界的真正了解，因此，他认为"美德即知识"；康德指出伦理道德是一种实践理性的命令，而这种实践理性就是人先天固有的"善良意志"；杜威（John Dewey）也认为，伦理道德是一种用来分析情境和确定行为选择的工具，是一种"考察和筹划的特殊方法，用来考察经验事实，分析各种因素，认识客观条件，堪定困难和不幸，并设想行动方案加以比较作出选择，决定主观行为"①，伦理的意义和价值受到越来越多的学者与普通民众的认识和重视。笔者认为，伦理的本质可以理解为，以善为起源，又以善为目的，对自我或者对社会从事的一种追求善的特殊方法、规范体系和实践过程。从伦理与道德的关系来看。"道德是引导人们做出选择和行动的价值符号，而正是这些选择和行动决定了人生目的和人生过程。"② 在伦理学中，伦理与道德之间既有联系，又有区别，伦理和道德均是哲学判断而非科学判断，主要回答应当如何的问题。伦理和道德说到底，都指向人们"应当如何"的应然行为规范。③ 二者具有密切的相关性和同一指向性。而"道德"则更多地或更有可能指向个人，蕴含着主观、主体、个人、个体的意味，而"伦理"则

---

① ［美］杜威：《哲学的改造》，许崇清译，商务印书馆1958年版，第118页。
② ［美］兰德：《客观主义伦理学》，江怡等译，商务印书馆2002年版，第16页。
③ 王海明：《新伦理学》，商务印书馆2002年版，第104页。

更具客观、客体、社会、团体的意味。① 本书为了行文和论述的方便，不强调其差异，不过多讨论。拟将道德概念纳入伦理的范畴内部，具有从属关系。

（2）大学教学管理伦理本质的特征

大学教学管理伦理的本质，主要体现在教育性与管理性的统一。作为特殊文化实践活动的教学及承载价值追求的大学教学管理，伦理道德种植于教学管理主体的内心，是一种特殊的管理伦理样态，表现为主体内在的精神自觉和自律。伦理作为"应该的"和"正当的"规范意识和行动指令，本身就具有教育性与管理性相互包容、相互依存的因素。"教育的意义本身就在于改变人性以形成那些异于朴质的人性思维、情感、欲望和信仰的新方式"②，也正是因为人的本性未完成性，而具有较强的可塑性，才有道德的需要和可能。伦理道德是人类完善自身及其本性的基本方式，杜威提出了"道德即教育"，对人的本性控制的最好方式就是通过在教育的主渠道——教学中，实施道德教育。教学和教学管理都以人及其本性和行为的完善为根本目的，两者之间必然存在相互依存的纽带和密切联系的桥梁。

大学教学管理与大学教学具有发生学意义上的同源和同时性，最初始的教学活动就伴随教学管理活动的发生和发展。伦理在规范教学管理活动的同时，教育并管理着师生应当遵循一定的伦理规范，教育教学管理主体要明确其应当承担的责任、使命，使管理者及时获取"应该如何"的教育。同时，又指导被管理者将某些伦理精神作为行为修身的因素，通过教学和教学管理活动，间接实现教育的作用。同时，在大学教学管理的实施过程中，也适时动态地调整着教学中的管理关系，协调相关的管理行为，确保教学行为的伦理规范，又使得管理者与被管理者、教育者与受教育者彼此之间保持良性的伦理关系，从而保证教育管理活动的持续和有序运转。因而在讨论教学管理伦理诉求时，要注意教育性与管理性之间的相互结合、相互渗透和相互统一。在大学教学管理伦理诉求中，还同时兼具服务与教导相统一，他律与自律相统一，关系伦理与制

---

① 何怀宏：《伦理学是什么》，北京大学出版社2002年版，第9页。
② ［美］杜威：《人的问题》，傅统先、邱椿译，上海人民出版社1965年版，第155页。

度伦理相统一等。

(3) 大学是一个特殊的伦理组织

梁漱溟曾经认为"中国是非一般国家类型的国家，而是超国家类型的"。其意思是，中国是以伦理关系为纽带、以伦理情谊为主要维系手段的"文化共同体"[①]。不同于西方，以个人为本位，以集体利益和集体生活为手段将集体生活作为个人存在的公共基础。学校作为一个知识型的组织，知识人的伦理关系在学校这一组织中构成了基本关系，大学甚至在整个国家伦理建构中发挥着极其重要的作用，"共同体在学校制度品格的心脏内搏动"[②]，伦理是学校管理不可或缺的维度和标尺。"教育是一种促进更和谐、更可靠的人类发展的一种主要手段……引领着人类朝向和平、自由和社会正义迈进"[③]。教育本身具有伦理性，学校是体现伦理性的组织机构，"教育是一项道德的事业，学校的全部工作是一种道德努力"[④]。教育的道德属性对学校做出了伦理要求。大学是一个道德的场所，伦理共同体是学校发展的基本立场和本质归属，学校理应成为道德净化、升华的场所和空间。作为以"人才培养"为核心任务，以教学为中心的学术共同体，大学是公众心目中圣洁的象牙塔，一个充满道德优越感的德性组织，学校本身即应是建立在一定伦理关系上，包含着伦理情谊的伦理组织。"学校（大学或学院）应该表现出远远超过最低道德要求的道德敏感性，因为高深学问使这些机构具有较为敏锐的洞察社会不平等的能力。"[⑤] 学校对外承担着比其他社会组织更高的社会责任和担当，对处于学校内部的师生员工等伦理主体，也必然提出更高的伦理要求。美国卡内基教学促进基金会原主席厄内斯特·波伊尔（Ernest L. Boyer）把学校比喻为一个"大家庭"，让师生在校亦有"在家"的感觉，充满师生彼

---

① [德] 斐迪南·滕尼斯:《共同体与社会：纯粹社会学的基本概念》，林荣远译，商务印书馆1992年版，前言。

② 李军:《萨乔万尼论学校道德领导》，《外国教育研究》2003年第10期。

③ 联合国教科文组织（UNESCO）:《教育——财富蕴藏其中》，联合国教科文组织总部中文科译，教育科学出版社1999年版，第1页。

④ [加拿大] 迈克尔·富兰:《学校领导的道德使命》，邵迎生译，教育科学出版社2005年版，第92页。

⑤ [美] 约翰·S. 布鲁贝克:《高等教育哲学》，王承绪等译，浙江教育出版社1998年版，第132页。

此的相互关怀、理解和尊重，体现秩序、自由与和谐。

大学作为一种履行特殊社会功能和文化使命的组织，是一个以教育为主业，从事人才培养、科学研究、社会服务和文化传承创新的"伦理共同体"。在大学组织内，教师和学生之间建立起一种"现实的和有机的生命"的结合，师生在前喻和后喻文化的影响中相互占有和享受文化生活。诚如蓝德曼所言："个体和整个群体共有文化媒介，人在这种媒介的帮助下，才能直立，才能呼吸。"① 教师与学生在这种文化媒介的影响下，一道分享文化财富，共享精神快乐。孔子在有教无类、因材施教的教学中，弟子三千，贤人七十二，孔门师生"亲密的"和"单纯的"共同生活，在中国教学史上被传为佳话。作为交往的教学，意味着教学是教师的教与学生的学相互影响的共同活动，也即是二者的"共在"。教学双方，缺一不可，缺少任何一方，交往便不复存在，渐趋消解。这种"共在"是"教"的活动与"学"的活动的"共在"，而不直接指教师与学生主体的"共在"，这种共在，有着师生参与的"当下性"，只有当下的教和当下的学的有机互动，方可生成真正的教学。在教学"共在"的同时，实现着教学价值的"分享"和"共享"。教学主体间的"共享"和彼此"接纳"，不断促成新"视界"的形成和融合。从这个意义上说，教学应该是一个共同分享知识经验、共同成长的活动，教学管理为了促成教学的生成和共在共享，首先是开放的心态和合作的精神，"共享"的结果是促成"共生"，实现师生在教学中的共同"生长"，这也是教学活动内在的伦理要求。

道德共同体是人们的集合体，与普通的集合体不同，成员的共同愿景和取向是"共同体"存在和生长的根，道德共同体和伦理共同体是因为人们共同承担的道德责任和道德义务而集合起来，共享共同的价值理念、思想情感和相关态度，共同体的结合有着一定的精神内核，道德共同体为发现和构成"意义"提供实质性的方式和内容，和"共同体"联结的精神纽带为相应的教学建设、道德建设和文化建设提供体系框架。

从教育社会学的视角观察，"学校即社会""课堂（班级）即社会"等说法被较多学者所采用，教学工作者也大都耳熟能详且认同这种观点。

---

① ［德］M. 蓝德曼：《哲学人类学》，彭富春译，中国工人出版社1988年版，第266页。

然而，当我们仔细体会人们对教学、学校、课堂做出这一判断的心境和意向时，或多或少总带有某些惆怅、遗憾和无奈，其潜台词是，学校不应该混同于一般的社会，它有着自己特殊的伦理角色，应该是一个共同体。大学本身是一个社会的缩影，但有必须相对简化的社会环境，必须清除一些不良的东西。"即使社会的其他部分出现了道德滑坡、衰退，大学也应该独自坚守道德高地的角色定位"①，大学不能随波逐流，而应给师生一个"仰望星空"的空间和场域。大学也不是靠资本运作而成的获利单位，大学有责任、有义务保持一种独立的伦理精神，与相关道德环境不良的组织和社会系统保持适当的距离，从自身组织环境中剔除道德不良的、精神不佳的、不被伦理规范所接纳的坏东西，抵制不良道德在通常社会中的影响，弘扬和导向积极的道德文化。

德国社会学家斐迪南·滕尼斯（Ferdinand Tonnies）认为，共同体与社会之间的最大的区别在于其结合的本质不同，"共同体不单纯是表示组织的社会范畴，更主要的是表达成员之间的亲密关系和群体内部的整合状态"②。人们为了追求高深知识，而建立了大学，人们因为有共同的东西而生活在一个共同体内，为了生产和传递某种高深知识，经过慎重选择和严密选拔，师生共同走进大学；为了达到人才培养、科学研究和社会服务的功能，师生和管理人员一起为提高教育教学质量而努力，"共同的东西"就成了共同体建设中的核心，相互配合，真诚协作，从而形成成员之间精神和情感的强烈依存性关系和独特的团体精神，是共同体成员共同的精神价值取向和目标，经过一定的历史积淀和归纳总结，逐渐形成了共同为之追求、努力的大学精神。

大学这一组织与其他商业组织的目标相比，一方面学校中的管理者和教师都具有近似的职业背景和文化环境，即趋同的价值观、教育培训经历；师生关系相比其他的专业人员与其工作对象的关系在很多方面均存在一定差异，师生关系受"长幼有序，师道尊严"伦理传统的影响，师生之间、教学管理主体之间是一种伦理关系，既是情谊关系同时也是

---

① 高德胜：《论大学德性的遗失》，《全球教育展望》2009 年第 12 期。
② 王家军：《学校管理的伦理本质》，《首都师范大学学报》（社会科学版）2008 年第 3 期。

相互间的一种义务关系。"每一个人对于其四面八方的伦理关系,各负有其相当义务;同时,其四面八方与他有伦理关系之人,亦各对他负有义务。"这种关系建构在一个平台之上,无形中成为一种组织,成为学校,成为一个伦理的学术共同体。另一方面,学校与其他服务性组织一样,其发展目标难以限定,学校中正在培养的学生是学校的核心,学生的动态成长和发展性,增加了管理的模糊性和复杂性。

伦理追寻和心灵塑造是教育教学的本质要求,伦理道德是教育教学的生命立场,没有道德的教育教学是价值的误导,可称为一种罪恶,且不说知识越多越反动,至少是无益于个人和社会的发展。大学是一个教书育人、科学研究、社会服务及文化传承的组织。需要建立一个相对净化的活动环境。学校的成员尤其是学生对学校有着较高的伦理期待和诉求。大学之道,在明明德,在新民,在止于至善。一个民族道德水平的高低,不体现在少数违法犯罪者身上,而是体现在教育者身上。大学之所以受人尊重,原因之一是大学之中有大德,有大道,有大爱,有大师,有大精神,是大学不仅是教育教学的高地,更是道德的高地,在一个国家,具有民族和社会良心堡垒的崇高地位。大学的教学构成了道德影响的场域,大学的师生构成了道德的共同体。"教学,作为一种特殊的人类的努力,绝不是一个一无所有的地窖,等待纯粹来自外部资源的填充"[1],大学的教学管理自然是促进师生双向互动、明德求善、引领和示范一个民族文化形象的重要实践场域。

然而,考察我们身处的学校,道德的现实与理想距离甚远。正如福柯认为,现代学校是一个典型的规训场所,教育活动演变成生产制造过程,成为"规训的教育"[2]。学校在对待师生方面的行为与大学的福祉、教育教学目的相悖,存在道德缺乏;学校奉行或实行的许多原则与道德原则也存在冲突。学校在教学管理方面对师生道德成长有着较为消极的影响,学校整体道德气氛还很薄弱,学校管理本还存在"不道德"或

---

[1] David F. Hansen, *Exploring the Moral Heart of Teaching: Toward a Teachers Creed*, N.Y.: Teachers College Press, 2001, p.11.

[2] [法] 米歇尔·福柯著:《规训与惩罚》,刘北成等译,生活·读书·新知三联书店1999年版,前言。

"欠道德"的规范、规矩和行径。例如，学校的唯利是图、教育产业化等，部分大学教师学术腐败、学风不正等，在教师教学过程中对学生的道德品质的建构形成了障碍而非促进，这些消极影响侵蚀着学校这一伦理组织的本性。长此以往，学校人文本性一旦破坏或丧失，其作为人类文明的特殊构成也就丧失了存在的合理性。我们将大学作为伦理共同体，尽管目前大学还存在诸多与伦理不符的现象和问题，但其应然的伦理共同体特征将不会改变。

3. 大学教学管理的精神实质与前提

（1）大学教学管理的伦理实质

美国管理学家约瑟夫·梅西（Joseph L. Massie）认为，"管理人员必须确立某种哲学基准体系，来把握自己的思想和行为"①，哲学基础在教育学和管理学具有前提性、先导性意义，伦理诉求之于管理也是如此，之于教学管理更是如此。伦理诉求，在很多时候是价值取向，也是教学管理的哲学前提和基础。以伦理为视角对教学管理进行研究，属于教育管理哲学的范畴。相比企业管理和公共管理，教育教学管理直接以"培养人"为对象，对伦理道德的重视和诉求，无疑是更加需要伦理精神关怀的一个特殊的管理领域。教学管理的伦理诉求不仅仅关注教和学的活动本身，而且关注教和学的社会性，关注教和学与社会、与人类的关系，需要分析教学管理与这个社会和人类的关系之中，它对社会的依存关系及其对社会、对人类发展的作用。深刻认识教师教和学生学背后隐含的人类文明传承和社会根源等本质性问题。大学教学管理适应社会发展，是在特定的社会经济、政治体制和文化制度框架下，在一定生产力、科学技术和思想文化基础上，教师和学生为着特定的社会目的和个人目的而进行的学校有组织、教师有计划、部门有评估的学生认识与发展活动，是一种特殊的人类认识和人类发展活动，教和学的关系本质是人类发展和个体发展、社会发展与学校发展、社会需要和个体需要相互结合互动的关系。

---

① 转引自金保华、陈萍《论教育管理伦理基础的内涵及特性》，《教育导刊》2009年第3期。

"理解是属于被理解之物的存在"①，事物的存在走近我们的过程，也就是事物为我们所理解的过程。教学管理伦理本质的探究也应当是从理解角度出发，在过程中寻求体验（experience）和解释。我国教学论研究者一直力求理解教学的本质，即试图回答教学"是什么"和"应该是什么"，尝试着揭示教学之为"教学"的本体特征和存在本性，如"特殊认识说""交往实践说""文化生成说"等，同样，从追求"教学本质观"到追求"教学管理的本质观"，同样很难达到唯一的适切性与普适性，但是，从认识的逻辑来考虑，这种理解无外乎两种模式，其一是说明教学管理存在的自然因果性，其二是人们理解教学管理或置身教学管理中的意义。事实上专门从事教育教学领域研究的学者日益感觉到解释性研究模式的重要性。② 教学的过程和教学的参与日益变成一种德性的生活方式，作为生活方式的教学，教师和学生都浸润其中，教学管理也是这一德性生活中的片段。大学生作为"人"终身发展中特殊而重要的发展阶段，在一定的程度上其特质还属于未确定的状态，在知识、能力、美德、体魄等各个方面都亟待成长的人，是"尚未完成的人"或"待完成的人"。

因而，笔者认为大学教学管理的实质就是"一种可被理解的德性生活"，其中包含两层含义，一层是可被理解性，大学教学管理的伦理诉求和伦理属性应该受到诸多参与者共同的关注和支持，在德性生活的过程中逐渐得到教学双方和教学管理多方的理解，实现教育"爱"的传递。另一层是德性生活，教学管理作为一种生活，必然要求各主体能够自觉生活其中，自发、自然地存在于教学管理过程中，并为了共同的伦理取向而共同营造伦理氛围，实现培育德性、传播德性、践行德性的目的，提升师生共处其中的道德水平。

（2）大学教学管理的伦理前提

现实的社会关系和传统文化的积淀决定了生活在现实社会中管理者以既定和预设的"人性前提"去构思自己的管理理念和实施自己的管理

---

① ［美］派纳等：《理解课程》，张华等译，教育科学出版社2003年版，译者前言。
② ［加拿大］范梅南：《生活体验研究》，宋广文等译，教育科学出版社2003年版，再版前言。

实践模式。通过将这种管理模式付诸实践，以管理效果的积极与负向反馈，不断强化或改变管理者对预设的人性前提产生积极信念或加以改变。以此，管理者继续坚持原有管理模式或者对现实的社会关系进行重新抽象，革新管理模式。在此过程中，借助"人性假设"这一中介，大学教学管理的管理者、教育者和其他参与者之间存在个性的多样性和交互关系的多重复杂性，"社会关系的变更"和"管理实效的反馈"成为推动管理创新或固守管理模式的动力机制。在管理主体的心目中，终会有一个自我认定或基本赞同的组织行为模式①。这些假定和模式自然会直接影响管理的行为。

因而，大学教学管理的伦理前提就是"尊重大学教学管理所有参与主体的个体差异性"，这种个性的差异又能通过一定的组织逻辑统一在一种可供彼此认同的行为模式上来，这种差异又是相对的差异，在伦理属性上是统一的。尊重差异、鼓励多元和实现伦理主导可以在大学教学管理的组织系统中得到统整，使得大学教学管理能够达成可理解的德性生活。

4. 大学教学管理的伦理精神表征

所谓精神，是人的主观存在状态的描述和定位，是人所具有的一种基本属性，是人和社会发展过程中的理想归宿。伦理精神包括个人的精神、个体的精神和社会的精神。"伦理精神，是教育人文精神的核心。"②伦理精神也就是在教育人文发展过程中的理想归宿，在一切领域都总能作为体现人类活动的价值目的性和行为合理性。伦理精神的属性可以从三个方面把握，一是从人类社会的总体性上看伦理精神。自然界没有伦理精神，只有人类才具有伦理精神，因而人类是不同于其他任何类的精神存在，伦理精神作为类的存在，是区分人类世界和非人世界的重要标志，是人和物的区分界限，但是伦理精神也可以物化到一定存在物中，如伟大的建筑艺术和其他艺术作品往往会隐含着人类的文化和伦理意识。二是从人类社会的个体上理解伦理精神，个体和社会之间存在一定的包容关系，人和人之间是有差异的个体，组织与组织之间也是有差别的群

---

① ［美］孔茨：《管理学》，黄洁纲等译，上海人民出版社1990年版，第577页。
② 樊浩、田海平等：《教育伦理》，南京大学出版社2000年版，第1、16页。

体单元，体现为不同的伦理个性（如民族性、种族性等），彼此之间有着不同的价值坚守和目标取向。三是从具体的个人去理解伦理精神，每个人都是个别，个人是人类社会及个体组织的基本构成单位，既不同于社会，也不同于有差别的群体，是个体中的个人，个人的主体性是表现和体现伦理精神的重要指标。伦理精神的属性结构又主要通过"心理与情感，道德与意识，审美与意识等三个层次来展现"①。对精神世界的向往和追求体现了人的信念水平和人的发展水平。

第一，大学教学管理蕴含丰富的情感体验。情感是主体对一切教育世界中蕴含的人、活动、环境等所有存在物的"好、恶"体验，大学教学管理是一种特殊的教育性活动，同样蕴含着丰富的教育感情，产生浓浓的教育情感，这种情感一经升华就上升到了伦理精神层面，就可以将大学教学管理的理念和实践逐一分解为教学管理观念、教学管理活动体验、教学管理话语表达与大学教学管理的评价，经分解的各种教学管理事务相互作用构成大学教学管理的情感形成的日常机制。一方面在大学教学管理中，教学主体和其他参与主体因共同的实践活动和价值追求而产生"教育爱"，师生教育感情的大量投入，反馈以更强力的情感体验；另一方面，在大学教学管理中，教学主体和参与人员将从大学教学管理过程中，通过彼此真诚的互动，多方主体在教学交往中收获更多的教学感情和情感，并与内心的教育爱产生情感共鸣，促成教育教学情感增强和持久。"教育感情与教育效果的关系不是机械对应的，适宜的教育感情可因情境需要发挥增力或减力作用"②。当然，大学教学管理的情感运用与制度运用同样不可或缺的作用，但同时也具有运行的限度。

第二，大学教学管理具有良好的价值承载性。一方面，以德性为特征的伦理是以"善"或"恶"为评价标准，以趋善避恶为主要方式来调整人与人、个人与社会之间相互关系的准则和规范的总和，它包括一定社会关系对社会成员的客观要求，也包括道德主体对"客观要求"而形成道德意识，实现主体道德内化。大学教学管理是有效实现教学的基本保障和手段，管理者应该具备先进的教育教学思想观念和开放合作的思

---

① 王坤庆：《教育与精神》，上海教育出版社2002年版，第14—20页。
② 熊川武：《教育情感论》，《教育研究》2009年第12期。

维方式引导大学教学管理的发展方向。另一方面，大学教学管理蕴含着丰富价值要素，大学教学管理的价值层面要素主要是指承载价值观念的认识，并对此认识进行理论概括而成的诸多大学教学管理的理念范畴。伦理及伦理诉求即是属于教学管理活动价值层面的重要要素。具体而言就是对教学管理活动本身和受其影响的其他教学活动价值层面的管理伦理理念。大学教学管理的价值承载性在大学教学管理实践活动中发挥着重要的、深层次的、本源性的和基础性的导向作用，规范和推动教学管理活动的实际运作。

第三，大学教学管理体现了丰富的教育意义。教育性是教学管理的始点和旨归。人之所以为人，不同于世界上其他的万事万物，就在于人有其自身的价值向度和价值世界，人的价值世界是人之为人的根本特征，是人之本质。"教育是道德的，它将包含着对他人利益的实践关怀。"[1] 教学是以人为主要目的、以人为中心的实践活动，必须重视人的价值世界，重视其价值向度在人的全面发展中的突出作用。人的可教可塑性，使得规范成为可能，这种对人本性的最佳控制方式就是教育，伦理道德本身即为教育运作的有机组成部分。伦理道德和教育的共性就在于目的均是达到人的本性和行为的逐步完善。因而杜威认为"道德即教育"。

第四，大学教学管理张扬着永恒的道德性。人类的历史是从必然走向自由的历史，是不断实现自身价值和追求"应然"状态。道德性一方面是大学教学管理运行过程中，主体与主体之间、主体对客体，以及主体向外界所必须传递的基本信息；另一方面，道德性的传递也将影响到大学教学管理的整体氛围，形成大学教学管理的道德气氛，如我们在大学所积极推进的学风、教风和校风建设，开展校园文化建设，都是在积极地营造一种适合大学教学管理的积极道德氛围。道德还可以分为外在道德和内在道德，大学教学管理的伦理诉求在道德性的激发和道德性的传播上还应该考察内在和外在的双向互动和有机统一。[2]

---

[1] Les Brown, Justice, *Morality and Education: A New Focus in Ethics in Education*, The Macmillan Press, Ltd., 1985, pp. 3 – 34, 70.

[2] 戴木才：《论管理与伦理结合的内在基础》，《中国社会科学》2002 年第 3 期。

第四章

中外管理伦理思想对大学教学管理的启示

伦理包含各种不同的伦理样态。管理伦理观是一定历史和社会发展的产物，伦理的思想和伦理的理念是一个动态的历史生成过程，一定的伦理思想的产生和发展离不开具体的时代、民族和具体的历史环境。中外管理伦理思想对大学教学管理具有重要的启示意义，我国传统管理伦理强调"以人为本""正人正己""以德为先""天人合一""以义制利"的伦理理念，西方管理伦理则强调"个人中心""契约理性""自由民主""自我实现"等伦理导向，本部分系统分析和反思中外管理伦理思想的优势和不足，从理性和德性、个性与社会性的四维矩阵结构中分析中西管理伦理价值统整互补的可能与必要，认真把握现代大学教学管理"德性与功利""和谐与竞争""理性与情感"相结合的启示。

一 我国传统管理伦理观的优势与不足

在我国，伦理思想是传统文化的一个重要组成部分，这个社会的文化传统都无不呈现出伦理型的特点，我国传统管理伦理在社会环境条件下确定了与环境相适应的管理伦理。儒家伦理发挥着维护社会稳定、治国治家的功能。治其实就是管理的意思，儒家管理理论的实质即是道德理论，伦理是其理论根基，渗透在管理之中。"道之以德，齐之以礼"的儒家管理思想，充满管理与伦理相互结合的智慧和先见之明。

我国传统文化中蕴含着丰富的管理伦理和教学伦理思想，在基本价值取向上,我国传统管理主张"民惟邦本、政得其民,礼法合治、德主刑辅,为政之要莫先于得人、治国先治吏,为政以德,正己修身、居安思危、改易更化等①"。长期以来,经过历代的系统发掘和弘扬,在很多实践中加以利用,但是,我们也可以看到传统伦理中有正向和负向两种影响。

1. 传统管理伦理的优势和特征

国学大师张岱年先生认为,中国几千年的文化传统的基本精神,其主要内涵可以概括为四项基本观念②,即天人合一,以人为本,刚健有为,以和为贵。结合其他学者的研究,我们认为中国传统文化的特征体现在以下方面。

(1) 强调"以人为本"的管理本质

管理要依照道德的法则,道德可视为厘定和改造人性的基本法则,就人性假设而言,任何一种管理都以人性假设为出发点,相比西方"经济人""社会人"的假设,传统伦理将人性定位为"道德人"。有学者将勤劳、诚信、节俭作为人的一种德性责任,不因是否为获取财富而遵守,是人人都应遵守的做人原则③。人本思想是对中国儒家思想的优秀传统的高度概括,"仁者爱人""民为贵"等观点,从理论上阐述了人的重要地位。在现代教学管理中"以人为本"依然是最重要的前提理念,尊重师生在教学管理中的主体地位,强调师生德性生活质量,为教学管理提供最好的价值导向。

(2) 强调"正人正己""以德为先"的管理行为

人的成长是一个"修己""正己"的过程,"正人、正己"作为中国管理伦理的本质特征之一,是获得他人和社会认同的前提。"正人正己""其身正,不令则行","修己正人"的理念是对管理行为的高度概括和道德前提,强调人自身行为的激励与修养也是激励积极行为的道德体现。重视人的道德和行为的可塑性,揭示了管理主客体之间的辩证关系和推己及人的方法。孟子称"以仁得天下",董仲舒强调"以德为国",王充

---

① 张林红:《中国传统治理的三大智慧》,《党政视野》2015年第1期。
② 张岱年:《文化与价值》,新华出版社2004年版,第212页。
③ 朱贻庭:《中国传统伦理思想史》,华东师范大学出版社2003年版,第9页。

主张"治国之道当任德",从而使国家、社会与家庭、个人都处于一种"相和"状态,以德治、善治来达到管理目标的思想被多领域的管理实践所采用。"为政以德""以德为先"就是强调用道德的力量和道德威望来进行感召,形成德性的管理行为,生成具有管理效能的影响力和示范力,实现管理目的。

(3) 强调"天人合一"与"和为贵"的和谐管理

"物我一体""天人合一"的管理伦理观与现代社会所倡导的人与自然的和谐相处,友善对话具有逻辑上的一致性。"中庸之道"及"和为贵",也是用来解决人与自然之间、人和人之间、不同群体之间、不同组织之间矛盾冲突的基本方式,在管理实践中具有重要的价值,有利于在管理过程中强调教学整体目标达成,营造和谐的教学管理环境,促进教学过程的和谐发展。"和而不同"的管理思想,往往在不影响整体目标,允许多元文化存在,包容异质思维,但又不同于西方的极端个人主义的以人为本,对建立群体管理新秩序也发挥着重要的积极作用,这也为建立和谐的教学管理人际关系,尊重学生的差异化发展提供了很好的借鉴和参考。中国传统管理伦理思想比较重视协调和平衡各种关系,从整体的长远目标和长远利益出发来思考管理问题,决定管理手段和管理举措。

(4) 强调"以义制利"的管理伦理价值标准

"义"与"利"是摆在人类面前的两种追求,两种价值取向,任何管理都难以回避义利矛盾与冲突。中国传统管理伦理思想,十分强调"以义制利"的价值判断标准,重视群体秩序、重视道德自律。"见利思义""以义制利"与"和谐中庸"等观念也有一定相关性,这种传统的义利观在实施道德教育和德治管理中具有重要作用。

(5) 强调集体思想和宏大的理想信念

传统儒家思想把制度的"国"与伦理的"家"同构化,即"家国同构"思想。伦理是制度建构的基础,"家天下"的伦理制度已然传播到家喻户晓。因此,先做"孝子"方能成为"忠臣",先"齐家"然后才能"治国、平天下"。传统管理伦理适应了传统等级制度,易于形成舆论共识,实现整体目标,在实现文化宣传中具有重要意义。强调"大丈夫""治国平天下"的理想信念教育,有利于形成积极向上的心态和动力环境。

(6) 强调"礼治""礼教"的管理秩序

孔子为了挽救春秋时期"礼崩乐坏"的局面，明确地把"礼"确定为社会等级制度和人们思想行为规范的准则，奠定了"礼"在整个社会管理和整个社会政治思想中的核心地位，也奠定了儒家的思想基础。在此基础上，儒家提出了兴学校、广教化的主张和各种具体措施，并直接从事教育实践和发展教育理论活动。为了达到相应的管理目的和管理效果，我国汉代以"礼治""德化"为宗旨，"通过系统的施政纲领、国家制度和奖惩办法，推行三纲五常等伦理规范，达到了统一伦理秩序的目的"[①]。礼治配合礼教的推行，又同于我们所言的教育性与管理性结合，实现交互促进，以礼促管，以礼促教，有着重要的方法论意义。

以德为治，以礼为序，德与礼共同构建了中国古代社会治理和道德教化的基础，我国传统文化更强调以德作为社会伦理的基本原则。在维护社会秩序、和谐人际关系、规范人的行为等方面发挥着不可替代的作用。礼则是约束社会个体的规则和理念，使人们的行为与身份匹配，不能有所逾越。教师有师德，学生有生德，管理者有为政之德，德治礼序一方面是一套自上而下的思想观念体系，另一方面又是全社会普遍遵守的价值和约束力。

我国的大学起源，一般认为建于公元前124年的太学是我国古代高等教育的发端，也是太学作为大一统封建帝国的中央最高学府，被赋予国家层面的合法地位和重要支撑。当然也有将清末的京师大学堂作为现代大学的起源，从历史的角度看，我国古代高等教育机构，都将德治礼序作为大学的制度核心，在大学管理上，今有章程，古有学规，学规相当于我们大学教学管理制度、学生守则等学校规章制度的总称，如《弟子规》"先生施教，弟子是则。温恭自虚，所受是极。见善从之，闻义则服。温柔孝悌，毋骄恃力，志无虚邪，行必正直"，等等。《论语》《白鹿洞书院学规》等都有论述，在不同程度上蕴含了传统伦理的德治礼序的思想理念。这也成为传统大学的理念和教育核心。从大学、书院和日常管理、教育理念和课程设置等方方面面都把德治礼序作为核心的准则，成为知识分子精神和道德的最主要组成部分。

[①] 俞启定：《先秦两汉儒家教育》，齐鲁书社1987年版，第1—5页。

2. 传统管理伦理的不足

以儒家文化为主体的传统文化及其管理伦理思想对现代管理各个领域都产生了极重要的影响,被称为东方管理的经典智慧。管理的核心和对象都是人的管理,而人总是历史的、现实的和实践的人,具有一定的民族性、阶级性和地域性,受到本民族传统文化的深刻影响,在大学文化传承和教学管理伦理中表现得尤为突出,大学教学管理有必要对传统伦理文化进行研究、选择和传承,使其更好地为人服务。

中国"以农立国"的农业社会根基,滋生了农业化的管理伦理思想。农业强调时令、节气、不误农时,农业社会则偏重传统、习惯、经验、常识等的积累。传统管理伦理思想延续了我国农业社会的特征,在目标上,注重整体稳定,在方法上强调感觉和经验,在情感上,忽视理性分析,在程序上忽视规则完善。传统管理伦理的经验至上、潜移默化、规则模糊等特点,导致管理行为的价值观念不是由科学推导和理性探索得出,而是在潜移默化中生成,或是父辈文化体系的直接导入,在一定的文化环境和隐形力量推动下形成的自在、自发、重复的行为模式。

(1) 传统伦理文化对人的主体精神的消解

传统管理往往是培养强调君臣等级制度,由"血缘根基导致的实用理性"[①],人在传统伦理中是以关系存在而存在的,所以往往重视群体意识,每一个人都是在一个巨大关系网中的一个节点,缺乏"自我"的概念。"天人合一""君臣父子"式壁垒森严的等级秩序,强调人从孝悌出发,重视个体对他人、对家庭、对社会的义务感、责任感和献身精神,对自我价值和独立人格的追求欠缺。一般的民众作为被管理者的存在,缺乏主体能动性,被管理者成为被压迫的对象,普通个体无法要求权利与义务对等,三纲五常往往大多是义务的规定,有义务而无权利或者有义务少权利,人格主体性遭到无形消解。

(2) "人治""礼治"而非"法治"的管理手段

"贤人政治"是我国古代所弘扬和普遍采用的伦理政治。我国传统管理具有浓厚的家庭伦理管理特色,圣君和贤臣通过道德感化的方式来治理国家从古至今在社会各界管理领域中都充斥着"人治"的印迹,管理

---

① 李泽厚:《中国古代思想史论》,天津社会科学院出版社2008年版,第290—305页。

方法和措施主要通过被相互公认的权威人物进行管理，在管理者的选择上，传统的等级秩序又容易造成"按资排辈"的现象，容易造成外行主导，内行执行的怪圈，很多时候变成了"对人不对事"的管理现象。管理过程"德主刑辅"，管理手段德治仁政或怀柔政策，渗透着浓情和温情，通过彼此的礼数进行默会式的管理，相关职责和权力较为模糊隐性，由于不注重制度建设和明确规则的制定，忽视责权利的界限厘定，互相推诿、越界或侵犯他人权利和利益的事件时有发生，较为常见。集体和国家等集体意识膨胀，集权思维对自己和他人等个体价值或被动消解或主动忽略。体现在社会管理实践中，以一种强制的氛围，对主体作了较多的道德要求和道德扶植，忽视对主体能力的培养，耻谈个人名利的追求。

（3）传统伦理文化灌输式和集权式的管理方式

我国宗法等级结构中，少数处于社会上层的精英人物担负着整个社会繁复的管理和统治职能，并形成和不断发展成为一种精英道德体系，按照"天地君亲师"的位置有序排列，精心组织伦理宣传和教化，强调文化服从和文化顺应。封建政治体系的集权管理方式在文化上和道德上得以反映和加强。

（4）传统管理伦理与现代管理复杂情境及市场化的相容不够

当其面临复杂多变的管理情境，往往只能作为管理过程中的补充。正如梁漱溟先生所言，中国文化长于理性而短于理智，倾向于向内的人情之理，而疏远相对于自然的事物之理，由此颠倒了个体生命与社会发展，心随身来，身先而心后的正常顺序，并呈现出一系列文化病象[①]。表现为，在集体主义思想包围下，容易造成组织中缺乏个性和活力，形成死板僵化的管理氛围和格局。

我们也看到，古代传统伦理、古代大学教育具有明显的阶级性，古代的大学实质是从王宫中分离出来，承担的是贵族教育功能，并不惠及老百姓子女。同时，从功能上看，大学是政治上的一个机关，是政治制度的一部分，其目的是培养政治管理人才，与学术关联不大。相比而言，学而优则仕，走向官场是当时学校的最高追求。

---

① 梁漱溟：《中国文化要义》，上海人民出版社2005年版，第250页。

二 西方管理伦理观的优势与不足

18世纪后半期,欧洲范围内出现了相对独立的价值体系:科学、道德、伦理和艺术。① 20世纪以降,各类管理尤其以企业管理为甚,日益贴上科学化的标签,科学管理的建立、发展以及广泛应用,也确实使人类社会获得了长足而空前的进步。

无论管理科学自身的演进,还是对人性规律的认识和把握,人类对现代管理本身的认识已然发生了显著变化。一方面,从西方管理理论的发展史来看,西方管理已经经历了"古典管理""行为管理""管理理论的丛林"等阶段;另一方面,对管理人的人性假设也从"机械人""社会人""决策人"发展到了今天的"复杂人""道德人"阶段。发展到现在,人们已普遍注意到了人文伦理对于有效管理的重大价值,这已是一个不争的事实,由单纯科学技术主义到综合科学与人文相结合,管理理论和管理实践愈来愈呈现出伦理化趋势。

1. 西方教育管理理论的主流思潮

西方教学伦理问题研究历来已久。早在18世纪,法国思想家卢梭就对当时教学片面科学化追求的问题作了考察,分析了现实教学中被抽取人性一面的事实,提出了尊重儿童的呼声。之后,杜威也有感于教学的机械化、程式化,压抑了学生的人性,一反传统,提出"以儿童为中心""教育即生活""教育无目的"等极富有伦理意蕴的命题,明确提出教育教学的伦理道德问题,并专门讨论了"民主""平等""自由"等问题。

(1)科学主义管理伦理

科学主义是"以一种客观的观点对管理从事价值中立研究、以一种科学的知识去控制组织和改善组织、以一种为人类决策所共同起作用的理性为基础、旨在研究提高组织的效率和效益的技术的管理观"②,形成

---

① [挪]G.希尔贝克等:《西方哲学史》,童世俊等译,上海译文出版社,2004年版,第393页。

② 罗建河:《西方科学主义教育管理理论的观点与启示》,《辽宁教育研究》2008年第5期。

了"以事实为基础"的价值判断。西蒙把实证主义的原则作为决策理论的起点,提出了"管理就是有限理性的决策过程"的理论,忽视价值和情感的作用,并且在此基础之上提出了一种对决策和管理进行理性研究的价值无涉的科学方法[1],因为科学不能言说与价值和伦理有关的内容。基于这一信念,科学主义构建了一种完全排除伦理、价值理性的认知理性的管理观。割裂了事实与价值的关系。提出了一系列如"重视组织,忽视人""理性高于非理性""忽视人的价值、伦理理性和人的非理性"等相互联系的观点。自 20 世纪 50 年代初开始,在"教育管理理论运动"的推波助澜下,教育管理研究明显地受到实证主义的影响。在教育管理研究领域,科学主义教育管理理论成长起来并逐渐占据了主导地位。

(2) 人文主义管理伦理

20 世纪 70 年代中期,加拿大著名人文主义教育管理学者格林菲尔德首先挺身而出,扛起了批判科学主义教育管理理论的大旗,力陈实证主义运用于教育管理领域的失当和弊端。他认为"组织不是自然实体而是人的思想产物,人不是生活在组织之中,而是组织生活在个体中并通过个体而存在,一切管理基本问题就是理解人的目的与意义"。人文主义教育管理伦理观的主要观点:批判其只重视效率而漠视公平,认为其是技术科学而非道德科学,主张"为人自由而管理",它的制度批判就是为了改造束缚人的自由社会制度,表达了对人的终极关怀。重视教育管理中人的因素和非理性因素。

(3) 自然连贯主义管理伦理

自然连贯主义伦理观是为消除科学与人文的紧张,整合科学与人文主义间矛盾的管理思想。主张借用来自自然科学的成就、方法和手段来理解和解释人们的主观性,试图将"价值"还原于某种事实,并以此确立价值判断的科学性和真理性,重视人的价值,但需要用科学的手段和方法来研究人的主观性,强调知识的整体性、理性与非理性的连贯统一。有学者还主张"对知识的整体性与人的脑神经活动及其对人的认知活动影响的系统分析"。试图"将'善'与增长知识等同起来,继而有目的地

---

[1] See Simon, H., *Administrative Behavior: A Study of Decision-making Process in Administrative Organization*, New York: Free Press, 1945, p. 38.

使用这一定义作为制定道德规范的一种限制和推理"①。自然连贯主义教育管理伦理观强调了科学与人文共重，偏向任何一方，都不利于教育管理的顺利实现和长久发展。在具体管理实践中，"教育管理人员应该根据公众的要求建立基本的规范结构，即他们的决定和行为应该具有长远的教育意义，应该有助于学生知识的增长"。

2. 西方管理伦理观的优势和特征

从西方管理伦理的形成和发展历程看，西方管理伦理从一开始就十分重视发挥人的能动性和个体的工具价值，重视"理性"思维的突出作用，在不断的探索实践中，逐渐形成了一整套"通过理性控制人性"，以获得利益最大化的机制，重视开发科学、精确的管理工具，强调管理方法的实用性，以达成资源利用的最优化，表现出了西方管理思想中不断变革的创新精神。这也是我国传统管理伦理易于忽视和缺失的地方。

（1）重视个人精神和个体价值

无论是泰勒的科学管理，法约尔的工业管理还是梅奥等人的霍桑实验，都认为人的行为将影响组织文化氛围，进而影响到整个管理效率。西方管理伦理从"工具人"到现在的"经济人"的人性假设前提，经历了不断科学化的进程，这些人性假设与我国的人性观有一定的联系，比如都强调人性是行为的前提和基础，但是彼此的人性假设实质上有着巨大的不同，我国传统文化强调统一的人性价值取向，其实质反映的是一种"集体人格"和家国精神，而西方更重视的人性假设，一般都是针对个人提出的，缺乏对整体的价值思考，强调个人精神和个体价值，其实质反映的是一种"个体人格"的价值取向。

（2）强调理性精神和科学价值

理性是西方文化中的重要概念，其核心价值表现为崇尚科学、追求真理、提倡法治。在理性精神的指引下，强调在管理中运用科技成果，充分利用法律、制度、规则、契约和工具的作用，鼓励模式创新，在管理评价上，重视绩效，强调专业化管理，通过职能细分，个体价值重于整体效应。无论是管理理论还是实践发展历程，理性始终是其核心精神。

---

① 金保华、罗建河：《西方自然连贯主义教育管理伦理观及启示》，《现代教育管理》2011年第10期。

鼓励形成非特权化、平等自由和开放的管理氛围，在各个领域都十分强调制度化管理和法制规范。

3. 西方管理伦理观的不足

（1）技术主义盛行，导致对理性精神的片面理解

韦伯曾高度赞扬了理性启蒙战胜了中世纪神学、信仰、权威和迷信。理性在西方精神世界占据着核心地位，也确实在弘扬科学精神，提升管理效率上作出了突出贡献。西方著名学者哈贝马斯指出，技术规则作为一种目的理性和工具理性，在科学理性和资本主义社会经济大发展的背景下，工具活动按照技术规则运行，渐渐形成了技术主义盛行，以工具理性取代精神理性的片面理解。现代组织管理的核心问题演化为"研究如何控制人"。泰罗"以任务为中心"的科学管理模式，发展到行为主义管理模式重视情感和效率的力量，实现了从以物到以人为中心的巨大进步。教学管理以人才培养为中心，以人的全面发展为目的，西方管理伦理在促进人的全面发展方面具有一定局限。

（2）合同式管理盛行，导致管理刚性过强

"社会契约论"是西方人际关系和管理价值的基础，在管理中强调制定明确的章程、契约和相关规定，形成了约束管理双方，类似与契约的合同关系，各种管理和考核，强调追求精确和定量化。在管理过程中强调理性，重视公理，追求公平，体现效率，是一种刚性的管理形式。刚性模式的管理逻辑在实际管理操作中因其柔性不足，易导致个体的主体性激发不够，而缺乏情感思维的智慧。

（3）管理目标较为单一、局限

功利和效率始终是西方管理的永恒追求，反映在各种领域的管理，都十分强调高效实用、质量监控和评估。从布鲁姆教学目标的三维模型来看，管理目标与教学目标应相互契合和对应，涵盖情感、态度、价值观的因素，而西方伦理管理对这三种目标往往关注不够。

4. 西方管理伦理观的反思

第一，无论企业管理还是教育教学管理，都是一个不断发展、不断更新、逐步完善和科学化的进程，对科学和效能的要求颇高，一些研究表明，现代西方管理伦理逐步在强调追求完整的人性实现，分析和促进人的不同层次需要。反映了西方在管理伦理上逐步从重视人的"经济需

要"到"社会需要"再到"自我实现的需要"依层次递进的本质发展规律。

第二，多元性、开放性和发展性的西方管理伦理，有利于适应和融入多变的市场，超越和打破自己曾经的管理体系规范，形成不断变革和创新的思维习惯，无论是秉承何种管理观的人性假设理论，还是以需要层次为线索的发展，在教学管理领域仍然具有较高的借鉴价值。其他领域的管理创新也推动和促进着教育教学领域管理的创新和发展。

第三，在管理领域中重视理性分析和理性功能的发挥。管理"理性"是西方管理观中的重要概念，理性始终是西方管理的核心诉求。理性主要表现在崇尚科学、追求真理、倡导法治等多方面。在理性精神的引领下，西方管理伦理强调管理的专业化、规范化、严密化、制度化和高效化，崇尚制度伦理、契约伦理，相比道德教化、以德服人，更加偏重法律和制度，相比直觉情感，更重于经济绩效的评估，强调管理中的职能分解。无论是西方管理观的变革与发展历程，还是具体管理实践，都有着明确的计划、组织、指挥、协调与控制等细节和环节，这种理性精神在西方管理史，甚至文明史中都起着至关重要的作用。

第四，现代社会的交往规范和经济规范越来越依赖于经济和交往，对话与理解成为一定的范式加以传播。管理依仗契约精神、法治精神，而理性、契约、法治又使公共领域平等、公正和非特权化成为可能，为市场经济和现代文明创造了条件，有利于激发管理对象的自觉能动性。

第五，管理的核心是"人"而不是物，在科学理性的基础上，重视发挥人的能动作用。"以人为本"不断对"以事为本"的超越，使"人"的视野不断扩大和拓展。

第六，管理越来越强调伦理品质和社会责任。强调管理场域中的伦理品质，一方面是将管理者如为人处世的基本信仰、观念及价值偏好等伦理品质上升为管理哲学的中心内容。另一方面重视"寻求使管理获得一种价值行动的意义"，积极承担具有更高社会意义的责任和担当。

按照马克思主义辩证思想和"二重性"观点和思维模式，现代大学教学管理，要辩证两分地看待西方管理思想，一方面要大胆引进和借鉴西方管理范式中合理的和带有普遍性的原则和方法；另一方面要注意到西方管理在价值体系和意识形态上的本质不同。不能在我国大学教学管理活动中简单套用，充分考虑我国高校现状和具体实践的需要，注意"选择""消化"和"吸收"，使优秀管理思想"国产化"和"本土化"。

近代中国，西学东渐，当时钦定大学章程中就明确提出办学方针是"中体西用，中国圣经垂训，以伦常道德为先，外国学堂于知育、体育之外尤重德育"。中外立教之本有相同之理。未来大学治理，必然回归并利用中国传统教育智慧。

三 中外管理伦理观对大学教学管理的启示

通过对中外管理伦理的优势和不足的分析和比较，可知中外管理伦理各有优势，又各有其局限性，这与几千年积淀的文化传统和历史背景相关，尽管管理理念不相同，但中外管理伦理具有明显的互补性，双方的互补因其"能超越当下，而意味着更多的内容"。[①] 中国和西方管理伦理彼此也是一个互相吸纳和学习的过程。课程哲学家多尔指出，"现在，教学越来越不是一个高效传递的过程，更是一个与其他人一起在学习之路上旅行的过程和个人转变的过程"[②]。在中外管理结合的历史际遇中，大学教学管理理应尽可能吸纳二者的优势和经验，摒弃其缺点和不足。

中国大学的今天是从中国昨天和前天发展而来，要建设有中国特色的世界一流大学，必须对我国历史和传统文化进行深入挖掘，获取有益养分，为当代大学教学提供智慧。

1. 中外管理伦理互补的可能

中国传统伦理的和谐、德性、人伦等优秀文化内核若能植入偏向物欲化、理性化、技术化、制度化的西方管理之中，将较好地弥补西方纯理性思维存在的种种缺失。同样，中国的东方传统文化若能与"理性""效率""追求个体卓越"等代表西方伦理文化的观念相互契合，也必将弥补西方理论的根本缺陷，具有积极的影响和作用。

---

① 刘永富：《胡塞尔现象学中的"意向性"的三层可能的解释》，《世界哲学》2004年第2期。

② ［美］多尔：《超越方法：教学即审美与精神的追求》，《华东师范大学学报》（教育科学版）2003年第3期。

(1) 德性与功利统一的可能

中国管理伦理中强调"以德为先"、重义轻利，西方管理强调追求功利和经济效益。传统思维往往不齿谈功利，重义轻利，诸多理念在这里似乎如"鱼和熊掌"一样不可兼得。马克斯·韦伯则提出了将"德行与功利"相联系的思路，使得财富与美德产生了联系，强调勤劳朴实是美德，同样也能获取更多财富。"伦理道德一样具有了较强的经济学意义"①。因而，既要认识到西方管理中"经济人"的局限性，②在现代，我们可以意识到"美德与功利"可以兼得，并行不悖，而且在追求功利的同时要弘扬美德，在弘扬美德的过程中，不减少其功利实现。

(2) "以人为本"中外互通的可能

"以人为本"的理念在中外都强调为管理的前提、基础和根本，不同在于，中国传统管理伦理中的"以人为本"实际上是以整体意义的"人"为本，而非个体的人，未来这种集体，整体的和谐和维护整体的利益，个体的利益和权利被湮没和消解。中外融合和中外互通的"以人为本"管理思想可以将整体的人和与追求个体卓越的人加以提炼、整合和丰富，将人作为管理的核心和归宿，确立人在组织中的中心地位，将发挥人的能力和优点及发挥组织的平台作用相互结合，同时，在激励潜力能力和人格提升的同时，鼓励组织和个人积极承担社会责任与义务。

(3) 和谐与竞争相互统一的可能

整体和谐是为了组织和整体的利益，竞争的目的是追求个体的卓越。这之间是一个辩证统一的关系，一味追求卓越，离开了和谐的前提和基础，就易于走向极端的个人主义；同样，如果一味强调和维护整体和谐，抛弃竞争，追求卓越，又将失去改革创新的动力和智慧，使得卓越实现困难，流于平庸。一方面，"和为贵""中庸有度"的思想在中国传统管理伦理中影响深远，重视天人合一、人我平衡、物我统一、和谐有序的管理理念已经成为追求的境界和目标。另一方面，这种思想又偏重于个体对整体、个人对社会、成员对组织的认同和服从，导致个人在独立性、创造性上受挫，活力不够，组织发展不良。而西方追求卓越的竞争意识

---

① 宋希仁：《西方伦理思想史》，中国人民大学出版社2004年版，序言。
② 汤正华：《中西管理伦理比较研究》，博士学位论文，南京理工大学，2005年。

和个人主义思想,恰恰能弥补这一不足。彼得·圣吉的学习型组织理论认为,个人成长和组织学习、团队学习和自我超越之间的辩证关系在学习型组织中将得到很好的表达;强调成员、平台和机制共同努力,将个体目标与组织和团队目标统一、共融,以达到追求"共同愿景"的目标。学习型组织理论既是中外管理伦理在个体卓越与整体和谐上的融合的典范,体现了管理思想的多元性、开放性和发展性,也引导了融合的方向和趋势。

"实践理性与道德个人,总是会与特定社会的特殊状况紧密相联。"[①]无论是 20 世纪上半叶的进步主义教育运动、新教育运动,还是后来的存在主义教育、人本主义教育,非常注意从中国传统伦理中吸取有益的理念,并注意教育教学中的伦理道德问题。这些融合发展的管理思想和伦理逻辑为教学管理的发展演进提供了参考的一面。

2. 中外管理伦理对大学教学管理的启示

大学教学管理本身也是一个伦理实践活动,同样需要在历史发展过程中,重视吸取西方管理中的理性、个性特征,同时也要注意吸收传统文化中的德性、和谐等理念。中外方管理伦理的互补与耦合一方面是因为管理领域的不断扩大,管理的目标多元;另一方面是管理实践的日益复杂,不可控因素也越来越多。中外管理伦理在诸多领域可以达到优势互补,相关理念可以互相融合,教育教学领域的管理是一种特殊的伦理实践,经济因素相对少,道德因素相对多,许多改革和研究都把教育领域作为理念创新和实践推进的试点。在视域融合中,中外管理理论影响了现代教学管理的发展。

(1) 重视理性和情感结合

西方管理都充分发挥了理性的优势和作用,体现为重视科学化、精确化的管理程序和管理方法,形成了可供复制和推广的管理模式,使理性控制人性以获得利益的管理机制,并表现出不断变革的创新精神。大学教学管理是既要求真,又要求善的价值诉求。理性能促进教学管理的科学化,客观地看待和把握教学过程的规律性,把握社会和课程知识体系对教学的理性需求,利用"理性"的手段实现有效、高效的教学活动;

---

① 东方朔:《德性论与儒家伦理》,《天津社会科学》2004 年第 5 期。

我们既要注意到理性是西方管理思想的精神内核，同时我们也要看到情绪、情感是人精神生活的核心成分，教学是一个复杂的、价值承载的文化实践活动，理性本身是一个有限理性的概念，在处理教学主体之间知识和文化传承与创作过程中，是一个生命与另一个生命的情感交流和精神对话，情感的作用融入教学生活之中，因而在教学管理实践中既要看到理性的作用，又要看到非理性的作用。理性与情感结合，既要在教学管理中重视教学和管理的合理性，探索教学管理的应然规律，又要关心师生的情感养成和生命成长，激活、启发和协调教学管理主体的情绪和情感，建立和谐、融洽的管理组织和教学管理环境。

（2）重视制度和伦理结合

西方擅长法治，强调规则，倡导用明确的制度章法规约相应领域。一方面，以规范化、程序化、逻辑化为基本特征和要求的制度管理。另一方面，重视吸收和采纳中国传统管理伦理思想中"注重价值准则，善于调节人际关系"的特点和做法，通过潜移默化的文化影响，解决教学管理双方的情感紧张和事务冲突的问题。伦理与制度的统一，在教学管理实践中实现道德与效率并重，还能避免为追求一味和谐而导致效率低下。

（3）重视规范与价值结合

规范伦理从近代发展至今，已经成为现代伦理学的主导理论形态，并逐渐成为社会共识，成为指导现代社会道德生活的主导原则。规范伦理从人类价值谱系中有效地阐释了个人主义、利益、权利、自由、理性、规则、多元化等方面的价值理性。然而，面对当今社会发展的新情况、新特点、新趋势，仅仅坚持规范伦理所阐释和张扬的上述价值理念显然已经不够，规范与价值的脱节将只能导致"人类整个价值体系的内在失衡乃至断裂"[①]，西方重视自由民主思想，决不能放任不管，规范是自由的前提和保障，自由是规范的目的，二者之间具有较为浓厚的思辨色彩的政治哲学主题。规范是教学管理的工具价值，自由是教学管理的目的价值，规范和自由既是一对矛盾，又彼此联系紧密，具有内在统一性，

---

① 寇东亮：《德性伦理与和谐社会价值观的建构》，《郑州大学学报》（哲学社会科学版）2005年第3期。

可以彼此结合。规范体现为一种秩序,但不能过度迷恋,规范的泛滥将造成教学自由和学习自由的侵害和压制。自由是保障教学自主和教学创新的内在价值。

(4) 重视"以德服人""以善致善"

教育有着两大标准,一是传授有价值的东西,二是以合乎道德的方式进行。作为什么是有价值的东西,可能在不同时代,还存在争论,而合乎道德却成了永恒的要求,具有较大的历史意义。传统思想告知我们,手段与目的一样都受到道德的审视和规范,不能用恶的手段来实现善的目的。"不由其道而胜,不如由其道而败",就是这个道理,[①] 在大学教学管理实践中,管理本身应该传递一种善,以合乎善和道德的方式进行。

(5) 重视主体德性与外部环境的互动影响

主体的善对实践起着决定实践性质的作用,主体的善对外部环境也有巨大的影响,以主体的个体善带动整体的社会善,同时,强调在伦理环境中,在隐性课程的力量下,实现主体的德性。如在"进步主义七项原则"中,中心思想主要针对两方面,一是儿童即主体,本质上是自由的;二是教育作为外部影响应该尊重这种自由。存在主义观点,强调消除课堂中知识专制、教学法专制,促进主体在课堂中获取自由[②]。大学教学管理既要激发主体的德性,又要为教学主体营造积极的伦理环境,应该追寻在管理中蕴含道德教育的思路,即任何教学应具备"教育性",促进个体善与社会善相统一。在大学环境中的道德是个体的社会智慧,社会行动能力和社会精神情感的结合;这种结合也构成了大学的道德目的;教育的道德目的应该统率学科教学(一切教育的最高目的是形成性格),通过道德的教育培养有道德的人。

[①] 蒋庆、盛洪:《以善致善:蒋庆与盛洪对话》,上海三联书店 2003 年版,第 132 页。
[②] 周建平:《追寻教学道德——当代中国教学道德价值问题研究》,博士学位论文,南京师范大学,2003 年。

第 五 章

大学教学管理伦理现状与反思

长期以来，我们有重视教育的工具属性而忽视教育的价值属性的现象。人的现代化和人的全面发展滞后，不仅对经济发展不利，而且会造成更严重的社会问题。本部分揭示大学教学管理在民主与集权、以事为本与以人为本、行政管理与学术管理等价值取向上的冲突与碰撞，校院两级管理、多元民主参与等管理模式选择上的困境，通过大学教学管理的现状分析，呈现和揭示大学教学管理伦理诉求不足的表征，并积极探究大学教学管理伦理诉求不足的症结和根源。随着知识经济的到来和教育全球化步伐的加快，高等教育呈现出蓬勃发展的态势，进入一个面向大众、多元化办学的新局面。引导广大师生做社会主义核心价值观的坚定信仰者、积极传播者、模范践行者，是高等教育的重要任务。面对这种前所未有的新形势、新情况，大学现有的教学管理思想、管理制度、方式方法等已经不能适应社会所需要的创新人才培养要求，甚至成为培养创新人才的阻碍。

一　大学教学管理现状的实证分析

上文全面阐述了高校教学管理过程中，所体现的伦理学上的特点以及对高校管理的影响，但是，这些描述和推理仅仅从理论的角度进行了论证。这样的论证是否成立，当前高校教学管理伦理现状如何，其与高校管理的关系在实践中相互的关系如何，这一系列的问题尚需要通过实证分析来验证。本章即通过建立高校教学管理伦理模型，以教学管理人员和教师作为研究样本，通过调查以及统计分析来观察高校教学管理伦理现状特点。

1. 研究方法

通过对既往文献的梳理，与高校教学管理人员以及教学科研人员的大量访谈，发放专家意见收集表等方法，课题组内部充分地讨论之后，形成了《高校教学管理伦理现状调查表》（初测）。

通过对既往文献的梳理，与高校教学管理人员以及教学科研人员的大量访谈，发放专家意见收集表等方法，课题组内部充分的讨论之后，形成了《高校教学管理现状调查表》（初测）。

除了调查被试的基本情况外，本次研究需要全面考察高校教学管理的现状及相关因素，将教学管理现状分四个维度进行了调查：对国家"双一流"及引导性政策的理解，教学组织运行的管理倾向，教学管理民主化表现，教学管理信息化使用。

①被试基本情况调查：本部分主要包括对被调查者背景情况的调查，包括年龄、性别、高校工作年限、所在学校类型、工作类型、职称、职务。

②对国家"双一流"及引导性政策的理解，分别采用以下题项进行调查：

Q1. 贵校支持鼓励教师参与国际交流合作

Q2. 贵校拥有国际合作的教学资源项目和平台

Q3. 贵校拥有创新创业教育平台并开设创新创业相关课程

Q4. 贵校有支持教改项目的配套资金与相关政策

Q5. 贵校的职称评审体现出对教学工作的尊重

Q6. 贵校与科研院所、行业企业共建的实习实训平台充足

Q7. 贵校重视本科教学审核评估与专业认证

Q8. 贵校重视"双一流"建设并出台相关方案

Q9. 贵校鼓励开设跨学科或交叉学科课程

Q28. 贵校开设的课程能紧密对接经济社会和行业发展需求

③教学组织运行的管理倾向，分别采用以下题项进行调查：

Q10. 贵校注重将科研成果转化为教学资源

Q11. 贵校的评聘、奖励、考核、监督等制度给教师带来教学压力

Q12. 贵校经常组织教职员工开展质量保障方面的培训

Q13. 贵校有重研究轻教学的氛围
Q14. 贵校有提升学生学习效果的完善机制
Q15. 贵校的教学管理能尊重教师的专业自主
Q16. 贵校制定有定期实施教师教学评价制度
Q17. 贵校出台新的教学管理制度时均会征求师生的意见
Q18. 贵校的职能部门对教学的支持情况良好

④教学管理民主化表现，分别采用以下题项进行调查：
Q19. 贵校教学管理部门为师生提供了表达意见的顺畅通道
Q20. 贵校教学管理措施束缚了教师在教学中的特长发挥
Q21. 贵校出台的教学管理制度大部分是惩戒，奖励措施不足
Q22. 贵校给予学生依自己的意愿选择专业的自由
Q23. 贵校制定有实施教学创新和卓越教学的奖励制度
Q24. 贵校重视"学生评教"结果
Q25. 贵校重视教师间"同行评教"结果
Q26. 贵校提供的选修课程学生可以自由选择
Q27. 贵校的教师教学负担有增多的趋势

⑤教学管理信息化使用，分别采用以下题项进行调查：
Q29. 贵校承认学生通过网络平台自主学习所取得的学时学分
Q30. 贵校教师重视采用"翻转课堂"及互动式、讨论式等教学方式
Q31. 贵校校园信息化系统为师生提供了解教学管理制度的服务
Q32. 贵校校园网提供了丰富的教学资源供师生使用
Q33. 贵校教师可以便捷地利用互联网进行教学或管理
Q34. 贵校开发或购买了丰富的网络在线课程

2. 研究程序

编制《高校教学管理现状调查表》。选取部分高校的教师及行政人员做样本，对初编问卷进行初测，进行项目分析和因素分析，根据问卷统计结果，对问卷中的题项结构以及表述方式做了调整，使调查问卷的结构更加清晰明确，信效度指标良好。形成了正式《高校教学管理现状调查表》，进行大规模的施测，获得研究数据。

正式调查：此次调查跨度从 2016 年 7 月初至 2017 年 1 月初。调查的对象为高校的教学、科研、管理人员。课题组选择了分布在东、西、南、

北、中部的高校共15所，发出问卷600份。问卷主要通过各高校的教学管理领导和教师发放，以问卷星手机版生成便于调查的电子问卷，通过手机和电脑进行发送问卷、填写题项、数据回收，这种形式保证了问卷较好的抽样准确性以及答案的真实可靠性。

调查问卷共回收584份，回收率符合统计要求，样本分布符合原研究构想。对问卷进行检查和筛选，整理回收数据时，对问卷先行人工编号。每一份问卷的答案会做数据筛选，筛选的条件为：（1）测谎题出现矛盾的；（2）所有问题反映具有明显倾向的（如对所有问题均选择一个答案）；（3）问卷反映具有明显规律的（如答案排列呈现固定顺序）。最终获得有效问卷584份，可以显示出此次抽样调查的准确度高，有效性强。

回收整理所有数据，采用社会科学统计软件（Statistical Product and Service Solutions，SPSS 18.0）对数据进行录入和统计分析。主要采用探索性因素分析、相关系数分析、样本均数差异检验等统计方法进行处理。

3. 研究对象

本次调查有效样本数为584个，其中重庆地区的样本数为289个，占总样本的49.5%，非重庆地区的样本数为295个，占总样本的50.5%。整个样本的地域基本覆盖了中国的东部、南部、西部、北部及中部地区。调研的样本中，受访者在学校类型、性别、职称职务、工作类型等各项特点上基本覆盖全面，较好地反映了研究主体的特征。

表5-1　　　　　　　　调研样本学校类型的分布

学校类型	样本数	百分比（%）
"985"或"211"高校	190	32.6
公办地方高校	262	44.9
民办地方高校	132	22.5
总计	584	100

从学校类型分布上来看，以公办地方高校人数占多，其余各类型分布大致均衡。

表5-2　　　　　　　　　　　调研样本的性别的分布

性别	样本数	百分比（%）
男	366	62.7
女	218	37.3

表5-3　　　　　　　　　　　调研样本的职称的分布

职称	样本数	百分比（%）
助教	52	8.9
讲师	266	45.5
副教授	175	29.9
教授	92	15.7

表5-4　　　　　　　　　　　调研样本的职称的分布

职务	样本数	百分比（%）
副处级以下	506	86.6
副处级及以上	78	13.4

表5-5　　　　　　　　　　　调研样本的工作类型的分布

工作类型	样本数	百分比（%）
专任教师	293	50.2
管理人员	211	36.1
双肩挑人员	80	13.7

表5-6　　　　　　　　　　　调研样本的工作年限的分布

工作年限	样本数	百分比（%）
未满3年	113	19.3
3—10年	183	31.3
10—20年	217	37.2
20—30年	53	9.1
30年以上	18	3.1

4. 分析结果

(1)《高校教学管理现状调查表》的编制和信效度分析结果

①项目结果

首先课题组对问卷中的题项进行了项目分析，采用的方法是对被试按问卷的总分进行分组，分别取排列在前、后27%的被试进入高分组与低分组，进而对高分组和低分组在每一个项目上平均得分进行独立样本T检验，从而判断每一个题项是否具有显著的区分度。这种方法采用的指标被称为临界比率，若某题项临界比率差异不显著，则说明其区分度不够，需要考虑删除该题项。根据每一个项目的临界比率分析结果（具体表略），47题的差异均达到了统计学要求的显著水平，具有了良好的区分度，因此全部进入探索性因素分析环节。

②探索性因素分析结果

探索性因素分析是利用相关系数找出问卷的潜在共同因素的统计方法，可以用来检验理论构想的正确性。首先我们对该问卷是否适合做因素分析进行了检验，其KMO值为0.812，Bartlett的卡方值为3873.297（$p<0.001$），这表明了所收集到的数据比较适合因素分析。

对所有题项进行初始共同性以及主轴法抽取因素之后的共同性进行分析。若共同性较低，表示该题项与其他题项可以测出的共同特性越少，说明该题项越不适合投入后续的因素分析中。分别删除共同度小于0.2的题项，共删除13个题项，保留了34个题项，并以此进行因素分析。

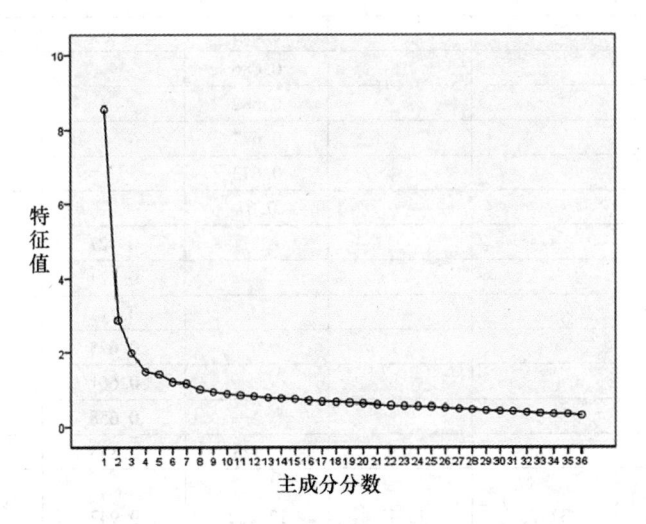

图5-1 《高校教学管理现状调查表》碎石图

表 5-7 《高校教学管理现状调查表》因素分析结果

项目	维度				共同度
	1	2	3	4	
Q1	0.723				0.593
Q2	0.721				0.649
Q3	0.716				0.616
Q4	0.708				0.53
Q5	0.704				0.639
Q6	0.692				0.651
Q7	0.684				0.613
Q8	0.678				0.65
Q9	0.671				0.647
Q28	0.664				0.729
Q10		0.741			0.596
Q11		0.712			0.633
Q12		0.707			0.499
Q13		0.696			0.648
Q14		0.667			0.697
Q15		0.649			0.712
Q16		0.642			0.71
Q17		0.631			0.659
Q18		0.617			0.609
Q19			0.761		0.678
Q20			0.735		0.678
Q21			0.701		0.62
Q22			0.693		0.546
Q23			0.686		0.536
Q24			0.682		0.646
Q25			0.677		0.716
Q26			0.673		0.649
Q27			0.67		0.57
Q29				0.727	0.675
Q30				0.724	0.678
Q31				0.711	0.641
Q32				0.675	0.457
Q33				0.661	0.46
Q34				0.658	0.615
特征值	11.058	4.9	3.473	2.853	
贡献率（共计73.154）	37.78	13.17	12.262	9.942	

采用主成分分析法以及正交方差旋转法进行探索性因素分析，在进行多次的分析后，因素特征值大于1的因素有4个，参照陡阶坡图的结果，结合原有的理论构想，最终确定4个因素，分别为对国家"双一流"及引导性政策的理解（政策落实度），教学组织运行的管理倾向（管理刚性度），教学管理民主化表现（管理民主度），教学管理信息化使用（信息化程度），探索性因素分析获得34个有效项目，可以解释总变异量71.477%。

通过以上因素分析，表明原四个维度的理论构想结构基本合理，每一维度下的题项相关性较强，各维度对总的方差贡献率均较为理想。

③信度检验

因素分析后所得的调查问卷，需要具有一定的信度，即该问卷的测验结果要具有一定的一致性与稳定性。对本问卷的信度检验，我们采用了同质系数、分半系数这两个指标。理论上认为较可靠的测量工具其信度系数应在0.6以上。从表5-8中可以看到，总问卷分数与各因素分数均超过0.6的理论值，说明本问卷信度较好，已经达到了统计学上的标准。

表5-8　　　　　　　《高校教学管理现状调查表》信度估计

维度	同质信度	分半信度
政策落实度	0.67	0.63
管理刚性度	0.71	0.69
管理民主度	0.66	0.61
信息化程度	0.61	0.65
总问卷	0.80	0.68

④效度检验

一份优良的测验工具，除了具备较高的信度外，也应具有一定水平的效度。效度是指测量结果能有效地达成所要测量的目标，即测验具有正确性或可靠性。以下从结构效度和内容效度两个方面对其进行分析。

结构效度：因素分析理论认为各因素与总的分数应有一定程度的相关，其程度应该高于各因素之间的相关联程度。这样的相关情况可以说明因素之间是不同的，但测的都是同一对象特征；其次，各因素之间程度应保持在中等程度，即不会因相关太高而有因素重合之嫌，又不会因相关太低而有因素偏离所测范围之忧。

从各因素的相关分析矩阵（见表5-9）来看，问卷具有了较好的结构效度。具体来说，因素之间呈中等程度相关，而与总分的相关普遍较高，说明各因素兼具了独立性、指向同一性，呈现了较为理想的结果。

表5-9　　　《高校教学管理现状调查表》内部一致性效度估计

维度	政策落实度	管理刚性度	管理民主度	信息化程度
政策落实度	1			
管理刚性度	0.226**	1		
管理民主度	0.313**	0.329**	1	
信息化程度	0.236**	0.377**	0.182**	1
总分	0.636**	0.747**	0.572**	0.663**

注：**$p<0.01$。

内容效度：在题项编制完成后，经过多位高等教育学、教育管理学等领域的专家的讨论，以及同教学管理人员、高校教学科研人员进行了深入的访谈和调查，在这些过程中均对问卷的题项进行了初步评定，普遍认为该问卷基本反映了高校教学管理的现状。因此，本问卷具有较好的内容效度。

⑤结论

本研究修编的《高校教学管理现状调查表》具有良好的信度与效度，达到了测量学的要求，可以作为高校教学管理现状的调查工具。

（2）高校教学管理现状

对高校教学管理调查问卷的总分及各维度得分进行描述性分析，结果见表5-10。

表5-10　《高校教学管理现状调查表》描述分析结果

管理现状	平均值	标准差
政策落实力度	3.92	0.75
管理刚性度	3.20	0.70
管理民主化	3.23	0.63
管理信息化	3.52	0.95
总均分	3.46	0.68

由表5-10可知：《高校教学管理现状调查表》各维度均分以及总均分都在3分以上（分值在1—5分），提示总体上受访对象对当前高校教学管理现状的认同度处于中等偏上的水平。

进一步对调查问卷的各维度均分与中间值3分进行单样本T检验，结果见表5-11。

表5-11　高校教学管理现状各维度与中间值的差异分析结果

管理现状	t值	p值
政策落实力度	14.02	0.000
管理刚性度	3.359	0.001
管理民主化	4.26	0.000
管理信息化	6.36	0.000

由表5-11可知，各维度上的均分均显著地高于中间值，可以认为当前高校教学管理水平较高。

为了对调查中所涉及的一些具体的问题做更深入的了解，问卷中所有题项的得分分别与中间值3分做差异性检验，发现其中有部分题项同3分差异不显著，甚至低于3分，其结果见表5-12。

表5-12　部分题项与理论中间值（3分）差异的单样本T检验结果

题项	平均值	标准差	t值
贵校有支持教改项目的配套资金与相关政策	3.12	0.75	2.43

续表

题项	平均值	标准差	t 值
贵校的职称评审体现出对教学工作的尊重	3.02	0.70	1.86
贵校重视"双一流"建设并出台相关方案	2.79	0.63	2.15
贵校的教学管理能尊重教师的专业自主	2.84	0.95	2.65
贵校的职能部门对教学的支持情况良好	3.07	0.68	2.46
贵校教学管理措施束缚了教师在教学中的特长发挥	2.93	0.57	2.21
贵校承认学生通过网络平台自主学习所取得的学时学分	2.94	0.62	2.17

从表 5-12 可以看出，以上的题目得分同理论中间值 3 分差异并不显著，这同此次调查中所涉及的其他题项均显著高于 3 分的情况有所不同。具体来说，在"贵校有支持教改项目的配套资金与相关政策""贵校重视'双一流'建设并出台相关方案""贵校的教学管理能尊重教师的专业自主""贵校的职能部门对教学的支持情况良好""贵校教学管理措施束缚了教师在教学中的特长发挥"得分高于 3 分，但无显著差异；而在"贵校的职称评审体现出对教学工作的尊重""贵校承认学生通过网络平台自主学习所取得的学时学分"这两个题项上甚至还低于 3 分。这和调查中被试普遍明显认同高校的教学管理的态度不同，被试在以上的问题中更倾向于持中立态度，在一定程度上反映出高校在以上相关方面的工作还需进一步地加强。

（3）高校教学管理现状的相关因素

①不同学校类型的高校教学管理现状的差异

对不同类型的学校在调查表中各题项的得分差异进行统计，采用单因素方差分析，结果见表 5-13。

表 5-13　　　　不同类型学校在各题项上的差异比较

题项	"985"或"211"高校		公办地方高校		民办地方高校		F 值
	均值	标准差	均值	标准差	均值	标准差	
贵校支持鼓励教师参与国际交流合作	4.68	0.657	4.16	0.996	3.00	0.000	11.391***

续表

题项	"985"或"211"高校		公办地方高校		民办地方高校		F值
	均值	标准差	均值	标准差	均值	标准差	
贵校拥有国际合作的教学资源项目和平台	4.42	0.821	3.51	1.245	2.33	1.155	16.771***
贵校拥有创新创业教育平台并开设创新创业相关课程	4.39	0.881	3.53	1.136	3.33	0.577	12.962***
贵校有支持教改项目的配套资金与相关政策	4.55	0.661	3.96	1.105	2.67	0.577	12.486***
贵校的职称评审体现出对教学工作的尊重	3.80	1.120	3.20	0.970	2.00	1.000	8.31***
贵校与科研院所、行业企业共建的实习实训平台充足	3.99	0.916	3.13	1.072	2.00	1.000	16.146***
贵校重视本科教学审核评估与专业认证	4.25	0.819	3.91	0.967	3.00	1.000	4.652**
贵校重视"双一流"建设并出台相关方案	4.46	0.791	3.42	1.243	2.00	1.000	23.112***
贵校鼓励开设跨学科或交叉学科课程	4.25	0.896	3.33	0.924	2.00	1.000	22.572***
贵校注重将科研成果转化为教学资源	4.03	0.979	3.13	1.055	1.67	0.577	18.415***
贵校的评聘、奖励、考核、监督等制度给教师带来教学压力	3.99	0.931	3.91	0.888	4.00	0.000	0.121
贵校经常组织教职员工开展质量保障方面的培训	3.78	1.078	2.85	1.061	2.00	1.000	14.307***

续表

题项	"985"或"211"高校		公办地方高校		民办地方高校		F值
	均值	标准差	均值	标准差	均值	标准差	
贵校有重研究轻教学的氛围	3.89	1.184	3.64	1.060	3.33	1.528	1.049
贵校有提升学生学习效果的完善机制	3.76	0.978	3.00	0.943	2.00	1.000	13.284***
贵校的教学管理能尊重教师的专业自主	3.79	1.075	2.89	1.066	2.00	1.000	13.806***
贵校制定有定期实施教师教学评价制度	4.13	0.822	3.95	1.026	2.33	1.155	5.815***
贵校出台新的教学管理制度时均会征求师生的意见	3.68	1.110	2.96	1.088	2.00	1.000	9.169***
贵校的职能部门对教学的支持情况良好	3.76	1.031	3.05	1.008	2.33	0.577	9.581***
贵校教学管理部门为师生提供了表达意见的顺畅通道	3.72	1.066	3.13	1.187	2.33	1.528	5.983***
贵校教学管理措施束缚了教师在教学中的特长发挥	3.45	1.124	3.29	0.916	3.00	1.732	0.542
贵校出台的教学管理制度大部分是惩戒，奖励措施不足	3.18	1.334	3.44	1.032	3.33	1.528	0.681
贵校给予学生依自己的意愿选择专业的自由	3.80	0.980	2.82	1.172	2.67	1.528	14.089***

续表

题项	"985"或"211"高校		公办地方高校		民办地方高校		F值
	均值	标准差	均值	标准差	均值	标准差	
贵校制定有实施教学创新和卓越教学的奖励制度	4.24	0.798	3.36	1.007	2.00	1.000	21.687***
贵校重视"学生评教"结果	3.99	0.959	3.60	1.029	4.00	1.000	2.486
贵校重视教师间"同行评教"结果	3.63	1.106	2.89	0.936	2.00	1.000	10.505***
贵校提供的选修课程学生可以自由选择	4.14	0.743	3.56	1.102	4.00	1.000	6.496***
贵校的教师教学负担有增多的趋势	4.05	0.978	3.76	0.922	4.00	1.000	1.466
贵校开设的课程能紧密对接经济社会和行业发展需求	3.72	0.932	3.16	0.856	3.00	1.000	6.572***
贵校承认学生通过网络平台自主学习所取得的学时学分	3.51	1.205	3.25	1.294	3.33	1.528	0.69
贵校教师重视采用"翻转课堂"及互动式、讨论式等教学方式	3.86	0.905	3.15	1.113	2.33	1.155	10.242***
贵校校园信息化系统为师生提供了解教学管理制度的服务	3.86	0.934	3.31	1.069	2.00	1.000	8.759***
贵校校园网提供了丰富的教学资源供师生使用	3.92	0.977	3.11	1.227	2.00	1.000	11.994***

续表

题项	"985"或"211"高校		公办地方高校		民办地方高校		F 值
	均值	标准差	均值	标准差	均值	标准差	
贵校教师可以便捷地利用互联网进行教学或管理	3.72	1.028	3.24	1.217	2.00	1.000	5.832***
贵校开发或购买了丰富的网络在线课程	3.87	0.971	3.25	1.236	2.00	1.000	8.29***

注：**$p<0.01$，***$p<0.001$。

从表5-13可以看出，所有题项中除了在"贵校的评聘、奖励、考核、监督等制度给教师带来教学压力""贵校有重研究轻教学的氛围""贵校出台的教学管理制度大部分是惩戒，奖励措施不足""贵校重视'学生评教'结果""贵校的教师教学负担有增多的趋势""贵校承认学生通过网络平台自主学习所取得的学时学分"这些题项中差异不显著外，其余各题项的差异均达到显著水平。

进一步对有显著差异的各题项做事后检验。其结果如下：

在"贵校支持鼓励教师参与国际交流合作"题项中，三种类型的高校间差异显著，主要表现为："985"或"211"高校＞公办地方高校＞民办地方高校。

在"贵校拥有国际合作的教学资源项目和平台"题项中，主要表现为："985"或"211"高校＞公办地方高校、民办地方高校。

在"贵校拥有创新创业教育平台并开设创新创业相关课程"题项中，主要表现为："985"或"211"高校＞公办地方高校。

在"贵校有支持教改项目的配套资金与相关政策"题项中，主要表现为："985"或"211"高校＞公办地方高校＞民办地方高校。

在"贵校的职称评审体现出对教学工作的尊重"题项中，主要表现为："985"或"211"高校＞公办地方高校、民办地方高校。

在"贵校与科研院所、行业企业共建的实习实训平台充足"题项中，主要表现为："985"或"211"高校＞公办地方高校、民办地方高校。

在"贵校重视本科教学审核评估与专业认证"题项中,主要表现为:"985"或"211"高校>公办地方高校、民办地方高校。

在"贵校重视'双一流'建设并出台相关方案"题项中,主要表现为:"985"或"211"高校>公办地方高校>民办地方高校。

在"贵校鼓励开设跨学科或交叉学科课程"题项中,主要表现为:"985"或"211"高校>公办地方高校>民办地方高校。

在"贵校注重将科研成果转化为教学资源"题项中,主要表现为:"985"或"211"高校>公办地方高校>民办地方高校。

在"贵校经常组织教职员工开展质量保障方面的培训"题项中,主要表现为:"985"或"211"高校>公办地方高校、民办地方高校。

在"贵校有提升学生学习效果的完善机制"题项中,主要表现为:"985"或"211"高校>公办地方高校、民办地方高校。

在"贵校的教学管理能尊重教师的专业自主"题项中,主要表现为:"985"或"211"高校>公办地方高校、民办地方高校。

在"贵校制定有定期实施教师教学评价制度"题项中,主要表现为:"985"或"211"高校、公办地方高校>民办地方高校。

在"贵校出台新的教学管理制度时均会征求师生的意见"题项中,主要表现为:"985"或"211"高校>公办地方高校、民办地方高校。

在"贵校的职能部门对教学的支持情况良好"题项中,主要表现为:"985"或"211"高校>公办地方高校、民办地方高校。

在"贵校教学管理部门为师生提供了表达意见的顺畅通道"题项中,主要表现为:"985"或"211"高校>公办地方高校、民办地方高校。

在"贵校给予学生依自己的意愿选择专业的自由"题项中,主要表现为:"985"或"211"高校>公办地方高校、民办地方高校。

在"贵校制定有实施教学创新和卓越教学的奖励制度"题项中,主要表现为:"985"或"211"高校>公办地方高校>民办地方高校。

在"贵校重视'学生评教'结果"题项中,主要表现为:"985"或"211"高校>公办地方高校、民办地方高校。

在"贵校重视教师间'同行评教'结果"题项中,主要表现为:"985"或"211"高校>公办地方高校、民办地方高校。

在"贵校提供的选修课程学生可以自由选择"题项中,主要表现为:

"985"或"211"高校＞公办地方高校、民办地方高校。

在"贵校开设的课程能紧密对接经济社会和行业发展需求"题项中，主要表现为："985"或"211"高校＞公办地方高校、民办地方高校。

在"贵校教师重视采用'翻转课堂'及互动式、讨论式等教学方式"题项中，主要表现为："985"或"211"高校＞公办地方高校、民办地方高校。

在"贵校校园信息化系统为师生提供了解教学管理制度的服务"题项中，主要表现为："985"或"211"高校＞公办地方高校＞民办地方高校。

在"贵校校园网提供了丰富的教学资源供师生使用"题项中，主要表现为："985"或"211"高校＞公办地方高校＞民办地方高校。

在"贵校教师可以便捷地利用互联网进行教学或管理"题项中，主要表现为："985"或"211"高校＞公办地方高校、民办地方高校。

在"贵校开发或购买了丰富的网络在线课程"题项中，主要表现为："985"或"211"高校＞公办地方高校、民办地方高校。

②不同性别的高校教学管理现状上的差异

对不同性别在调查表中各题项的得分差异进行统计，采用独立样本 t 检验方法，结果见表 5-14。

表 5-14　　　　不同性别在教学管理现状上的差异

	性别	平均值	标准差	t 值
贵校支持鼓励教师参与国际交流合作	男	4.44	0.869	0.131
	女	4.42	0.883	
贵校拥有国际合作的教学资源项目和平台	男	3.95	1.140	0.627
	女	4.08	1.140	
贵校拥有创新创业教育平台并开设创新创业相关课程	男	4.04	1.092	0.289
	女	3.98	1.059	
贵校有支持教改项目的配套资金与相关政策	男	4.26	0.958	-0.107
	女	4.28	0.927	
贵校的职称评审体现出对教学工作的尊重	男	3.54	1.135	0.279
	女	3.48	1.092	

续表

	性别	平均值	标准差	t值
贵校与科研院所、行业企业共建的实习实训平台充足	男	3.55	1.102	-0.575
	女	3.66	1.081	
贵校重视本科教学审核评估与专业认证	男	4.00	0.957	-1.358
	女	4.22	0.815	
贵校重视"双一流"建设并出台相关方案	男	3.94	1.245	-0.479
	女	4.04	1.009	
贵校鼓励开设跨学科或交叉学科课程	男	3.87	1.050	0.689
	女	3.74	1.046	
贵校注重将科研成果转化为教学资源	男	3.62	1.108	0.193
	女	3.58	1.180	
贵校的评聘、奖励、考核、监督等制度给教师带来教学压力	男	3.79	0.945	-2.904**
	女	4.24	0.744	
贵校经常组织教职员工开展质量保障方面的培训	男	3.37	1.149	0.138
	女	3.34	1.222	
贵校有重研究轻教学的氛围	男	3.68	1.142	-1.285
	女	3.94	1.132	
贵校有提升学生学习效果的完善机制	男	3.42	1.078	0.089
	女	3.40	1.010	
贵校的教学管理能尊重教师的专业自主	男	3.42	1.164	0.462
	女	3.32	1.186	
贵校制定有定期实施教师教学评价制度	男	3.83	0.967	-2.951**
	女	4.32	0.844	
贵校出台新的教学管理制度时均会征求师生的意见	男	3.27	1.123	-0.991
	女	3.48	1.233	
贵校的职能部门对教学的支持情况良好	男	3.40	1.031	-0.492
	女	3.50	1.165	
贵校教学管理部门为师生提供了表达意见的顺畅通道	男	3.42	1.164	-0.399
	女	3.50	1.182	

续表

	性别	平均值	标准差	t值
贵校教学管理措施束缚了教师在教学中的特长发挥	男	3.36	1.071	-0.227
	女	3.40	1.030	
贵校出台的教学管理制度大部分是惩戒,奖励措施不足	男	3.17	1.211	-1.539
	女	3.50	1.216	
贵校给予学生依自己的意愿选择专业的自由	男	3.33	1.175	-0.507
	女	3.44	1.181	
贵校制定有实施教学创新和卓越教学的奖励制度	男	3.83	0.980	0.073
	女	3.82	1.101	
贵校重视"学生评教"结果	男	3.67	1.022	-2.472*
	女	4.10	0.909	
贵校重视教师间"同行评教"结果	男	3.27	1.079	-0.232
	女	3.32	1.168	
贵校提供的选修课程学生可以自由选择	男	3.82	0.894	-1.293
	女	4.04	1.029	
贵校的教师教学负担有增多的趋势	男	3.89	0.905	-0.624
	女	4.00	1.050	
贵校开设的课程能紧密对接经济社会和行业发展需求	男	3.38	0.890	-1.552
	女	3.64	1.005	
贵校承认学生通过网络平台自主学习所取得的学时学分	男	3.25	1.231	-1.860
	女	3.66	1.239	
贵校教师重视采用"翻转课堂"及互动式、讨论式等教学方式	男	3.43	1.101	-1.430
	女	3.70	0.995	
贵校校园信息化系统为师生提供了解教学管理制度的服务	男	3.46	1.069	-1.806
	女	3.80	0.990	
贵校校园网提供了丰富的教学资源供师生使用	男	3.46	1.166	-1.029
	女	3.68	1.186	
贵校教师可以便捷地利用互联网进行教学或管理	男	3.40	1.099	-1.049
	女	3.62	1.227	
贵校开发或购买了丰富的网络在线课程	男	3.49	1.092	-1.134
	女	3.72	1.230	

注:* $p<0.05$,** $p<0.01$。

从表 5-14 可以看出，在不同性别的受访者中，在"贵校的评聘、奖励、考核、监督等制度给教师带来教学压力"、"贵校制定有定期实施教师教学评价制度"、"贵校重视'学生评教'结果"题项上有不同的评价态度。

(4) 高校教学管理现状调查中的年龄差异

对不同年龄段的受访者对高校教学管理现状的评价做差异的检验，采用单因素方差分析（ANOVA），因 55 岁年龄组人数较少，不符合统计学要求，故只比对 35 岁及以下组、36—45 岁组、46—55 岁组之间的差异。

各题项比对结果中只发现"贵校的评聘、奖励、考核、监督等制度给教师带来教学压力"题项中有年龄的差异，结果见表 5-15。

表 5-15　　　　　　　　不同年龄组的教学管理的差异

题项	35 岁及以下组		36—45 岁组		46—55 岁组		F 值
	均值	标准差	均值	标准差	均值	标准差	
贵校的评聘、奖励、考核、监督等制度给教师带来教学压力	4.05	0.91	3.73	0.87	4.38	0.81	4.134**

注：** $p<0.01$。

经过事后检验（LSD 法）对组间进行比较，发现 36—45 岁组在此题项的得分显著低于其他年龄组的得分，提示学校中 36—45 岁组在学校的考评等制度下承受的压力明显高于其他年龄组。

(5) 不同高校工作年限的高校教学管理现状的差异

对不同高校工作年限的受访者对高校教学管理现状的评价做差异的检验，采用单因素方差分析法（ANOVA）。结果见表 5-16。

表 5-16　　　　　　　　不同工作年限的高校教学管理的差异

题项	未满 3 年		3—10 年		10—20 年		20—30 年		F 值
	均值	标准差	均值	标准差	均值	标准差	均值	标准差	
贵校重视本科教学审核评估与专业认证	4.23	0.863	3.93	1.135	3.90	1.216	4.42	0.900	4.021*

续表

题项	未满 3 年 均值	标准差	3—10 年 均值	标准差	10—20 年 均值	标准差	20—30 年 均值	标准差	F 值
贵校的评聘、奖励、考核、监督等制度给教师带来教学压力	4.12	1.243	3.95	0.936	3.92	1.104	4.33	0.985	4.347*
贵校的教学管理能尊重教师的专业自主	3.92	0.935	3.45	1.087	3.28	1.126	3.83	1.337	3.761*
贵校重视"学生评教"结果	4.23	1.032	3.93	1.135	3.96	1.142	3.83	1.403	3.510*
贵校开设的课程能紧密对接经济社会和行业发展需求	3.73	1.116	3.38	1.147	3.04	1.142	3.67	1.303	6.121**
贵校教师重视采用"翻转课堂"及互动式、讨论式等教学方式	3.77	0.992	3.43	1.107	3.24	1.238	3.33	1.303	3.402*
贵校校园信息化系统为师生提供了解教学管理制度的服务	4.00	0.894	3.71	0.944	3.82	1.101	3.67	1.231	3.817*
贵校教师可以便捷地利用互联网进行教学或管理	3.73	1.041	4.10	0.932	3.86	0.969	4.08	0.669	5.226**

注：*$p<0.05$，**$p<0.01$。

对以上题项进行事后检验（LSD 法），结果如下：

在"贵校重视本科教学审核评估与专业认证"的题项中，未满 3 年组>3—10 年组、10—20 年组。

在"贵校的评聘、奖励、考核、监督等制度给教师带来教学压力"的题项中，未满 3 年组、20—30 年组>3—10 年组、10—20 年组。

在"贵校的教学管理能尊重教师的专业自主"的题项中，未满 3 年组、3—10年组＞10—20年组。

在"贵校重视'学生评教'结果"的题项中，3—10年组、10—20年组＜20—30年组。

在"贵校开设的课程能紧密对接经济社会和行业发展需求"的题项中，未满3年组＞10—20年组。

在"贵校教师重视采用'翻转课堂'及互动式、讨论式等教学方式"的题项中，未满3年组、20—30年组＞3—10年组、10—20年组。

在"贵校校园信息化系统为师生提供了解教学管理制度的服务"的题项中，未满3年组＞3—10年组、10—20年组。

在"贵校教师可以便捷地利用互联网进行教学或管理"的题项中，未满3年组＞3—10年组、10—20年组。

（6）高校教学管理现状调查中的不同职称的差异

对不同职称组受访者的高校管理现状的差异进行比较，采用单因素方差分析（ANOVA法），结果见表5-17。

表5-17　　　　　不同职称的高校教学管理现状的差异

题项	助教		讲师		副教授		教授		F值
	均值	标准差	均值	标准差	均值	标准差	均值	标准差	
贵校的职称评审体现出对教学工作的尊重	3.75	0.965	3.30	1.174	3.48	1.062	4.10	0.944	3.010
贵校重视本科教学审核评估与专业认证	4.50	0.522	3.90	0.995	3.98	0.891	4.57	0.598	4.125
贵校的教师教学负担有增多的趋势	3.33	0.985	3.92	0.862	3.93	1.095	4.33	0.796	2.908

对以上三个题项进行事后检验（LSD法），发现在"贵校的职称评审体现出对教学工作的尊重"题项中，教授组得分显著高于副教授组与讲师组；在"贵校重视本科教学审核评估与专业认证"题项中，助教组得分显著高于讲师组，而教授组得分显著高于副教授组得分；"贵校的教师教学负担有增多的趋势"题项中，助教组得分显著低于教授组得分。

(7) 不同职务的高校教学管理现状的差异

对各题项进行不同职务组之间的比较，均未发现副处级以下（含副处）与副处级在各题项有显著差异。

(8) 高校教学管理现状调查中的不同工作类型的差异

对不同工作类型的高校管理现状的差异进行比较，采用单因素方差分析（ANOVA）法，结果见表5-18。

表5-18　　不同工作类型的高校管理现状的差异

题项	专任教师		管理人员		双肩挑人员		F值
	均值	标准差	均值	标准差	均值	标准差	
贵校拥有国际合作的教学资源项目和平台	4.15	1.070	3.92	1.164	3.23	1.235	4.021*
贵校拥有创新创业教育平台并开设创新创业相关课程	4.05	1.074	4.22	0.886	3.23	1.301	4.347*
贵校的职称评审体现出对教学工作的尊重	3.65	1.047	3.46	1.016	2.77	1.536	3.761*
贵校经常组织教职员工开展质量保障方面的培训	3.55	1.124	3.27	1.045	2.38	1.387	6.121**
贵校教学管理部门为师生提供了表达意见的顺畅通道	3.30	1.138	3.86	1.032	3.23	1.481	3.402*
贵校制定有实施教学创新和卓越教学的奖励制度	3.96	0.950	3.76	0.955	3.15	1.405	3.817*
贵校的教师教学负担有增多的趋势	4.08	0.960	3.51	0.901	4.15	0.801	5.226**
贵校校园信息化系统为师生提供了解教学管理制度的服务	3.69	0.957	3.59	1.092	2.92	1.320	3.107*
贵校教师可以便捷地利用互联网进行教学或管理	3.51	1.103	3.68	1.132	2.77	1.301	3.156*
贵校开发或购买了丰富的网络在线课程	3.56	1.090	3.86	1.110	2.85	1.345	3.990*

注：*$p<0.05$，**$p<0.01$。

在"贵校拥有国际合作的教学资源项目和平台"的题项中,专任教师组＞双肩挑人员组。

在"贵校拥有创新创业教育平台并开设创新创业相关课程"的题项中,双肩挑人员组＜专任教师组、管理人员组。

在"贵校的职称评审体现出对教学工作的尊重"的题项中,专任教师组＞双肩挑人员组。

在"贵校经常组织教职员工开展质量保障方面的培训"的题项中,双肩挑人员组＜专任教师组、管理人员组。

在"贵校教学管理部门为师生提供了表达意见的顺畅通道"的题项中,专任教师组＜管理人员组。

在"贵校制定有实施教学创新和卓越教学的奖励制度"的题项中,专任教师组＞双肩挑人员组。

在"贵校的教师教学负担有增多的趋势"的题项中,管理人员组＜双肩挑人员组、专任教师组。

在"贵校校园信息化系统为师生提供了解教学管理制度的服务"的题项中,双肩挑人员组＜专任教师组、管理人员组。

在"贵校教师可以便捷地利用互联网进行教学或管理"的题项中,双肩挑人员组＜专任教师组、管理人员组。

在"贵校开发或购买了丰富的网络在线课程"的题项中,双肩挑人员组＜专任教师组、管理人员组。

5. 主要讨论

(1) 高校教学管理总体现状

在本次调查中,发现大部分题项得分均显著超过中等评价(分数),这说明高校教学管理的水平总体来说令人满意。高等教育由精英化进入大众化阶段,无论是政府对大学人才培养的投入,还是高校自身加强内涵建设,提升管理水平,都取得了一定的进步。尤其是信息化时代,对教学管理的便捷化、科学化和规范化都有较高的提升,教学管理各方应该是有目共睹。教学资源日益丰富,教学制度逐渐完善,国际交流合作途径日益频繁,教学管理队伍的专业化水平都为大学教学和人才培养提供了较好的支撑和基本保障。

在当前高校教学管理水平已发展到总体上令人满意的现状中,课题组也在此次调查中发现有一些题项的得分仍然处于较中性的评价范围，这同大部分题项得分显著较高的情况有明显的区别，也就提示当前在高校教学管理中，仍然存在一些尚需提高的短板。

从表 5-12 可以看出，以上的题目得分同理论中间值 3 分差异并不显著，这同此次调查中所涉及的其他题项均显著高于 3 分的情况有所不同。具体来说，在"贵校有支持教改项目的配套资金与相关政策"、"贵校重视'双一流'建设并出台相关方案"、"贵校的教学管理能尊重教师的专业自主"、"贵校的职能部门对教学的支持情况良好"、"贵校教学管理措施束缚了教师在教学中的特长发挥"得分高于 3 分，但无显著差异；而在"贵校的职称评审体现出对教学工作的尊重"、"贵校承认学生通过网络平台自主学习所取得的学时学分"这两个题项上甚至还低于 3 分。被试在以上的问题中表现出并不太认可，在一定程度上反映出当前高校对教学改革的支持，对"双一流"建设的政策配套，对教师专业自主、教学自主的保护和支持力度还不够大，还未能获得教职工的满意评价。尤其是在人才评价方面，还有重科研、轻教学的倾向，对一线教师教学工作的激励还不足，对学生新兴网络学习形式和学习成果评价认定方式还不够创新，对学生网络学习积极性保护力度不够。在教学管理普遍认可的基础上，对教学管理实际获得的政策支持、经费支持、教学自主、学习自主方面的认可程度不高，"获得感"不够，需要在大学教学管理的制度设计上加以重视。

（2）重点高校与一般高校在教学管理中的普遍差异

在此次调查中，课题组发现来自"985""211"高校的受访者在各个方面的得分普遍地高于公办地方高校或民办高校，显示出了受多年重点投入的影响，教学管理的相关措施和建设配套显得更加成熟，教学管理的效果和成绩也更受其师生肯定，体现出部属重点高校在育人环境和人才培养举措上确实胜人一筹，卓有成效。也说明未来"一流大学"建设投入很有必要，一流大学、一流学科和一流教学管理有着潜在的一致性，也说明一流的环境和资源条件与一流的管理具有一定的相关，为提升人才培养质量，培养一流人才，的确需要一流大学、一流管理的建设。

在普遍较好的成绩中，部分题项得分在多个方面呈现差距并不显著，具有资源优势的"985""211"高校并不明显超过地方高校或民办高校，值得关注和重视。一方面,"985""211"高校依然未摆脱制度过于刚性、管理过死的问题,学校的评审、考核、监督制度给教师增加了教学压力,仍然存在着重科研轻教学的积弊,在教学管理的民主化的道路上仍然还有一些制度尚需完善,例如用惩戒代替奖励,对学生的评教赋予的权重比例不高,教师在学校的教学负担日益增多;在教学管理的过程中,信息化改革仍需深入,加强对学生网络教育的引导和认证。这说明,仅仅依靠资金投入或相关专项投入并不能完全改变教学管理中固有的问题,经费只能保障基本的运行有序,对伦理理念和文化惯习的影响还很有限,对传统的管理方式方法的冲击作用还不够。即便大众认可的、目前国内一流的学校,依然无法摆脱这些问题,说明"双一流"建设对大学教学管理的目标实现、任务达成还有较大的差距。围绕教学管理文化的营造和制度伦理的建构,还有很长的路要走。

可以看出,由于资源投入差别、人才队伍保障、管理意识和专业化程度等方面的原因,地方院校在教学管理的建设过程中,在人才培养的诸多领域与"985"和"211"工程的高校相比还存在不小的差距。"双一流"建设给地方高校人才培养工作既带来了机遇,又带来了挑战。"985"、"211"高校固然因为上一轮重点建设中占据先机,取得了先发优势,由于新一轮的建设方案将采用一流大学、一流学科分类建设方式,教育部和各省市"双一流"建设的资源投入方式也各有侧重,一旦地方高校找准自身比较优势,坚持特色办学理念,将会在诸多方面实现"弯道超车",部分地方特色高校,在部分特色学科发展中并不逊色于"985""211"高校,由于地方院校往往与地方经济社会发展和国家战略新兴产业对接紧密,人才培养贴近社会需要,若是抓住一流拔尖人才,把握人才培养规律,围绕内涵文化、质量文化建设,扎扎实实推进人才培养和教学管理改革,我们将看到一大批地方院校成长为一流大学,为国家输送更多的一流人才。围绕一流的教学管理,学校应该加强顶层设计,尽快确定学校特色发展,尤其在教学管理中明确多样化特色人才培养目标定位,既借鉴"985""211"高校等先行者的先进经验,不断缩小距离;又在具体实施中,注重教学管理细节,结合本校的实际情况,通过信息化弥补管理差距,通过教学创新,促进人才培养模式创新,通过精细化、专业化管理,实现超速的发展。从教育主管部门角度,也需要给地方高校更多制度空间和政策支持，通过专业评估、教学评价等方式，鼓励学校开展创新性教学改革，并给予地方高校人才培养更多激励措施。

(3) 工作类型不同导致教学管理的差异化认同

本次调查中，也发现了不同的工作类型所导致的对教学管理的认知理解和情感态度的不同。体现了教学管理者与教学实施者在诸多问题上的分歧。双肩挑人员在诸多问题上的得分低于专任教师组。专任教师认为学校拥有了国际合作的教学资源项目和平台，这一点的得分显著超过双肩挑人员组，这说明双肩挑人员虽然有教学任务，但是由于双重工作任务繁重，导致其很难像专任教师那样关注到更广阔的教学资源和平台。尤其是在国际合作的信息搜集上学术分析还不够，同时说明专任教师对国际化的需求更高，认同更深刻。在对学校的创新创业教育平台以及相关课程的了解熟悉程度上、在接受学校组织教职员工开展质量保障方面的培训的频次上、在学校对教学实施的奖励制度的了解熟悉程度上、在学校所配备的信息化的教学管理工具的使用上，专任教师或者管理人员也明显高于双肩挑人员，这些现象提示双肩挑人员无论从事管理还是从事教学方面的专注度，专业性都不及专职人员，这也说明人在工作领域上投入的时间和精力是有限的，多头工作势必影响工作的质量，导致学校在启用新的教学管理措施时，他们的反应不够灵敏，感受不够深刻，证据表明"兼职"确实会导致"分心"。这组数据也更说明了大学"双一流"建设应该坚持"四个回归"：回归常识、回归本分、回归初心、回归梦想，去除不必要的干扰和杂念，更符合人才培养的规律，围绕教学中心地位，教师更专心教学，潜心钻研，管理人员应更专注管理，提升能力。

此次调查还发现了在部分题项上，教学管理人员与专任教师之间的理解具有较大差异，部分态度存在错位和冲突。如，在调查学校教学管理部门为师生提供了表达意见的顺畅通道的问题中，专任教师认为通道是有限的，而管理人员则认为通道是足够的。

在调查教师教学负担有增多的趋势的问题中，直接承担教学工作的当事人，即专任教师、双肩挑人员认为是增加的，而管理人员则并不如此认为。两点分歧明显说明教学人员和管理人员缺乏设身处地换位思考的意识，我们可以看到管理者和作为其管理对象的专任教师之间，存在一定程度的沟通不畅，在同一问题中各执己见，这种现象容易造成互相埋怨或者互相不尊重对方劳动，导致情感沟通和信息沟通的障碍，不利于高校教学管理的顺畅开展，我们应当积极构建和谐文化，增强理解互信，更多去了解教学人员的需求，为教学人员提供更多、更畅通的表达渠道。同时，教学人员也应该理解管理的需要，围绕共同目标，提升人才培养质量。

二　大学教学管理存在的问题

结合前文的量化分析，通过笔者对大学实地调研和从事教学管理实践的现场观察和专家及师生访谈，围绕"双一流"建设背景和大学教学管理传统，大学教学管理还存在诸多问题，值得我们去反思。

1. 大学教学管理在价值取向上的冲突与碰撞

价值取向是一个学校或一个部门行动的方向，大学教学管理价值取向有多重层次分类，包括观念层面的选择，也包括轻重缓急的取舍，有的高校，一以贯之，坚持自己固有的精神和传统，也有高校根据办学定位和发展阶段特征，趋利避害地选择自我的价值方向。在大学教学管理的实际操作中，不少局内人也存在多种焦虑。如在众多数字化考核、绩效化项目的压力下，一方面，众多高校在科研与教学孰轻孰重中摇摆纠结：不重科研，排名上不去，不重教学，失去大学本位；另一方面，高校在"规模为王"与"内涵为王"中患得患失：不重规模，财政拨款会减少，不重内涵，学术竞争力会下降。"因一流而焦虑，抑或相反"[①] 成为高校发展的哲学命题。

（1）民主与集权的冲突

在历史的长河中，管理发展经历了从"神智领导""人权神授""家长制领导""集权领导"到"民主领导"的过程。这些价值取向，特别是"集权领导"的价值取向在大学教学管理上留下了深刻的烙印。当前，民主管理理念在大学教学管理领域呼吁较多，无论是管理者还是被管理者都认同或强调民主管理的重要性，然而，事实上，"民主"依然仅仅停

---

① 袁靖宇：《高等教育要在自我扬弃中提升改革》，《光明日报》2017年4月30日。

留在呼吁层面,大学教学管理中还存在甚至相当严重地存在"集权领导"症结,还主要体现在:管理者一人或少数人说了算,忽视被管理者的作用,忽视广大师生的真实需要,师生教学自主不够,缺乏民主表达意愿的平台和窗口,管理部门直接制定相关规章制度,很少或根本不考虑教师和学生的需要、爱好、兴趣特长;把管理当成约束,强调对师生的管制,管理重心主要放在对教学管理问题行为或其他不良行为的禁止或约束上,仍然是以规范秩序为主要目标,忽视管理的本质,即对人的潜能和个性的引导与培养。集权还是民主如何调节,依然是大学教学管理领域中一个重大课题。

(2)"以事为本"与"以人为本"的冲突

"以人为本"是一个价值判断,它意味着在人和物的价值关系中,存在谁先谁后的比较,人是首要的、最重要的因素。换言之,"以人为本"价值观在人财物、天地人、事权人的价值选择中,把人的要素视为首要的、最重要的价值。但在当前的大学教学管理中,"以事为本"的现象还非常突出。虽然现在也有不少大学强调"以人为本",但它们往往是一种较低层次的"以人为本",或是形式上的"以人为本",尚未将教师的潜能充分激发和发挥,学生的真实发展需求还没有得到足够的重视,"以人为本"的理念贯彻、执行和落实得还不够充分。

(3)行政管理与学术管理的失衡

行政管理与学术管理孰轻孰重一直是困扰我国大学教学管理的一个问题。由于历史与现实的种种原因,两者存在明显的失衡现象,有学者将其归纳为"偏重于行政管理而轻视学术管理,学术管理行政化,行政管理泛化,使教学管理的丰富内涵变成唯一的日常教学行政管理,教学管理仅仅满足于日常教学秩序,处理教学事故等低水平上"[①]。目前大学出现的行政管理和学术管理失衡现状,是不正常的现象。大学是学术组织,它并不同于政府机构,它有着自身特有的品质,即"它提出了一种毫不动摇的忠诚于探索精神的宗教"[②],学术自由是大学最根本的精神,

---

① 丁远坤:《高校教学管理应强化学术管理》,《中国大学教学》2006年第11期。

② [美]约翰·S.布鲁贝克:《高等教育哲学》,王承绪译,浙江教育出版社1998年版,第133页。

追求真知、修正谬误、坚持真理、传递高深知识是现代大学的使命,学术自由是大学实现其使命的关键,是大学创造新思想、新文化的先决条件,也是大学活力的表现。因此,大学更多的是要依靠专家、学者对大学内部学术性工作开展管理活动,行政管理则发挥保障学术活动顺利、有效实施,保障学校秩序和整体发展的作用,二者各司其职,相辅相成,才能充分履行大学的学术职能和社会职责。伴随知识经济的兴起和蓬勃发展,教学与学术管理的地位和作用将更加明显,大学设置的诸多学术机构,如学术委员会、学位评定委员会、专业设置委员会等,将被赋予具有实质性内容的明显权限。

2. 大学教学管理在制度构建上的困境

(1) 科层制教学管理制度的局限

目前,我国大学实行的主要是科层式的教学管理体制,其组织结构是"金字塔式"的上下纵向等级结构,一般依照管理权限和责任的大小权重按一定的层级高低设计和排列相应的组织结构。由低到高、行政管理权力逐级集中,离金字塔尖越近,权力越大,构成一条垂直分叉、等级明显、梯形的权力线。这种权力线,体现在大学教学管理组织结构中,可以大致表述为"校长—教学副校长—教务处(相关职能部门)—学院及相关教研室—任课教师";在课堂教学管理中也有对应微观教学管理层级,"任课教师—教学秘书(教师)—辅导员—班长—学习委员—课代表—小组长—小组成员"等。科层式的大学教学管理体制是一种严密的、合理的社会组织,最早在东西方行政管理中得以盛行,原因是这种组织架构具有较为严密的组织原则,依靠相应的层级机构、明确的职能分工和详尽的规章制度来控制事务管理,设定细致的评价指标系统,而这样做的目的就是可以排除人情原因,从而保证组织中的人与人之间都是一种非人格化的关系。为了达到形式的合理性,但因其忽略"人性的建构",又造成了"实质的非理性"。组织中的人渐渐变为"这架不停运转机器上的一个小小的齿轮,并按照机器指定的路线行动"[①]。人的情感、内心需求被忽略或者被抹杀了。

---

① 苏国勋:《理性化及其限制——韦伯思想研究》,上海人民出版社1988年版,第216页。

(2) 大学教学管理制度弹性不足

我国现行大学教学管理制度施行的是"管理者本位"的指导思想，强调以"教学控制"为中心，其结果造成大学教学管理制度刚性有余，弹性不足，限制了学生在专业学习、兴趣发展等方面的自由。例如：

第一，限制学生转换专业的自由。

"学非所爱"是当前我国大学生在专业学习上的一种现象。有些学生在为当初填报志愿后悔莫及并将希望寄托于大学的转专业，但往往会遭遇制度瓶颈时，出现这样那样的限制。一方面，有些大学为了避免学生盲目转专业或保护相关优势欠缺专业的发展，原则上都限制学生自由转专业。另一方面，允许学生转专业，但是人为设置较多门槛，转与不转的权力收紧，学生自由度不够。比如某大学就规定："大学生在校就读期间，原则上不支持学生转专业与转学申请，如有特殊原因和需要，应在大学一年级课程结束之后，大学三年级选课程序开始之前，提出申请，学生在校期间转专业与转学申请原则上最多一次。"在大学转专业的条件设置上，一般也都有较为苛刻的条件，如仅当提交申请的学生课程成绩排名前5%—10%的才有提出转专业申请的资格，而这个排名，有些学校还要求同时具备转入和转出两个专业的排名要求，但是大部分学生不可能有修读两边专业的成绩，因而难度很大；还有的大学规定，"经学校批准准予转专业者和外校转入本校者，应根据入学专业和转入专业的性质不同，需缴纳1万元至5万元专业建设赞助经费。"① 这些门槛的设置可能有各种缘由，但其直接后果就是学生要学到自己喜爱的专业非常困难。这种文化背景下，客观上造成了"高考指挥棒"在基础教育阶段更加关键，因为，这也反映了"一考定终身"的文化蚕茧现象。总体来看，目前我国大学在转专业问题上还没有完全向学生敞开大门，即便是有些开始进行改革的高校，鉴于各方面的考虑，其改革力度并不大，成效也并不明显。

第二，限制学生选课的自由。

大学生在享受自主选课制度带来的学习自由的同时，也不得不为此花上不少的时间和精力，甚至平添烦恼。对大学生来说，选课的自由度

---

① 汪雷：《安徽师范大学生转系转学》，《中国教育报》2003年3月29日。

究竟有多大，笔者在一所大学随机选取学生作了访谈。

新生 A：学校为了提高教学管理的服务质量，开辟和研发了自主选课信息化平台，但是一方面，平台的开放时间是有限制的，我们班同学为了"抢课"会在平台开放的第一时间守在电脑旁，有些同学会在深夜的时候，趁网络不太拥堵的时候抢。另一方面，我们选课实际上大部分都是培养方案中预先选定好了的，并非我们学生的自由选课，网上平台只是相当于让我们确认，表示同意而已，没多大实质意义，估计是为了后面按学分缴学费方便吧。

大二学生 B：选全校通选课时，好课都被高年级同学选了，只能选班额大、人数没满的课，这些课比较少，还真不容易抢到。由于大一时我参加学生活动和社会实践较多，修的学分太少，所以为了达到毕业需要的课时学分，只有赶学习进度，不挑不拣，抢到啥课是啥课了。

大四学生 C：学校拿出来选的课倒是不少，可是临近毕业的时候，你会发现，其实很多学分是必须选一些课的，这是培养方案预先设定好了的，比如公共基础、英语、马哲、思修这些。等我把培养方案中的课选全了，发现真正留给我们自主选的课，时间段都占满了。我今年还要实习啊，找工作之类的，根本没时间了。

可见，现行大学教学管理制度中，客观存在培养方案规定较死、选课资源不足、选课配套措施不够、师生教学时间有限等问题。这主要表现在以下两个方面：第一，在必修课方面，学生喜欢的课程难以开出，学生不感兴趣的课程却必须修读。第二，在选修课方面，由于师资力量的薄弱，选修课的门类及课时不足，学生没有机会进行充分的选择，学生拓展视野、培养综合素质的愿望得不到有效的实现。

福柯笔下的"规训"式学校管理，实质是一种运用封闭空间、空间分类等方法和技术手段对师生的活动范围和空间进行一定的限制和分割，如固定分班、封闭教学、空间性分类和分割、控制师生的活动时间、精心化的程序和封闭化的灌装式教学及其管理活动"消解了对生命存在意义实现的功能和生命意义升华的追求"。①

(3) 教学管理制度文本过于烦琐僵化

把好课堂教学关无疑是提高大学教学质量的关键所在，以制度的形式控制教学秩序从而保证教学质量在当今我国大学教学管理尚不规范的时代背景下，依然具有较高的应用价值，建立健全教学管理制度，完善教学管理条文也是无可厚非。但问题是，目前我国高校对课堂教学的控制显得过多而且僵化，现行的课堂教学制度设计从学生、老师的课堂出勤到学生听课状态等所有教学环节几乎都做了相对硬性的规定。

笔者选取一所大学相关教学管理文件文本摘录：

①师生须提前 5 分钟进入教室，提前做好上课准备，不得迟到。
②上课前老师应当清点到课人数，并做好记录登记，对连续 3 次未到课学生，应通报学生所在学院。
③教师宣布上课后，全体学生应起立向老师致礼。
④教师上课期间，学生提问需举手，经同意后方可起立提出。
⑤学生不得在教室内外喧哗，干扰正常教学。
⑥教师授课要为人师表，及时整顿课堂教学秩序。
⑦教师无故迟到或缺课，将被取消本年度评优资格。
⑧学生根据教师上课情况实事求是地填写"学评教"问卷，未提交问卷，将无法对完成系统选课。

严格而僵化的规定让学生和老师面对冰冷的制度战战兢兢而不敢越雷池一步。有的学校在校规校纪或校园警示标牌中，习惯性地用"必须……不准……否则……"等带有强硬的语气的词语，让人难以接受。在这种情况下，教学效果得不到充分保证，教师和学生的创新性难以激发。

(4) 高校教师评价过于指标化功利化

关于教师评价制度的讨论久已有之。"评价一个大学老师是否'合

---

① [法] 米歇尔·福柯：《规训与惩罚》，刘北成、杨远婴译，生活·读书·新知三联书店 1999 年版，第 172 页。

格'究竟是以学生为本,还是以学术为本,这个看似不争的话题,在实践中却常常让大学的管理者颇费周章。"多年来,以论文数量和科研项目为主导的高校教师评价体系不断受到批评。在"双一流"大学建设背景下,高校该如何管理和评价人才?有学者提出一流大学的三个标准:"有从事一流研究工作的国际知名专家;有一大批影响人类文明和社会经济发展的成果;培养出一大批为人类文明做出很大贡献的学生。相应的,高校的人才评价要有利于上述专家、成果、学生的产生。"[①] 高校目前强调短时间内教师成果的数量及成果发表在何种刊物上。俨然"非升即走",教师拼命发文章或拼命代课等现象在较多学校出现,唯影响因子论、唯课题论、唯头衔论、唯出身论等静态人才评价办法层出不穷。试想,当教师急功近利地投入于堆积成果的科研工作,又怎能期待他们培养为人类文明做出贡献的学生?要切实促进一流大学建设,高校人才评价要从重成果数量的总结性评价转向重成果质量的发展性评价。"双一流"背景下,全国已经兴起一股人才大战的歪风,东北部、中西部大学以"高薪"为诱饵已经留不住人才,良好的用人与育人的环境成为人才流失高校应该重点思考的问题,如何促进、保护和引导优秀教师"自我实现"的精神追求,合理引导各省各地各学校的热情和冲动,引导各高校理性和科学、规范地引进人才,理性看待 ESI 排名和在某些学术期刊上发表文章或者在某个商业排名的排行榜单上名次的变化,避免过于精致功利主义的评价指标体系。

应该说,教学评价是教学管理中起到"杠杆"的环节和手段,但在实际操作中,学校是最难拿捏、最不容易衡量和确认高低、强弱、好坏。很难有客观的依据,全凭教学各方主观感受,最多也就是一个个主观感受加在一起,像美国政治哲学家罗尔斯所说的"交叠共识"在起作用。从事过教学的人都知道,现如今哪怕是根本无法清晰表达,或学术水平一塌糊涂,甚至根本没有教学责任心的教师,也会以为自己的课讲得最好。这种盲目自信泛滥下去,怎么能达成"交叠共识"呢?

据笔者观察,现在大学内部普遍采用了"学生评教""同行评议"

[①] 黄小平:《"双一流"大学建设与高校创新型人才评价》,《高校教育管理》2017 年第 5 期。

"督导组评价"等方式,外部评价主要通过"数据状态平台"教学监测、教学工作审核评估、专业认证评估等方式。直观来讲,更容易达成"交叠共识",表达主观感受的是教学的接受者,也就是教学的对象——学生。有些教务部门到学评教指导语包括:

①老师上课是否打卡或点名
②学生上课是否有睡觉
③教师是否有批改作业
④教师是否有讲义和课件
⑤教师是否有迟到早退

其实,除了主观直接判断,所有题项指向都是维护正常的教学秩序,对教学效果或者教学水平往往难以量化设计。当然教学秩序确实是必不可少的一项,但如果具体到"老师是否点名",就让人贻笑大方了。也有类似受访者认为:

> 上课不点名本是大学教师的专利,近年来大学管理中学化后,才开始如此要求。但不点名很可能是教师讲得好,学生来得多,无须点名。另外,像一堂二三百人的大课,点一次名就需要半小时,点两次名相当于一节课,这样下去,还要不要完成教学任务了?关键是,依规点名最易引发和鼓励"懒教"。

也有高校采用ISO9001认证体系,开展目标考核和"教学标准化管理"模式。这种行政主导的教学标准化管理模式,可谓事无巨细,全面周到,可圈可点,但从师生直观感受来看,学生并不买账。有学者就认为,"它只能监督所有教师达到60分的教学及格线,却很难调动教师中的大多数为80分或90分的教学而努力的积极性"。或者讲,在高等教育发展初期,确实非常有效,而在"双一流"建设背景下,确实需要价值引导和文化跟进。

大学教学是良心活,不练内功,加再多的外在包装,也只能是绣花枕头。这也说明在大学教学管理中倡导伦理建构,用崇善务实的态度,合德合理的设计,在"双一流"背景下确实非常必要。

(5) 限制取向的制度建设物化了教学过程

个人只有在自主时才是真正自由的或充分发展的,"真理是很多头脑在一起自由运作的结果"。大学应保障教与学全过程的自由和自主,师生才能成为实现自我精神成长可能性的决断者,才能成为自我升华的引导者,自由和自主是大学精神之一,是大学教育存在的源头,缺乏自有精神和自主意识的大学,其教育就是在"模塑、规训甚至是奴役"。然而,就目前大学教学制度设置情况来看,刚性的管理制度对教与学的自由限制过多,管得太死,对广大师生的个性发展观照不多。它们限制了学生的自由发展,导致学生个性的缺乏,同时也限制了教师在教学上的创新和发展。必须承认,时至今日,教师、课堂的性质都在转变。老师不再是学生获得知识的唯一渠道,而是要与学生一起学习。某些时候,学生比老师学得还快。同样的道理,教学管理的管理者,也必须尊重当今的学生,今天的学生绝不仅仅是学生,更是与老师同堂创造的重要资源。当今的老师,也不仅仅是制度文本的解读者,同样也是教学管理中重要的规则制定者。

对教与学的过多限制,将教学作为物化的过程,知识和人都带上了物的属性,大学的价值、理想、信念和精神也就变得虚无缥缈。

3. 大学教学管理模式选择的困境

我们从技术到伦理的历时性考察可以发现,由于习惯和传统使然,无论何种形式的改革,无论在何种领域的改革,一旦涉及人们生活运行方式和内心观念的变革都较难推行,人们对技术变革的接受往往比观念变革要容易得多。从管理发展演变的历史可以看出,现代教学管理已经历了人本管理、质量管理、制度管理和伦理管理。

(1) 大学教学管理的刚性模式与柔性模式

刚性管理模式是大学历史发展的必然产物,作为大学教学管理广为使用的主要模式,对大学教学管理冲破经验化和无序化的管理樊篱,摆脱教学管理的主观随意性和制度的残缺性无疑起到了积极的促进作用。特别是,由于我国大学发展起步较晚,尚处于经验性管理走向科学化管理的起步阶段,为大学教学管理的效率提升,客观上做出了积极贡献。伴随我国相关领域管理水平的提升,大学发展进入一个新的历史时期,过分追求理性的管理模式则显现出了很多局限和不足。以人为本、关注人的个性发展的柔性管理模式日渐受到推广，并起到了良好作用，由于其重视发挥管理中的柔性要求，通过价值的导向功能、信念的支持功能、情感凝聚功能来实现现代大学的目标，也取得了较好的效果。应当说，"刚柔相济、以柔为主"的管理模式是大学教学管理的必然选择。但由于长期历史问题的积淀和管理者水平的限制，目前大学教学管理中依然采用的是以刚性管理模式为主。这种模式的刚性主要表现为：一是在实际运行中强调大学组织权威性、等级性和规范性，二是在管理手段上习惯性地采用行政手段开展工作，采用自上而下的推进模式，自下而上的管理缺乏，忽视组织机构之间的横向沟通与协作；三是在教学实施方面，设定了严格程序与系统规则，对师生备课、上课、学习考核方式，教学进度计划等都进行了"标准化"设计；四是容易忽视师生情感、个性、能力、态度等非理性因素的作用，没有充分保护和尊重教师的劳动特点和教师教学的个性，教学活动成了呆板、沉闷、缺乏活力的机械程序，容易造成大学教师职业倦怠。

（2）大学教学集权式管理与大学教学"校院"两级管理模式

随着高等教育国际化、大众化、信息化和多样化趋势的不可阻挡，学校办学规模的逐渐扩大，学校的实际运行能力变缓，迫切要求大学降低管理重心、减少管理幅度。即大学的教学领导权逐渐下放到学院，如采用校、院、系三级管理模式，以提高管理效能，增强办学活力。然而，实际上，当前各高等学校并未将权力真正下放到位，学院的自主权仍受到许多限制，从而影响了教学管理的效率和效能。这主要表现在三个方面：其一，学院缺乏教学基本建设的自主，无论是专业建设方案、课程资源、教材、设备等发挥的实际作用受到限制，如高等教育质量工程建设中，很多学校在精品课程和特色专业建设上，都是采用了全校平衡的方式开展建设，学院的主动性和能动性激发不够；其二，教师在教学管理上缺乏应有的参与权和主动性，教师往往是被动的接受管理者，如在课堂教学中，相当多的教学管理问题甩给学院的辅导员或学生处处理；其三，学院一般是接受学校任务安排，缺乏长远的专业建设战略规划和课程建设实施计划。学校的在校生规模达到了万人以上，甚至几万人的时候，一个学生要修改成绩或进行学籍处理，都得到学校的教务处进行办理，这种管理模式往往使教学管理职能部门的工作人员感到力不从心。我国大学教学管理集权式的管理体制，决策权、执行权缺乏互动，应有的活力不足。

造成这一现象的原因有三：第一，集权式管理体制造成学校与院系之间责权不分，学校不知道该放哪些权，该如何放权；第二，长期处于集权管理体制下的院系形成"等、靠、要"思想，缺乏应有的积极性，往往被动等待学校的安排，而不去主动争取有利于院系自身发展的权力；第三，受我国宏观管理体制影响，大学教学管理难以在短期内摆脱行政化思维和大学传统管理方式的惯性，这一点是集权式管理体制存在的根本原因。

(3) 大学教学管理者本位模式与多元民主参与模式

在"管理者本位"思想指导下制定的大学教学管理制度，无论在形式上还是在内容上都存在行政管理人员与师生之间的不平等关系。可以说，现行大学教学管理制度遵循着这样一种逻辑：在教师、学生、行政管理人员三者之中，往往按照"行政管理人员—教师—学生"的地位层级排列，行政人员拥有管理广大教师和学生的权力；大学教师一方面是学校教学管理的对象，另一方面又是需要管理学生的管理者，这种普遍运行的管理逻辑，既体现在大学教学管理的决策制定中，也体现在教学管理制度的执行中。

第一，"民主教学管理"实现难度依然很大。

师生能够民主参与大学教学管理，管理者能够客观采纳师生的意见并随时修正教学管理中的问题是世界一流大学的重要表征。然而，和国外很多大学相比，我国高校师生参与教学管理的程度、质量都还远远落后。虽然我国一些高校也有师生民主参与教学管理的制度，但其几乎成为一纸空文。即使直接牵涉教师和学生利益的教学改革举措，如申报教学成果奖励、申报质量工程项目、学生相关问题的申诉等，通过合理的程序，事先广泛征询教师和学生意见，依然还有难度。

第二，大学教学管理的权责不明确。

"没有调查就没有发言权"。任何规章制度都应该经历一个从群众中广泛采纳意见，接着制定制度，然后再放到群众中去实践的过程，大学教学管理制度同样应如此。然而，我国很多大学在教学管理制度的制定和实施过程中，师生参与深度不够，真正能左右制度制定与实施的仍然是处于决策层的管理者。大学教学管理者，如教务处代表学校对外执行教学管理的职责，往往在管理文件的"制定、执行和裁决"方面同时扮演"立法者""执法者"和"司法者"，集"三权"于一身，而真正直接参与到教学管理一线的广大普通师生则俨然成为制度被动的"守护者"。

第三，师生作为大学主人翁的意识不够，心理压力过大。

大学作为一个培养人才、传承知识的社会组织，具有知识话语权的教师理应成为大学的主人翁，而不应该处于被管理的地位。但在我国的不少高校，教师主人翁地位彰显不够。现行的大学教学管理，强调制定完善、严密的规章制度，强调定量评价，对教师进行监督和控制。如一些大学的量化指标有：教师的科研工作量，教学工作量，参加各类学术活动和会议的时间等；而且，教师和专业技术人员在晋升职称时，往往是看科研胜过看教学，很多教师都将心思放在个体的科研论文上，为学校和学生教学及服务的精力和时间用得都较少。

三 大学教学管理存在问题的伦理反思

"在最应该体现伦理精神和价值原则的教育管理和学校管理中，恰恰存在着严重对伦理的漠视和价值的缺失"①。理性捍卫大学，关键在大学的自我觉醒和自觉行动，"大学必须找回自己淡忘甚至丢失的大学精神和文化灵魂，回归其教育和学术组织的基本属性"。伦理缺失成为当前教学管理的重要表征，追根溯源，这与时代的精神气质息息相关，"现时代是'物义论'的时代，也就是以人的'物性'和物的'物性'为生活的阿基米德点的时代"②。当前教学管理推崇以物为基础的理性管理范式下，伦理维度已成为"存在的无"，在科学、理性光环的遮蔽下无人问津，默默地居于后台。本应该提升生命质量和人格品性的教育日益演变为压抑、奴化、灌装、物化的教育。

---

① 邢庭瑾：《教育管理伦理：一个新的研究领域》，《华东师范大学学报》（教育科学版）2005年第4期。

② 金生鈜：《规训与教化》，教育科学出版社2004年版，第203页。

1. 大学教学管理伦理诉求不足的表征

（1）仁爱之德表现不够

"仁者爱人"，仁爱是善良的动机，仁爱是伦理规范中的灵魂。教学既是求真，又是求善的实践活动，大学是体现这种善和真的学术组织。

笔者在访谈中发现，对所在学校教学行政管理人员在接待询问的学生时的工作态度，以"热情"为标准的仅为6%，而较多学生反映是，管理人员在干其他工作，无暇接待的占到30%，就学期间没有亲自找过教学管理人员服务的占到56%，教学管理人员接待学生方法简单、态度粗暴的达到8%。这个比例远远高于直接参加教学任课老师的差评率。任课教师由于与学生日常教学活动产生了较好的师生感情，因而在很多正向词汇的评价上得分都比较高，而专职的教学管理人员和管理主体，得分就相对偏低。还有较多学生直接在学校BBS论坛相应栏目中，发表直言学校教学管理人员态度粗暴冷淡、不尊重学生、没有切实为学生服务的帖子。有大学生认为，到大学来读书后，与师生的对话、交往的频次明显比中小学阶段要少得多。对学生来讲，生活的时空和生活的状态与质量构成了他们在教学过程中的"此时此刻与此情此景"①，教学管理主体对学生的态度、行为和习惯，将影响学生走出校园，甚至一生，现实情境中尽量对师生的生活时空少一些严格的控制，多一些宽容和引导，并给予幸福的关照，让他们感受爱的力量。近年来，各地大学频频报道大学生自残、自杀事件，"据不完全统计，2001—2005年，各地共报道281名大学生自杀事件，其中209人死亡，72人存活，自杀死亡率为74.4%。另据媒体报道，2005年，在全国23个省份近100所高校内，发生大学生自杀事件116起，其中83人死亡"。尽管自杀原因多种多样，但不容忽视的原因，或者有着共通的原因，就是"爱的缺失"和"希望的破灭"，不少学生为了迎合社会和学校管理者的价值取向，为自己平添了太多压力，这种压力确实应该从管理层面做出反思。

（2）缺乏公正、民主、自由和必要的规范之道

教学是培养创新型人才的主渠道，然而大学教学的自由相对限制较

---

① 王小红、杜学元：《学校规训教育与人的异化——福柯规训理论透视》，《教育研究与实验》2011年第5期。

多，教的自由和学的自由都相对有限，"学术自由、学术至上"是大学永恒不变的信念和价值观。许多大学教学管理制度，在价值预设上，就把教学过程视作一种"工业化"的生产过程，程式化和指令化的规定较多。由于各种大学层次差异较大，各个地方又缺乏公正公平的评估指标和方案，形式重于内容，行政优于教学。许多高校推行"规范化"的制度模式，不断地补充教学管理的方方面面的制度，为了不留一丝破绽和漏洞，甚至同一个管理问题，出台若干个相互包容和重叠的制度文件。部分教师与学生在大学中实际类似于监管对象和教育对象的地位，多半是被当作听命于领导的群众和学校学科发展的工具。例如，在对教师教学管理上，模仿企业公司，实行用工合同，三年一签，把教师简单地"雇员化"，实行"非升即走""非升即转"的教师聘任办法等。大学对教学事故的界定也越来越苛刻，让教师教学时胆战心惊，教师一方面被还原为"打工者"，教师不再是灵魂的工程师，而是贩卖知识的二道贩子，被市场法则还原为知识交易的"卖方"，尤其是中青年教师在大学享受着"上挤下压"的悲催，传统"师道尊严"的根基正在被一点点掏空，师生幸福感严重缺失或明显降低。应该被规范的师德、师风、教风、学风，在一定程度上有所下降，缺乏规范之道。教学管理者或领导者在教学投入上也存在有失公允的做法。在相关教学评优、选拔或推荐上，在教学资源的配备上，又存在有失公平和正义的做法，教学资源更多地配置到学校特色学科专业或科研平台建设上，学生未能直接从中受益。

（3）大学教学管理的服务意识不足

大学教学管理受传统"奴化"思想影响，过于强调管理的"服从性"，而忽视"服务性"，在实际操作中，宣扬口号式的服务意识很多，行动和实质上的服务意识却迟迟未建立。恩格斯曾经指出："人们总是在他们进行生产和交换的经济关系中，吸取自己的道德观念。"在日常教学管理实践中，师生共同形成了教学管理的经验，有些转化为刻板印象，影响着师生在其他领域的观念。大学教学管理不仅是为了传承知识服务，更需要引导师生学会在空间的平衡中寻找存在的意义和价值。据访谈调查，大学教学管理人员服务意识不足，尤其是主动服务意识淡漠的一种解释，还包括，认为大学生已经是成年人，没有必要像中学一样，赋予那么多的关心和爱护，笔者认为，"自由""放任"也是缺乏服务的一种推诿之辞。

(4) 教学管理的物化依赖严重,功利性膨胀

现代大学教学管理,正面临现代化的危机,强调工具理性、物化依赖。"数量化""精细化"的追求,促使管理越来越追求现代化的工具,通过技术手段获取评价和管理效益最大化。在技术主义路线和工具理性的指导下,教学管理往往是用以维持秩序和解决质量问题的管理性方案,总是希望能通过质量评估指标体系的细化和量化,质量监控体系的系统化和经常化以及内外部质量保证和控制的文本化、程序化等,实现教学管理的制度化。教学德性缺失在教学实践中表现为以"功利"目的为主导的教学,原因在于师生精神自由的缺失,知识与德性、教学与生活的割裂①。整个充斥着"全景敞视主义",个人行为成为彻底的可视化,具有"透明度",人成了"驯顺的肉体"②。事实上,不管教师还是学生,都非常清楚教学方式变革的重要性,教学互动是培养创新思维的重要方式,被访谈对象都很清楚,"单向度地灌输时,学生是被动的,参与体验才是主动的学习方式,而只有主动的方式才有激情,才能更好地汲取知识、锻炼独立思考、激发想象"。然而,一回到教学效率和管理规范时,观念和行动就不再是那么一致,为了追求效率,传统的单向传输模式成为效率最高的教学方式,强调对学生的要求也整齐划一,导致师生整个生活循规蹈矩。忽视伦理向度的达成。教育失去了自我,成为对受教育者进行控制和规训的工具,教育成为规训的教育。身体和灵魂被分置,教学中的人的身体,被严加看管、控制、训练和监视,但人的灵魂却被消解和闲置,人成为被抽离了灵魂的机器,成为一个个标准化生产的规范物件,人被异化为"物",学生成为灌装工厂里的标准件。

2. 大学教学管理伦理诉求缺失的归因

大学教学管理是以教学为中心,围绕人才培养服务。教育的根本目的是培养人,而且是培养丰满、完整的人,不能是一个工具的人,成为

---

① 刘万海:《关于教学道德性的原点审思》,《全球教育展望》2007年第1期,第31页。
② [法] 米歇尔·福柯:《规训与惩罚》,刘北成、杨远婴译,生活·读书·新知三联书店1999年版,第172页。

一个技术的人。缺乏综合素养和人文精神的"技术人"是一个不完整、欠丰满的人。"君子不器",仅仅从技术角度讨论、解释和要求大学教学管理是不足的,也是不可行的,由于教学管理的对象是人,主体是人,过程也是以人为媒介,几乎所有大学都注意到"人"在教学管理中的作用,在人才培养中的作用,各个高校也都采取相应的积极措施,如华中科技大学杨叔子院士倡导的大学生文化素质教育,开设人文课程、主题讲座等。然而,这些方法都是一种外部影响的办法。事实上,就上文分析到的教学管理的伦理不足和存在的人性关怀不够等问题,应该从内、外两方面寻找原因。就外部来看,当前社会政治经济制度、科技发展和文化习俗的交织给大学教学管理的实际运行造成较大影响;就内部而言,它主要受到大学内部结构和组织运行特征、大学内部的行政化和"官本位"意识、大学资源的整合力度不足、教师和学习者自身状况等多因素制约。

(1) 行政集权和经济市场化环境

高度集中的行政集权对大学教学的过度干预,给大学教学管理伦理化进程带来了种种弊端。我国许多大学受计划经济体制下的集权管理模式影响很深。大学由国家和地方教学行政管理部门管理、控制、监督和评估,一切服从行政管理部门的安排、审批和指导。政府对大学的集权管理制度不仅使大学对政府的依赖性加剧,更导致了大学对政府行政管理模式的仿效,这一点在大学内部的权力体系方面也得到较为充分的体现和影响。在计划经济条件下,"服从"成为大学制度构建和大学管理运作的根本指导思想,但是在市场经济的冲击下,集权管理模式的弊端已经逐渐浮现出来,① 这具体反映在以下两个方面:一是大学延续了政府组织的体制结构,行政权力膨胀,学术权力式微,行政权力几乎取代学术权力,削弱了教师和职工的工作积极性,不利于大学教学的顺利开展;二是集权现象严重,决策程序基本按照行政级别的高低来制定,即便是倡导学术权力加入决策层规定,也形同虚设,导致管理效益低下,民主理念得不到实现。在学术组织结构中,同样也存在模仿行政化结构的趋势,如在学术领域产生的"学术霸权"的实质也是一种隐含的专制和集

---

① 邬大光:《现代大学制度的根基》,《现代大学教育》2001年第1期。

权，容易扼杀新的学术思想胚芽，使"学阀专制""门派之争"等不利于大学学术交流和发展的现象出现。大学教学管理从制度构建来看，从宏观到微观，都主要由政府自上而下地纵向层级设计，大学内部组织结构也仿效自上而下安排设计，大学自身发展的内在逻辑被忽视与消解，甚至在部分大学内部形成了有悖于学术性组织本质的行政官僚霸权，从而抑制了学院教学的自主发展，导致院级教学管理自主权缺失，同时也在一定程度上抑制了大学的学术创造的活力，对创新人才培养也起着客观的抑制作用。

（2）传统服从取向和批判意识欠缺的伦理影响

我国的教育教学将"道德"作为最重要的目的，"化民成俗"，"明人伦"以及"导之以德，齐之以礼"等，《大学》描述的三纲领、八条目，格物、致知、诚意、正心、修身、齐家、治国、平天下，《中庸》也表述为"修道之谓教"。而我们考察古代教学材料，四书五经，基本都是皇权意志化的儒家经典，其内容无非是忠君爱国、仁孝节义以及"非礼勿视、非礼勿听、非礼勿言、非礼勿动"等。维护着没有个体独立性的整体性，对个体来说，所要建构的是一种以服从、驯服的整体主义人格，依靠"人的依赖关系"，维护统治秩序。长期以来，"组织的需要就是个人的志愿"，强调的是"服从"与"听话"。有学者就批判性地指出："整个社会没有发展出一套尊重、保护个人利益及个人自主权利的社会制度安排，甚至形成了严格限制、打击人们追求自身正当利益的制度安排，完全要求人们以道德理想主义的奉献精神作为自身行为的出发点"[①]。这种制度安排的实质是违反和违背人的正常的自然与社会需求，打破了正常的社会激励结构，失去了制度激发、调动人们的积极性与创造性的作用。长期传统文化的浸润，教学个性被忽视和压抑，人的精神被异化，在这种文化背景下，教学管理者完全依照这种行为方式，培养的学生极易缺乏独立的人格和自我价值。如果被管理者被压迫在这种传统的思维惯性中，则容易滋生人的依赖意识、服从意识和奴性意识。下级对上级、学生对老师、教职工对教学领导建立在依附关系中的顺从与臣服。同时，

---

① 田正平、李江源：《教育制度变迁与中国教育现代化进程》，《华东师范大学学报》（教育科学版）2002年第1期。

大学教学从目的上讲，本身也是一种心智训练，学生被要求刻苦钻研，强迫自己要有人生理想，而教师在社会取向的引导下，也要严格学业标准，避免造成教育资源和智力投资的浪费，因而在"教学过程和教学管理过程中不排除灌输"①，对学生最大的要求就是"服从"。这种顺从得到了广泛共识，也普遍被学生所接纳。

批判意识欠缺，面对现存的强制性规范，人们都是隶属于大机器上的无关紧要的小部件，很难理性地分析行动的终极目的和意义，我们失去了改造世界和自我改造的向前看的德性品质，我们也不再运用启蒙最骄傲的批判传统对进入我们生活的一切进行反思②。缺乏批判的教育容易把人训练成为心甘情愿的机器人，导致理性与德性在人们心目中的地位日益下滑。

（3）"官本位"思想的余害延续

中国封建社会遗留下来的"官本位"思想，导致了大学组织权力体系的不良生态。"官本位"思想极易导致行政权力的膨胀，使集权现象愈演愈烈，大学组织文化是形成其制度形式的主要因素和根源，使大学院级自主权更加得不到落实。同时，"官本位"思想又导致了"投机主义""拜金主义"在大学的盛行。一些青年人不安于做学问，而更愿意走行政，因为成为"处长"之后，高级职称、科研经费、学术成果等资源就更容易向行政集聚。这些不良的价值观抛弃了大学组织基本的学术属性，给大学的发展造成了严重的障碍，"去行政化"已经成为大学管理改革的一个阶段性目标。

（4）工具理性与功利主义"有效教学"的误读

从教学实践来看，对"有效"的判定由于主要指向的是教学结果，而非教学过程，结果"学生成长"或"全面发展"最终往往只诉诸短期的量化评价方式。从理论研究来看，现有的"有效教学"研究在根本思维方式上仍然没有摆脱传统教学认识论的局限。片面强调教的主导甚至

---

① 陆有铨：《躁动的百年》，山东教育出版社1997年版，第62—63页。
② ［美］赖特·米尔斯：《社会学的想象力》，陈强等译，生活·读书·新知三联书店2001年版，第190页。

控制，使"有效教学"变成单向的"有效教授"①，这最终指向的是"控制"，使学生成为"单向度的人"。大学教学管理中难以实现发挥个体精神自由，教学自主难以保障，管理方式方法和评价体系的僵化难辞其咎，但归根结底，依然是价值观层面的原因。工具理性自马克斯·韦伯将其作为专门概念提出来的时候，更多地表达为一种目的与手段，物质与精神相分离，机器化、技术化倾向对人性的奴化等状态。随着大工业时代的来临，现代人卷入越来越唯理化的生活形态，教育系统引入越来越多的科技，真正的学习过程、体验过程和情感激发过程越加罕见，学生越加地投入所谓客观的学习方式方法，学生踏出校门时的素质也就越差②。在教学过程中，由于功利化的管理，自然也带来了教学相应的功利化，如活动技术化、思维程序化以及价值功利化成为教学的主导思路。功利性的工具理性片面追求管理效率，片面追求技术取向，违背教学的复杂性，将教学推离了原初的发展轨道，走向片面和偏执。在这种思想指引下，势必回到老的"三中心"论（教师、教材、课堂）泥潭中，强调"教"的主导和权威，过分强调管理中的控制，违背教学民主性，在管理中实际情况自是一样的，教学管理被管理者牵着走，无论老师还是学生都体验着重压、枯燥、烦闷和缺乏自主选择，导致教师厌教，学生厌学。

---

① 王凯：《教学作为德性实践——价值多元背景下的思考》，博士学位论文，华东师范大学，2008年。
② 孙志文：《现代人的焦虑和希望》，陈永禹译，生活·读书·新知三联书店1994年版，自序。

第六章

大学教学管理伦理诉求的类型与功能

在大学教学管理活动中基于伦理选择和运行现状一般可以分为人际关系方面的问题：如教师与学生、家长、管理者、同事等在价值观、角色责任、主体利益、专业立场等方面存在冲突，一般包括教师与学生、教师与家长、教师与同事、教师与管理者和教师与自我五个方面的伦理困境。也可分为教学管理的结构性条件问题：如管理者在专业原则、学校制度、社会规范、学生利益、专业责任等方面也会产生某种冲突。主要包括公平问题、学生行为管理问题、课改与考试的冲突、学校行政管理带来的冲突、投入与回报的冲突、教师信念与家长观念的冲突、同事相处的冲突、不同原则间的冲突八个类型的伦理困境。

以是否对抗为分类标准，还可以分为对抗性的伦理困境和非对抗性困境。对抗性的道德冲突源于角色冲突，非对抗性冲突源于同一价值体系中不同伦理规范运用于特定情境产生的冲突。尽管伦理困境的类型不同，但主要源于研究者划分角度不同。

从诉求的角度来分类：大学教学管理可分为"内发"和"外求"两种类型的伦理诉求，其中内发性伦理诉求主要体现为"关系伦理"，外求性诉求主要体现为"实践伦理"，在大学教学管理的生态视域中，最终应通过内外双向的统整，实现交往实践的和谐美德。本章还将围绕伦理在大学教学管理中的认识功能、价值导向功能、反馈调节功能、动力激发和价值激励功能，阐释伦理在大学教学管理中的功能与意义。

一　大学教学管理伦理诉求的类型

1. 大学教学管理伦理诉求的分类

大学教学管理本身具有浓厚的伦理属性，具有鲜明的伦理精神。大学教学管理的伦理诉求来源于内生性诉求和外发性诉求，即教学管理自身伦理发展的诉求和国家、社会和利益相关者对教学管理的诉求。

伦理诉求往往是作为"正当的"或"善"相同的追求。如前文论述，大学本身是一个伦理组织，大学中的师生，无论个体还是群体组成了一个伦理共同体，其教学管理实践本身也是一种正当和求善的活动，大学教学管理的伦理诉求是教学管理本身内生性诉求，是教学管理组织、教学管理主体、教学管理实践及其他管理要素自身伦理发展的内生需求，伦理诉求本身就是教学管理的内在表现和存在依据，也是对教学管理的基本伦理预设。管理追求卓越的基本伦理是"对人的尊重"。[①] 伦理诉求一方面是主体的主观要求；另一方面，客观上也是伦理本身所具有的重要支撑要求。伦理诉求就变成了一个动态的求索过程，通过发现教学管理本身伦理基础结构，在过程中生成更加合情、合理、有效的伦理诉求。正是因为教学管理过程中本身即蕴含着丰富的伦理属性和特征，教学管理本身有效运作所需的伦理诉求才能形成和培植起相应的伦理观，进而确定相应的伦理规范。

著名教育家胡森曾经说过，"教育作为一个实践领域，其真正的本质在于地方性和民族性，教育毕竟是由它所服务具体国家的文化和历史传统形成的"[②]。中国大学以并非完全独立和自主的组织存在于社会生态之中，伴随国际高等教育的大发展，中国大学人才培养规模已经跃居世界第一，在市场经济制度建立和完善的时期，大学中的管理，尤其是教学管理也面临转型和变革的需求，大众化和市场化的背景必然会影响大学的内部，影响大学的发展。整个社会以市场为特征的功利主义和实用主

---

① R. Edward Freeman and Daniel R. Gibert, *Corporate Strategy and the Search for Ethics. Englewood Cliffs*, 1988, p. 5.

② 陆有铨：《躁动的百年》，山东教育出版社1997年版，第918页。

义倾向也必将给大学教学管理实践打上深深的烙印。近年来,尽管大学组织具有了一定程度的自主权,但"行政干预""行政与学术权力冲突"等问题屡见报端,不绝于耳,严重掣肘大学教学的自由发展,社会发展和学校发展被迫依附于行政意图的安排,规则的制定和执行仍然具有强烈的功利色彩和工具色彩。因此,在决定大学教学管理改革何去何从方面,除了教学本身的伦理需求之外,大学外部的社会其他组织也对大学教学管理也提出了更高的伦理要求。摒弃以实用、高效及经济效益为唯一价值目标,如在专业设置中"尾随而非引领市场发展",开设满足市场需求的课程以吸引更多的学生、在学术和科研经费分配中向经济效益更高的教学项目倾斜、对促进人文精神提升的相关项目资助较少等,今天社会对大学的伦理诉求,至少包括要求中国大学坚持以人才培养为中心,提高质量,祛除日趋被功利主义所遮蔽的教学管理规则,为大学教学管理赋权增效,等等。

2. 大学教学管理伦理诉求的类型特征

(1) 以"关系伦理"为特征的"内发式"诉求

大学教学管理本身是一个"自"完善系统,是一种特殊的伦理共同体形式,有着内部的发展运行规律和系统结构。教学管理的内部伦理基础和前提是处理教学管理各主体、各要素彼此之间的关系,包括个人与个人、个人与组织,人与物、人与自然以及人与自我之间在大学教学管理的场域内部,对各种关系的把握和处理,体现各种关系"如何"或"应当如何"的规范和引导。通过教学管理主体对一系列关系的认识与把握,达到一定的协调,促进教学管理的顺畅运行。这是大学教学管理内部的诉求类型。

(2) 以"实践伦理"为特征的"外求式"诉求

教学管理无论从组织形态,还是从实践形态上讲,相对于整个社会大系统来讲,都是一种"子"系统形态,必然要通过"外求"的实践路径,与外界发生千丝万缕的联系。"人的现实世界不是给予的世界,而是经人自己的活动参与创造的世界"[①]。在麦金太尔的实践伦理观中,将德性作为实践伦理的关键词,把德性与实践的关系看成内在不可分割的关

---

① 高清海:《高清海哲学文存》第 1 卷,吉林人民出版社 1997 年版,第 136—137 页。

系，认为"德性是一种获得性品质，这种德性的拥有和践行，使我们能够获得对实践而言的内在利益，缺乏这种德性，就无从获得这些利益。"①麦氏所指的利益，实质是在实践中取得的效果，大学教学管理在满足自身需要的同时，还要结合教学管理主体个人发展规划和整个国家社会对教学管理的期待和要求，体现一定的"社会功利性"，通过德性形式的获取，做到有道德的利己和有情感的利他的效果。实践活动不仅创造了人和人的活动，也创造了人的生活世界和对象世界。以一定的实践伦理形式，采取相应的有德性的实践行为，认识、影响和改造社会对教学及教学管理的要求。

(3) 以"交往实践"为特征的"和谐伦理"诉求

大学教学管理的内发式诉求和外求式诉求，既有联系，又各不相同，既统一又冲突。哈贝马斯通过对"现实性"的解构与重写，与生活世界发生了密切联系，构建了庞大的交往行为理论，解决了现实社会中的种种交往问题，以一种和谐良性的生态视域观之，大学教学管理在伦理诉求上具有"内外互动""彼此交往"的传统和良性机制，通过彼此的协商、合作，以"契约"形式表现"共识"，达成在教学管理实践中和日常交往中的"理解"。在不断地处理"关系伦理"、追求"实践伦理"的过程中，通过磨合与互动，形成交往实践的和谐伦理结构，对大学教学管理产生积极、正向的影响。

二 大学教学管理伦理诉求的功能

大学教学管理是一种特殊场域中实施的管理活动，本身内在地具有伦理的属性，伦理也是大学教学管理得以实施的内在依据和生成基础，同时，伦理本身为提升大学教学管理质量提供了可能，即伦理本身也具有教育教学管理价值、作用和功能、对外也具有极其重要的影响作用。作为人类精神性生活的一种基本样式，伦理是人类的创造物，其存在的理由就在于由伦理功能提供的价值。康德对伦理道德价值倍加推崇和厚

---

① [美]麦金太尔：《德性之后》，龚群、戴扬毅等译，中国社会科学出版社1995年版，第241页。

爱，称之为"在我心之上的星空和居我心中的道德法则"。大学教学管理本身是一种实践活动，是一种"在路上"的行动，本身孕育的道德形式和内容并不是储存在那里等着将来使用的东西，而是要对外形成一定的影响，"德行"是"德识"的外化形式，"德性"是"德行"的积累。在教学管理中培养有"德性"的人，准备社会生活的唯一途径是进行社会生活，就是让师生都能去过一种有"德行"的生活，教学即是生活，实践"德行"的教学，实践"德行"的管理。一般来讲，伦理在大学教学管理实践中具有认知导向功能、反馈调节功能、动力激发功能、引领教学发展、实现价值增值等诸多功能。

1. 伦理认知与导向

一方面，伦理本身在人类认识世界中具有特殊的认识方式和认识能力，可以运用善恶、荣辱、义务、责任、良心等特有的伦理道德概念、范畴，反映人类伦理道德实践形式和活动，体现一定的伦理道德关系，并从而揭示社会发展和个体发展的客观趋势和规律，形成一定的行为指南和认识模式。学生的伦理实践首先通过社会通行的道德标准分享、分析和评价周围的伦理道德现象，进而通过自身的德行实践和道德理解，提升自我内心信念、命令和思想，提高实践的能效性、主动性和自觉性。在教育教学管理中，伦理可以反映出自己的特殊对象即教育教学管理者与被管理者、教学管理者与所属管理部门和组织、教学管理者与社会及本校利益相关人之间的关系，帮助教学主体确立教学管理的应然伦理价值目标和规范体系。另一方面，伦理对人的习惯、活动或行为模式有着指向、导引和规范的作用。伦理本身就蕴含着应该如何与正当合理的规范意识和行动指令，或隐性或显在地影响人的认知和行为，其主要特征就包含有应然性和正当性。这一应当的价值意识本身就具有"价值取向"和"伦理定向"的作用。伦理同时还具有约束的作用，在具体的实践活动中做出倾向伦理道德的行为选择，向善性和趋利性并不是截然矛盾的，人的实践活动除了采取个体行动之外，人类社会在某些社会实践活动中也会为了一定的理解和共识，采取共同的行动。伦理的导向功能一般通过"价值取向""根本思想和未来指向""伦理道德的内在规定性"[①] 来

---

① 戴木才：《管理的伦理法则》，江西人民出版社2001年版，第129页。

实现，伦理还为"教育教学管理者进行教学管理道德的行为选择和评价"，"为管理树立判断善恶的标尺和标准"①。在学校教育教学环境中形成一种统一的、明确的善恶评价标准，使他们感受到一种无形的导向力和约束力，自觉使教学管理主体维护、建构、调节自己的行为准则。

2. 动力激发和价值激励

伦理诉求尤其是教学管理主体的诉求是教学管理人员发挥主观能动性的突出表现，有利于促进教学管理效率的提高。"效率优先"是一切实践活动的"目的性"存在，但是同时，效率又绝非"终极目的性"，教学管理既不能回避有效性，追求效率，且在"育人为本、德育为先"的先在式目标基础上，提高教学管理的效率。趋利避害性是动力激发的客观因素之一，人们为了促进管理效能的提高，会"从主观因素和客观条件上，为效能的提升开辟道路"②。人是一切社会管理中的最重要的因素，人的各种层级的需要及需要目标的实现是人的主观能动性得以发挥的重要动力因素，按照马斯洛需要层次理论，精神需要主要来源是同伦理道德需要彼此结合、密不可分的，因而采用何种手段，提高人的积极性和主动性是提高管理效率的关键，只有激发人的主动性、积极性，才能有效提高教学管理的科学性、效能性和精神性，进而更为有效地实现大学教学的育人目的，促进人才培养。

3. 交互反馈与目标调节

调节功能是伦理导向功能发挥后的必然结果，一方面伦理的规范特性要求，教学伦理将调节国家社会、学校教师、学生和学科知识体系发展的共同需要，这种需要有可能是一致的，但也有可能不一致，通过伦理的交互调节和协调，使大学教学管理保持一定的秩序和规范，以维持教学活动的正常运转。另一方面，个体和社会之间随时都发生一定程度的互动，个体与个体之间、群体与个体之间将必然存在一定的社会关系和利益关系，如何最终寻求或达成共识，在具体的教学管理实践领域中，通过开展一定的研讨会，实现对相关问题建立伦理评估标准，实现多方的理解。在调节过程中往往又是内部调节和外部调节相互结合而得

---

① 黄兆龙：《现代教育管理伦理学》，中国经济出版社1996年版，第65页。
② 温克勒：《管理伦理学》，天津人民出版社1988年版，第270页。

以推行和实现，内部调节主要是依靠教学管理主体自身的伦理价值标准来评估自我行为，外部调节主要根据外在的伦理规范标准来评价教学管理者及相关部门的行为。相比其他法律法规的刚性调节手段，伦理的调节更多显得比较隐性和柔性，主要凭借舆论、教育和示范等，诉诸人们的觉悟，具有极大的普遍性、渗透性和灵活性，影响显得更加深入和深远。

4. 弥补教学管理规范的局限性和不足

伦理的功能还在教学管理科学化进程中起到弥补局限、调节不足、增能增效、促进组织成长的具体功能。规范是建立并维持教育组织机构正常运转的规章制度。具有必要性，有规矩，才成方圆，制定相对完善的规章制度是管理的必然选择。然而，规章往往存在一定的局限与不足。规章所起的作用大小往往依赖人们的思想觉悟和对规章制度的认可程度。而伦理道德则提高人们思想觉悟，提升对规章制度的认可程度。同时，由于规章制度相比具体情境和客观形势发展往往具有滞后性和不全面性，在规章未概括情境时，伦理是组织机构保持顺利运转的重要因素之一。另外，规章制度往往是一个管理组织成员较低层次的要求，对于组织中的先进分子，不足以成为其活动的高级准则，此时，伦理道德就能克服规范和制度的局限性。伦理道德将成为教学管理规范运行起来，并成为发挥作用的润滑剂。

5. 提升教学管理效能和绩效

管理组织的变革已是现代组织行为中的常态式方法，整个组织的伦理基础和伦理氛围是促进组织变革的重要力量。教学管理的道德合理性，是一种基本的价值评判尺度，其核心功能在于要求管理机构和管理者在教学管理活动中遵循教学的效率性和教学行为的道德正当合理性的结合。伦理与经济学结合，与管理学结合的相关研究表明，伦理的功能还能直接体现为经济意义，伦理虽然不直接表现为经济资本，但自身却孕育着较高的价值资源意义，甚至能成为无形资本纳入企业运营[①]。良好的伦理

[①] James A. Brivkley, Clifford W. Smith Jr., Jerold L. Zimmerman, "Business ethics and organizational Architecture", *Journal of Banking & Finance*, 2002 (26): 1821–1835.

道德就是一种良好的经济学，只有当一项政策有利于社会时，它才对企业有益①。

6. 引领教学发展，实现价值增值

引领教学发展是教学管理向教学领导迈进的标志，领导者和管理者是彼此联系又各不相同的概念。真正的领导不仅具有职业特征，更富有人格魅力，这种魅力影响着教学团队和管理组织的发展，往往由个人信赖默示、英雄主义和楷模榜样三种形式而服从于这种魅力人格，韦伯将这种领导称之为"魅力型统治类型"②。魅力型领导包含着道德和伦理属性，其领导行为应该是伦理的行为，是道德领导。领导者一般具有"指挥、协调和激励"三方面作用，"倡导与形成对组织成员的道德心理与行为认识具有较强的影响，有利于促进人的自觉行为的形成"③，教学管理双方可以在领导和管理关系中通过相互作用，在道德上相互改变和提升，最终在组织内部形成自主、自觉提升领导力和执行力的功能，这种领导力和执行力应用于教学过程中，在教学管理过程中有意识地将外部刺激转化为被管理者的自觉行动，从而最大限度地调动被管理者的积极性，以实现相应的教学和管理目标。激励手段一般可以包括三种，其一是外部动力力量，如物质奖励、奖学金体现等；其二是工作本身的收获与实现，如习得新知识、新技能等；其三是以信念和伦理观念为基础的力量，相比前两者，人的行为往往受到心理因素的强烈影响，后者的激励更为深刻，更为持久，从而通过伦理达到和取得积极的管理效果；伦理不仅能够支配和促进组织成员培育"公正、善良和尚美"的情感；还能通过主体更多合伦理行为，发挥伦理在教学管理中的激励功能，使教学主体受到鼓励，从而自觉去做伦理道德所需要和期望的行为，实现伦理化管理所设定的整个教育管理"关系模式"的系统要求，取得预期效果，达

---

① [美]珍尼特·洛尔：《价值再发现：走近投资大师本杰明·格雷厄姆》，李琰、张伟、吕旭峰等译，机械工业出版社2000年版，第39页。

② [德]马克斯·韦伯：《经济与社会》（上卷），林荣远译，商务印书馆1997年版，第241页。

③ Lynn Bowes-Sperry, Gary N. Powell, "Observers' Reactions to Social-Sexual Behaviors at Work: An Ethical Decision Msking Perspective", *Jouranal of Management*, 1999, Vol. 25, No. 6, pp. 779–802.

到教学管理的目标。伦理由于"能够在更充分和更足够的深度开启人的能力和意愿，能唤起人们更为持久的激励和鼓舞，能为教师和学生提供更为广阔的活动舞台，从而形成一股强大的道德力量"。教学管理的伦理在引领教学发展中，实现情感凝聚、德性教化和道德增值，从形式到实质都有积极的作用。

第七章

大学教学管理伦理诉求的核心原则

裴科夫认为，原则是"其他真理所依赖的真理"，道德原则明确了人生活中的基本选择和这些选择对人类生存的影响。原则是客观的，具有一致性，即什么东西可以促进或阻碍生命，从人类的角度看，其基本需求不会因时间、地点和个体状态而变换，存在一定客观事实性，相应地，满足这些需求的方式也不会有较大改变，这种相对恒定的方式，可以纳入我们教学管理伦理诉求的原则范畴。道德原则是在对无数具体经验的观察和对不同事物对人类繁荣的影响的逻辑推理中获得，道德原则将是提供我们作出选择的理性基础。管理不仅是一个事实判断，同时也具有丰富的价值内涵[1]，大学教学管理的价值内涵在本质上是追求真、善、美的，所谓真，也就是真理，它是哲学认识论所追寻的目标，在管理中可以看作是合理性目标；所谓善，就是道德上的正当性，它是伦理学所追求的目标；至于美，就是事物的审美价值，它是美学理论所追求的目标。而真、善、美是密切联系的，[2] 求真、崇善和尚美也是一切领域管理活动的价值追求和核心原则，具有不受历史和个体所影响的恒定性，因而我们将其作为大学教学管理伦理诉求的核心原则来考量。大学教学管理伦理诉求的建构应当围绕"求真""崇善"和"尚美"的价值取向，在"发展""效能"和"艺术"三个基本向度上形成合理性、合德性和协调性的核心原则。

---

[1] 万俊人：《现代西方伦理学史》（上），人民出版社1990年版，第229页。
[2] 张传有：《伦理学引论》，人民出版社2006年版，第14页。

一　大学教学管理的合理性原则

1. 大学教学管理的"真"与规律把握
（1）大学教学管理求真务实，尊重理性的选择

教学管理是教学事实与价值的统一①，伦理诉求或道德要求的最根本因素就是真实，剥离了这一因素的教学管理本身就不能称为是道德的。教学的真与善的品格是相统一的，其中，真是起点、前提，善是终点、目标。② 教学管理合乎规律，实现有效管理是教学管理道德性的前提、基础，没有教学管理的"真"，就没有教学管理的"善"。

在此，"真"有两种含义，其一是指知识、认识及思想内容的真理性、真实性、客观性。"合理性"和"合规律性"是真的本质特征，主要体现为一种"客观事物本质规律"，"满足主体鉴于客观规律认识和改造客观世界的需要，主体的思想和行为达到了同客体的本质和规律的高度统一"③。"真"在实践活动中不仅表现为真理的价值，还包括真理的实践价值，不仅在观念上追求真理性的认识，而且在实践中自觉遵循规律，把握真理。大学教学管理的求真，就是在教学管理中认真研究、把握和顺应国家经济社会发展、学科知识体系发展和学生发展的规律，在教学管理实践中自觉遵循这种规律，在这些规律基础上，寻求大学教学管理自身的规律。大学教学管理的"真"在其合理性原则上体现为两种维度的合理，一是形式合理，即在教学管理的程序上是合理的，在教学管理制度的形式上是合理的；二是价值合理，即实质合理，在教学管理中体现为实际的公平公正。

理性精神的回归，理性不同于我们前面论述的工具理性"泥潭"。"理性"从词源上说来自古希腊"Logos"和"nous"。在亚里士多德那里，"nous"的含义是表达和描述人的特征，即"有理性"。亚里士多德

---

① 潘洪建：《试论教学的道德性、科学性与艺术性》，《教育科学研究》2004 年第 4 期，第 10 页。
② 毛红芳：《教学的道德尺度失衡——病理性德育的归因》，《基础教育》2014 年第 5 期，第 81 页。
③ 孙玉丽：《教育管理审美价值论》，天津教育出版社 2006 年版，第 41 页。

的"nous"是实践和理论结合的概念,理论行为是最终形式的实践,能协调规范宇宙,又能认识自身。"理论与实践最终是统一的,理论理性和实践理性的区分不是本质的区分,二者是统一的。"①

"大学的理性是人们关于大学的本质、目的、内涵科学认识后,对大学办学治校育人之属性和规律的守持和遵循。"②

人类要促进自我的本能解放,追求自由超脱,减少外界的束缚,就得减弱身体感官对具体事物的作用,即破除对"感性"的依赖,扩大心智和理性思考的活动和作用。这就需要依据理性的生活,通过积累经验,对具体事物抽象形成观念,然后加以运用,从而产生知识,用知识应对面临的问题。理智对人而言也是一种本能,这种本能又反对完全依靠本能的倾向。尤其重要的是,超脱了本能以后,人类不致生活而止,而要突破此界限、悠然长往。同时,不受方法、手段的局限,不必是为了生活,如求真之心、好善之心。理性是人类的本质特征,也是中国民族精神之所在。

美国学者马尔库塞认为,"工具理性本身是无头脑的理性,它关心的是手段而不是目的,所能解决的只是'是'的问题,而不是'应当'的问题"。③ 往往是追求物的最大价值功效,为人的某种"功利"的实现服务。美国学者悉尼·胡克把人看作具有"自由理性和主体精神"的高级动物,"即使在为活命而斗争的时候,人们往往是在他们知道为什么或相信他们知道为什么的时候才斗争得最卖力气"④。"重智""重识"是植根于人类深层心理的天性。从苏格拉底提出"知识即美德",到培根呐喊"知识就是力量",直到今日的知识经济时代,知识成为经济社会发展的最重要资源,全球进入"智力中轴"和"能力本位"的时代。对知识的寻求,成为人类的偏好。理性具有的"自觉性、追求普遍性、可预期性以及稳定性"⑤ 等特征得到了大学教学管理研究者和实践者的青睐,由此

---

① 张汝沦:《历史与实践》,上海人民出版社1995年版,第273—277页。
② 眭依凡:《理性捍卫大学》,北京大学出版社2013年版,第6页。
③ [美] 赫伯特·马尔库塞:《单向度的人》,刘继译,上海译文出版社1989年版,第129—152页。
④ [美] 悉尼·胡克:《理性、社会神话与民主》,金克等译,上海人民出版社1965年版。
⑤ 王怡:《中国大学:理性与非理性之融合》,《教育学术月刊》2009年第4期。

纷纷提出大学需遵循恪守理性的原则。大学的"理性自主"要求大学发展按规律办学，按人才培养的规律教学，按科学管理的规律治校①。因而，理性主义教学观从"规律—本质"的范式出发，在复杂的教学现象之中把握教学的规律和本质，依靠理性来获得普遍真理，这是知识论的伟大梦想。这个梦想在理论上很有道理，理性是普遍的，理性的工作方式是普遍的，理性的形式是普遍必然的，因此，由理性获得的真理应该是理所应当的。自古希腊以来，包括我国先秦以来，教学实践充满着理性精神，理性作为主导人对自我的关注和认识的特质，同时教化本身需要理性精神的支持，审慎、智慧、节制和沉思等理性活动品质，起到了非常积极的作用。之后理性演变为思辨理性，如亚里士多德开创的以科学态度对待传统，推进理性的对象化和工具化，理性成为认识世界、改造世界的工具。合理性原则的达到既是必要的也是可能的。大学教学管理所努力追求的东西，"既是一种'人性'，一种'道德哲学'，一种'精神科学'，又是一种'严谨的科学'，本应将人性的合理纳入了理性的范畴之中"②。

（2）大学教学管理要把握"规律"

"如果大学需要捍卫其尊严，捍卫其神圣，捍卫其国家科学脊梁、民族道德楷模、人类文明希望的地位，那么守持大学理性是捍卫大学首要的'法器'。"③ 大学教学管理的伦理诉求必须顺应社会发展规律及其需要。更为深邃而简约的表述就是"按规律办学"——"大学本质上是一个理性组织，因此按规律办学是大学应有的逻辑"，这就表现为大学的"理性自主"。而按规律办学的核心指向包含三大"律令"："大学必须按大学发展的规律办学，按人才培养的规律教学，按科学管理的规律治校。"④ 社会性是教育的基本属性之一，虽然教育教学也具有一定能动性，但教育教学的发展无论如何也不能超越它所处的特定历史条件。马克思认为，一切事物善恶的客观标准就在于其对社会发展起促进作用还是起

---

① 眭依凡：《理性捍卫大学》，北京大学出版社2013年版，第300页。

② ［美］丹尼尔·贝尔：《经济理论的危机》，陈彪如、唐振彬译，上海译文出版社1985年版，第29页。

③ 眭依凡：《理性捍卫大学》，北京大学出版社2013年版，第6页。

④ 同上书，第300页。

阻碍作用，即是否顺应社会发展的历史必然性。教学的社会性决定了大学教学管理的伦理诉求也必然要合乎社会的发展规律，按照社会发展的规律和要求进行人才培养和教学管理，尊重和符合社会道德体系和要求，正确引导处于大学之中，和与大学发展利益相关者的伦理行为。教学管理的伦理诉求只有符合社会的发展规律，并适当体现其先导性，引领社会发展，才能发扬大学精神，成为推动教育教学及生产力发展的精神动力，为教学发展和社会发展指明合乎公理和正义的方向和路径。

大学教学管理的伦理诉求应当符合人的发展规律。人是教学管理和伦理的共同指向和目的，教学管理的诉求要符合师生的发展需要，就必须顺应师生发展的规律，教学管理要实现"为人"的目的，推动人的发展，只有符合人的发展规律，才能发挥其对教学这个伦理共同体的应有贡献和功效。大学中的师生，作为知识人、文化人和现实人，其发展是身心和谐发展的统一，同时也是共性与个性的和谐统一。教学管理的主体都呼吁教育的和谐发展，没有和谐的教育，就没有和谐发展，和谐发展首先是人的和谐发展，呼唤着对人的尊重、关怀、理解、信任和希望，弘扬教学管理的德性。伦理诉求指引下的伦理规范旨在塑造人与人和谐的教学管理主体关系、教学内容和教学方法手段。正是因为爱和公正符合以"一切人的一切发展"为目的，是人存在的合理性，因而爱与公正也是大学教学管理的应然诉求之一。

大学教学管理伦理诉求本身必须合乎教育自身的发展规律。教学管理伦理基于教学实践，是对教育规律的充分把握后提出的伦理行为准则。教学管理伦理只有符合教育规律才能影响和应用于教学管理过程，才能发挥其应有的价值导向功能。教学管理蕴含的道德性在一定程度上体现为教育性，与教育内在的本质价值存在同一性和契合性。作为教学管理伦理实体的规范体系是"从事物的本性中产生出来的规定"。① 其本质是顺应教育本质规律的规定。

教学管理的伦理诉求通过合理的行为模式和价值准则，使教学管理本身的运行"有据可查""有法可依"和"有章可循"，依照客观规律的合理性是确保教育教学实践活动成为有效活动的前提。通过规律合理性

---

① ［德］黑格尔：《法哲学原理》，范扬等译，商务印书馆1961年版，第165页。

的正确把握,可以延伸为人们对该规律达成共识的过程也是必然可行的。这种共识将成为社会实践活动和行为方式的一种规范,即行为规范。行为规范就是通过共同的议定,达到一定的共识,对违反共识的人和行为,予以谴责或惩罚,对不同行为方式的要求或者给予鼓励,或予以禁止,等等,最初以习惯方式存在,之后逐渐转为道德规范,有些成为隐性文化存在于组织系统之中,有些则固化到相应的教学管理制度之中。大学教学管理中的规范和秩序也必然地将反映到教育政策、现代大学制度和大学组织文化系统之中,这种规范和秩序并不仅仅是对某些行为的禁止、制止、不允许、不准,也包括对某些行为的"必须""坚持"和"鼓励",引导教学参与的管理主体在某些方面的如此或应当如此的作为。大学教学管理规范本是为实现教学目的和教学管理目的而制定的,而一种行为能否实现其特定目的,取决于行为与事物发展规律的符合度,符合固有规律则行为易达到目的,带来利益,用违背规律的规范去规范人们行为,会使行为归于失败,最终也不符合组织的利益。

2. 大学教学管理的合理性原则

大学教学管理的内在规定性要求教学管理既受教育教学影响,完成有效教学的实施,又受到管理影响,规范组织成员行为的特殊活动,不仅具有教学的性质,也兼有管理的性质,教育性和管理性在教学管理中不可分离,缺一不可,有机统一,相互渗透,相辅相成。大学教学管理活动形成了"一种既与教育和管理相联系,又有别于教育和管理的独特特征"。教学管理的伦理诉求必然受制于教学管理的这一内在规定性,体现教育性和管理性的有机结合。直接对教学管理者应该承担的责任及其内在依据,规范、约束教育管理者的行为,和如何履行这一责任所应当的价值体系和行为模式,间接对被管理者进行了约束和行为张扬。教学管理伦理规范的合理性,决定了它在教育教学实践中的意义,关乎其为教育者所信守的程度。合理性原则是指在大学教学管理中,主体间依靠理性的精神,对大学教学管理的取向和具体实施做出理性判断和引领,客观、适度,既符合教育教学及管理的基本规律又符合社会发展的需求规律,实施促进人才培养的管理原则。合理性原则包含着形式合理性和实质合理性两种层次。

其一,大学教学管理符合形式合理性原则,即要在大学教学管理实施的内容形式和程序形式上能准确表述教学管理伦理之应然实质。这种表达不仅要求教学管理的制度文本和政令要求应当前后一致，无言语矛盾和逻辑冲突，而且在教学管理规范的制定中应当明确其指向范围和针对性，能够概括、指向和解决大学教学管理中的若干真实问题。因而大学教学管理在制度制定和文化规范上都需要管理者深入了解师生教学动态，把握一线教师教学需求，分析教学改革和发展规律以及了解与大学教学相关的行业动态。

形式合理性一般是浅层次的合理性原则，指外向的、可以被外界关注到的合理层面，比如对外公布的教育政策、教育法律法规和教育制度，或以文本形式展现出来教学管理条目、课堂纪律等；或是在语言表述上，在程序制定上，体现民主、自由和公正；还包括教学管理者按照既定的或科学的规范和逻辑理路来展开教学管理的程序，形成教学管理可视化的合理原则和标准。形式合理性要求大学教学管理的规范从形式上而言与一定要件的契合。从最终结果而言，如果忽视了对形式这一问题的关切，只专注于较远的人的精神层面的实质价值目标，而不考量伦理价值目标确立和实现所需要的客观条件、环境及应具备的形式化意义，那么具有实质合理性的规范也必然较难生成和实现，从而导致大学教学管理的道德建设和伦理诉求陷入空谈。

其二，大学教学管理要符合实质合理性原则。如果形式合理性是教学管理规范满足某种外在要求和工具目的，实质合理性则主要体现在教育伦理规范对于教育者和被教育者以及社会的精神意义和伦理价值方面，体现在人生价值和社会价值的实现，如在自由和规范上如何合理地处理二者的联系和矛盾，如何在平等和正义之间相互获取平衡等方面。形式合理性是实质合理性的基础和基本保证，实质合理性是形式合理性的最终目的。教学管理的合理在实践中包括合理地使用管理措施和方法，客观包含有合理的制度体系、包容自由的规范体系和有秩序的价值诉求，达到教学管理的有效性、价值性，实现教学管理的目标。

大学教学管理中体现和实现实质合理性原则的方法论具体如下：首先，大学教学管理的主体应当提升自身伦理素养，并以此发挥榜样力量实现整个规范体系的道德影响力。教学管理者和教育者是大学教学管理伦理规范的实践者和执行者，教育者素质状况决定着相应伦理诉求的实现程度，大学教学管理伦理规范的价值只有通过具有良好素质的教育者和管理者的行为方可有效实现。其次，融洽大学教学管理双方的伦理关系，大学教学管理的教育者和被教育者的融洽程度决定着大学教学管理伦理规范的限度和程度，大学教学管理的重要功能之一就在于规制教学管理者的教学管理行为，教学管理的伦理诉求的实质合理性原则还体现在有利于教学管理者和被管理者建立相应的和谐关系。最后，大学教学管理的伦理诉求应当与社会主导的基本道德价值协调一致。大学教学管理的价值预设本应根据教育者和被教育者不同的价值状况而因材施教。在一定程度下允许教育者和受教育者在不突破伦理道德底线的前提下确定和形成自我的价值追求，但作为社会整体价值体系在大学教学管理领域的表达，大学教学管理的各种伦理诉求与社会主导价值仅存在距离远近，而非方向背离的情况。否则教学管理的伦理诉求就将失去应有价值，而成为伦理道德建设的障碍和阻力。

这个时代是一个沉迷于感觉的时代，理性在一定意义上已经陷入危机和尴尬的境地，学者们对理性的批判，实际上是更加珍视理性的作用和不易，也说明对理性把握的不易，意味着对理性的追求更需要进一步求索和训练。

二 大学教学管理的合德性原则

《礼记·大学》中讲："大学之道，在明明德，在新民，在止于至善。"止于至善，即是对善的永恒追求，对善的追求不仅仅是中国传统大学理想的最高追求，而且是世界范围内办大学者共同的最高追求，大学是"崇善"的大学，自然，大学教学管理伦理诉求中，崇善也是其最高的追求。"教育是人类特有的遗传方式和交流方式，是人类自身的再生产和再创造"[①]，是人为和为人的实践活动。教育的终极目的是"促使外在的社会经验内化为受教育者的个体智慧和才能，发展他们的智力和体力，形成他们的品德，培养他们的兴趣与爱好，促进个体的全面发展，以适

---

① 桑新民：《呼唤新世纪的教育哲学——人类自身生产探秘》，教育科学出版社1993年版，第120页。

应社会的要求"①。

1. 大学教学管理中的"善"和人道

人格至善是古代教育伦理思想的核心,自古以来,实践行为对善的追求一直作为伦理使命保存至今,大学教学管理也概莫能外。

(1) 大学教学管理中"善"的解读

"善"在伦理学范围中的实质即道德价值,是人与人之间的一种良性道德关系,广义的善是指人的一切合乎目的的行为,这些行为通过调整人与人之间的利益关系而实现主体的目的,包括实现自身、他人或社会的目的,有助于主体的生存、发展和完善。"善"的英文表述为"Goodness"或"Virtue",即"好"或"优点",亚里士多德认为"善就是那些无须任何其他理由而被追求的东西"②。只是那种永远因自身而被选择,而绝不为他物的目的,才是绝对最后的。"只有最高的善才是某种最后的东西"。基于此,亚里士多德认为"善"就是目的。而康德则认为"善"是实践理性的对象,人具有先天的善良意志,即"良心",它是唯一的、无条件善的东西。康德主张善是对道德律令和道德义务的无条件尊重和遵守,是一种体现符合程度的善。此外,康德又将"善"和"好"进行了区分对比,在一般情况下,"善"指意志,而"好"则是指物质方面的满意,所以为了避免概念的混淆,康德把"善"定位于德性,德性之善是道德的善,是绝对善,"好"是相对的善,因人而异,因人的品位不同有可能做出截然相反的判断,因而,好是动态演进的,并不是确定的③。

在我国古代,"善"的解读有着更加深厚的文化内涵。在《说文解字》中,"善"字金文由"羊"和"二言"组成,义为"吉"和"美",解释为人与人之间互道羔羊的甘美。《周易》中讲,"君子以抑恶扬善"。老子说,"上善若水","天下皆知善之为善,斯恶矣"。孟子说,"人之初,性本善"。在我国的童蒙教材《三字经》中,"人之初"是"性本善"的,此"性"此"善"是先验的、朴素的、低层次的。而"止于至

---

① 王道俊、王汉澜主编:《教育学》,人民教育出版社1999年版,第28页。
② [古希腊]亚里士多德:《尼各马可伦理学》,苗力田译,中国社会科学出版社1990年版,第8页。
③ [德]康德:《实践理性批判》,关文运译,商务印书馆1960年版,第111页。

善"中的"善"是经过教化的、自觉的和高层次的。由此也可以看出,"善"是一种发展的趋势。善是人们争相追求,但又无法用言语完全概括和具体解释的一个字。

孟子以仁、义、礼、智为道德的四端,古代希腊人将智慧、公正、勇敢与节制作为"善"的四大条件,基督教强调信、望、爱为信徒向善的纲常。到了中世纪,欧洲教会称古希腊的四德为"自然善德",称信、望、爱为"神学善德"或"超自然善德",等等。善有其表现形式,有其发挥作用的条件,有其存在的标准,"善"包含着"崇善,对善的向往;从善,对善的服从;止于至善,对善的追求"三个阶段的过程,一个对"善"追求的动态过程。"善"还包含幸福和责任。

从管理中来看,一方面它具有"性本善"的基础属性和先验表达,教学管理是一种育人、为人的活动,本身具有善的属性;另一方面,它又具有"止于至善"的不懈追求,从善不止。善既是亚里士多德所言的目的善,又有康德的实践理性中的"善"。"崇善"是人的目的性活动,大学教学管理要具有"善"的目的,即是回答"为什么教""为什么学""为什么管"是否符合善的目标;"从善"是对人的具体行为提出各种规范,大学教学管理必然要制定相应的各级各类的规范,这些规范的制定和执行是否支持了善的行为表达;"止于至善"表达了人对精神和理想永恒的追求、大学教学管理对善的追求,实际上更偏重于一种追求,一种目的,一种诉求,与"公正""平等""自由""幸福"有着较大联系。大学教学管理中可以描述善的种种具体表现,不仅是包含一切道德行为的源泉,而且是一切有价值的、一切好的行为的基本前提,都需要把"善"放置于大学教学管理的现实场景中,在从事教学管理的目的性活动中去感悟和体验。

(2) 大学教学管理中的"人道"

"人道"即"为人之道",是人之为人的一切行为规范的总和,是对人的伦理规定性。我国古代的"亲亲、尊尊、长长,男女之有别,人道之大者也"① 就是一种伦理之道,一种道德原则。儒家对人道的理解可以集中表现在"仁"上,"仁"就是所谓的"仁道"和"仁慈",古代儒家

---

① 王海明:《公正·平等·人道》,北京大学出版社 2000 年版,第 123 页。

和墨家都讲究"仁者爱人""兼爱","仁"通常又与"义"和"爱"相连并行,不论儒家、墨家、佛家和道家都讲究"爱",无论是"差等之爱""兼爱""慈爱"或者顺天意的"无为之爱"①,都是与"爱"密切相关,有着共通性,"人道"即是对人的关爱,对人生命的珍视。在现代大学教育领域,在大学教学管理中逐渐关注生命价值,融入生命教育,在管理实践中融入对人的尊重也是传统"人道"的体现。

西方的"人道主义"一般包含两层含义,一是指从普罗米修斯式的人道主义中产生的"善行",主张对人行善;二是指"身心全面训练"(paideia),促进人的成长和发展,使人成人。② 这两层含义上的人道既包括对人的关爱,又包括促进人的发展。对人的关爱强调鼓励、激发主体性的生成,从对方的此情此境中去为对方考虑,尊重其主体的选择和自由的表达;促进人的发展则表示要根据主体的个体发展规律,为之营造氛围,主动引导,为对方提供可能的机会、环境和条件,为促进人的发展施加必要的帮助。促进人本身的发展、完善、自我实现也被西方奉为道德原则,"视人本身的自我实现是最高价值从而把使人成为人奉为道德原则的思想体系"。③ 这与西方伦理精神中的个性解放和个体价值激发是相通的。人道主义是一种以人性假设为前提的管理态度。人性假设一般是从社会伦理道德角度来探讨的,对人性的认识也就主要集中体现在人性的"善—恶"这一维度上。它们主要由个人在实践中通过直觉观察、总结经验而得出的,"强调有限规范、模糊界限、整体性和人文性的方法",人文、价值色彩较为浓厚。我国古代主要的人性假设观点包括:一是孟子性善论。从人性的社会性、道德性出发,并在这个意义上得出人性善的命题,注重人的社会性、社会公利、重义轻利。二是荀子性恶论。人性是恶的。人要达到善,成为圣人,就必须"化性起伪","积伪"为善。为此就要学习、躬行、反省。荀子理想的国家管理模式是"明礼义以化之,起法正以治之,重刑法以禁之,使天下皆出于治,合于善也"。

---

① 冯友兰:《中国哲学简史》,北京大学出版社1996年版,第63页。
② [美]大卫·戈伊科奇等:《人道主义问题》,杜丽燕等译,东方出版社1997年版,第2页。
③ 王海明:《公正·平等·人道》,北京大学出版社2000年版,第126、130页。

三是性混论。主张人性中善恶兼具,既有善又有恶,而非独善或独恶。至前汉末,扬雄提出人性善恶混的人性观:"人之性也,善恶混。"四是性不善不恶论。告子主张:"人性之无分于善与恶也,犹水之无分于东西也。"墨子认为人表现出善恶,不是本性使然,而是后天环境促成的。他说,人性如丝,未染之前,原本没有颜色,但丝"染于苍则苍,染于黄则黄"。

也有学者以亚里士多德的"政治人"、亚当·斯密的"经济人"、卡西尔的"文化人"假设,作为划分不同管理时代的标志,揭示出古代社会的政治管理、现代社会的经济管理以及即将到来的知识社会管理活动的人性基础;还有学者分析了"创新人"的管理学内涵及"创新人"的思想基础,阐述了"创新人"的行为特点及创新原理,论述了"创新人"的管理结构与机制,给出了"创新人"管理的三维图。还有人提出了"绿色和谐人",自我需要的"价值人""文化人""知识人""学习人"等人性假设①,这些假设多在管理学研究中出现,对高校教学管理类似的假设并不多见,但其对教学管理的实际意义,有助于形成正确的学生观、教师观及教学管理观,影响教学实践的各种层面②。

苏联合作教育学派提出将教学过程的人道原则作为指导教学过程的总原则,把人道主义作为教育教学改革的主要目标,对教学过程中的权力主义进行了猛烈抨击。代表人物阿莫纳什维利还提出"课"要人化,取消分数等观点。③ 在大学教学管理中实施"人道",同样需要强调教学管理中人与人之间的关系,教师之为教师,学生之为学生的教学之道,"人道"也是促进师生关系的互相尊重和平等对话,维护教学民主和学术自由的基础。

---

① 此类研究详见黎红雷《人类管理之道》,商务印书馆 2000 年版。关于人性假设的论述参见杨俊一《制度变迁与管理创新》,复旦大学出版社 2000 年版;黄志斌《绿色和谐管理理论——生态时代的管理哲学》,中国社会科学出版社 2004 年版;宋兵波《"文化人"人性假设与教育》,《天津市教科院学报》2006 年第 4 期;张军《从"经济人"到"知识人"》,《经济评论》2004 年第 4 期;等等。

② 葛新斌:《试论人性假设问题的教育管理学意义》,《清华教育研究》1997 年第 2 期。

③ [苏] A. 阿莫纳什维利:《合作教育学的基本原理》,朱佩荣译,教育科学出版社 2001 年版,第 179 页。

2. 大学教学管理中的合德性原则

真正的质量源于心灵，源于对所做事情充满自信和骄傲的人们。人及人所拥有的心灵在管理中发挥着巨大作用。在现代管理实践中，那种在管理中依靠类似于机器输入指令，或者操作使用说明书一样，自动服从"科学"预设程序的作风和做法已经越来越少。在现实生活和工作中，即便有类似的方法，也很难迁移到其他情境之中，难以奏效。反而依靠"人性"，主要通过道德的力量，却越来越显示出独有的管理魅力。

"德性"与我们前段论述的"善"和"人道"有着密切的关联。德性是什么？从字面意义上可以解释为，"蕴含道德的人性"，或"人性中的道德"。中外方学者对这一问题的回答各不相同。德性最初来源于希腊语，是亚里士多德伦理学中的核心概念，它指事物的特性、品格、特长、功能，亦即一事物成为该事物的本性。希腊人对德性一词有较高的评价，他们眼中的德性是指"无与伦比的卓越境界"，一种从心底发出来的、宽阔的伟大。柏拉图说，"德性是心灵的秩序"。亚里士多德说，"德性的目的是高尚"①。对德性作了"高尚"的性质确定，引导人们去追寻这种高尚。西塞罗也认为，道德上的善之所以值得追求完全或主要是因为其本身的价值。② 德性的价值和崇高再度得到肯定。"古今中外，无论对'德性'有何种分类和理解，也无论'德性'的含义有多么丰富和混杂，但有一点是共通的，即德性就包括人的向善性。"③ 亚里士多德认为"人的德性是那种既能使人成为善人，又能使人圆满地完成其功能的品性"④；罗莎琳德·荷斯特豪斯认为，"德性是人类为了幸福、欣欣向荣、生活美好所需要的特性品质"⑤。德性的内涵无外是人的一种值得推崇的重要精神特质和品质。"德性通过凝化为人格而构成规范的现实根据之一，规范则从社会价值趋向等方面制约着理想人格的形成与塑

---

① 苗力田主编：《亚里士多德全集》（第8卷），中国人民大学出版社1992年版，第267页。
② 陈根法：《德性论》，上海人民出版社2004年版，第5页。
③ 金伟：《大学生德性培育的意义和途径》，《湖北社会科学》2003年第5期。
④ [古希腊]亚里士多德：《尼各马可伦理学》，廖申白译，商务印书馆2003年版，译者序。
⑤ Rosalind Hursthouse, *On Virtue Ethics*, Oxford, 1999, p.29.

造,二者互为前提。"①

教育伦理规范本身的合道德性无疑是至关重要的,它决定了伦理规范是否存在的必要和根据。合德性也就渐渐成了合法性和合理性的前提和根基。大学教学管理规范中合道德性的程度如何,则关乎其为教育者所信守的程度,同时也决定了其发挥作用的程度。大学教学管理规范的道德追问和坚守乃是教育伦理研究者和教学管理实践者所应有的意识和素质。这也是大学教育道德建设为何必需的理论依据。由于大学教学管理不可能自立自行,对于德性向德行转化的具体执行而言,要确保教育伦理规范的合道德性,又必须使其在规范的生成过程中依循正确的路径和评估的指标,伦理及其伦理诉求的力量则显得更加深入而持久。

大学教学管理为了促进教学重返德性之路,使得教学具有合德性本质,主要从四条路径展开:一是外部规约之路:教学伦理规范生态体系的构建。教学伦理精神构建应以现象学、解释学、后现代伦理观、现代教学论为其理论准备,抛弃二元对立的思维方式,兼顾效益与公平,建立伦理精神的生态体系,它包括:形而上的性善理念;形而中的伦理范畴和形而下的伦理规约,最终构建促进师生发展的学术共同体。微观到具体的某一堂课,通过伦理管理达到包括教学民主、平等、自由、责任,总体要符合人道主义与正义性原则。② 二是寻求新的教学理解:从规范伦理走向德性伦理。③ 要在个体精神自由的基础上,寻求对教学的新的理解,从儒家伦理传统中寻求教学的自救性革命,让教学重返德性生活。三是教学道德实践的主体性提升。教师应该对学生的自然性与社会性、理性和非理性、生活和职业、现在存在和将来存在进行双重观照。在教学过程中,就要做到"活"的教学原则,达到"教而不教"的教学原则,教师和学生双重发展的原则,最大限度地开发学生潜能和培养学生创

---

① 杨国荣:《德性与规范》,《思想·理论·教育》2001年第9期。
② 胡斌武:《课堂教学伦理问题研究》,博士学位论文,西北师范大学,2003年,第82—106页。
③ 刘万海:《重返德性生活——教学道德性研究》,博士学位论文,华东师范大学,2007年,第190—196页。

力的原则，尊重和培养学生鲜活个性的原则。① 教师或从事教学管理的行政人员、教学辅助人员均应该从以往单纯注重人品修养、道德知识积累转向在坚持提升"德品"、获取"德知"的同时，侧重教师"德能"，即道德能力和道德行为的增强，包括教师的道德敏感、道德推理、道德宽容与道德信任。② 四是教学影响因素的德性提升。应改进教学管理和教学相关制度，重建教学知识观，重置教学认识论基础，即从科学认识论到生活认识论。这里认识不再只是工具，而是人存在或生活本身，重构教学思维，即从确定性思维到生成性思维。重构教材，使其更具亲和性③，最终实现教学德性生活的重建。

大学教学管理的德性原则体现在两个方面，一方面大学教学管理作为一种实践形式，在其对外表现和实际操作过程中要合乎道德的要求；另一方面，大学教学管理中的教育者及与教育者相关主体要具有德性，弘扬道德和传播道德。教育者是大学美德中的"宣讲队和播种机"，是联结学校、社会和学生之间的纽带，努力加强自身建设，提高德性是大学教育教学健康发展的必然需要。

三　大学教学管理的协调性原则

"除了知识的传授，德性的培养和能力的提升之外，教育还涉及另一个重要维度，即审美品格的保护和培养"④，后者构成了教育过程中最重要的内容。理性的有限性决定了不存在一个能够完全超越"意见世界"的"真理世界"，求真也只是一个无限接近真理的过程。从康德、胡塞尔到分析哲学，尽管在发现理性的潜力上作出了令人赞叹的努力，但一直没有办法保证普遍理性必然或是自然地到达普遍真理。人类生活不可能

---

① 吕朝龑：《教学过程中伦理问题探究》，硕士学位论文，西北师范大学，2004年，第43—48页。
② 王凯：《教学作为德性实践——价值多元背景下的思考》，博士学位论文，华东师范大学，2008年，第118—134页。
③ 周建平：《追寻教学道德——当代中国教学道德的价值问题研究》，博士学位论文，南京师范大学，2003年，第57—63页。
④ 杨国荣：《教育的使命》，《新华文摘》2011年第24期。

"一切都在秩序中",人类真实世界本就是自相矛盾的。关于生活的知识,远远不是也做不到客观描述和分析,必定是包含价值观的解释,可以说,关于生活的知识根本就不是客观知识,而是主观互动知识(interactive knowledge),理性并不必然找到足够多的真理,事实上真正可靠的真理只不过是理性对自身的理性表达,而不是对事实的表达。在生活问题上,普遍理性并不能带来普遍真理。我们不能将技术的昌盛作为人类品质和文化进步的标志。

马克思认为人的实践有两种尺度,一是人自身的尺度,二是对象的尺度。两种尺度既有区别,又有联系,具有相互统一的可能,二者加以协调,形成和谐的伦理,尚美与求真和崇善在本质上具有同一性和相关性,美是真和善相互统一后的必要升华,也是人类思想和社会实践中所应然追求的理想境界。

1. 大学教学管理中的美与协调性

教育教学除了培养和提升学生知识、德性和能力之外,教育还涉及审美品格,审美品格也是大学教学中非常重要的内容。这一内容不仅是对美的观念的理解或审美趣味的提升,还包含更广的含义,更多地体现一种综合性或整体性的品格。

美从其一发生就与主体的情感紧密相关,无法离开人的情感体验,美就是能引起感官愉悦的事物或属性。按照康德的理解,当我们做出审美判断时,这种美的判断同时也具有普遍的有效性。美的基本形态包括艺术美和现实美,美是自由和谐的关系,美的精神在大学教学管理中主要体现为主体的自由精神,"美感或审美的产生是主客体在一定的实践基础上双向建构的过程,无法离开实践活动及其过程而独立存在","如同人类创造了日益发达的物质文明一样,人类自身这个文化心理结构或心理本体也在不断前进、发展、创造和丰富,他们日益细致、丰富、敏锐和复杂,人类的内在文明由之而愈以成长",[1] 主体论实践美学研究认为,美是自然的人化,其中,既包括内在自然的人化,指本身的情感、需要、感知、愿欲以至器官的人化,使生理性的内在自然变成人,即人性的塑造和完满,又包括外在自然的人化,是指人以实践改造自然的结果自然

---

[1] 李泽厚:《美学三书》,安徽文艺出版社1999年版,第510—511页。

与人存在变化着的客观关系；内在自然的人化使主体心理获得审美情感，外在自然的人化使得客体世界演化为美的现实。审美活动是人经过自由而有意识的活动，不仅创造了世界，也创造了自身。审美不仅是对美的发现、感知、欣赏，还包括对美的理解和创造。

美的事物和现象总是形象的，在大学教学管理这一实践活动展示美的精神可以包括：大学教学管理的主体具有的智慧、品格、审美和谐统一的良好素养；大学教学管理活动的和谐有序的运行；大学教学管理对效率与人性追求的目标实现。

大学教学管理的美，有着其作为实践本身的具体生动的感性形式，这一形式集中体现在"艺术呈现""协调得当""和谐自然"。大学教学管理活动是一种有组织的协调活动，有序运行是其协调的核心，有序运行的结果表现形式就是"和谐"。教学管理者和受教育者在大学教学管理活动中，审美主体与审美对象之间，彼此能获得感性与理性、个性与共性、肉体与灵魂的完美和谐。大学教学管理各种因素之间的和谐，不是各个管理因素之间简单的此消彼长，均衡匀称，也不是毫无波动的稳定有序守恒，在"有序—无序—有序"的逻辑线条中螺旋上升，同时又在大学教学管理的不断改革中吸纳新兴结构和要素，形成新的和谐。大学教学管理主体在实施管理实践中感受到情感的愉悦性，体现为主体自由地、能动地参与创造活动和实践，包含着大学教学管理者在教学管理实践中的审美追求和理想。

大学教学管理中的美又与功利实用性交织在一起。教学管理本身具有功利性和实用性，在校园环境、雕塑设施、管理平台和科研产品等的开发和使用上，要与大学教学管理的实际使用功能相互联系，做到为大学人才培养服务，实现"管理育人和环境育人"的美学设计。大学教学管理者的仪表形象、风度举止、礼仪谈吐等，也必须与管理相互联系，做到以美育人，用美的形象达到潜移默化的管理效果。

美同时又与科学相联系，管理既是一门科学，又是一门艺术，科学之美与艺术之美的协调发展，即成为和谐之美。

2. 大学教学管理审美中的和谐与智慧

大学教学管理所面对的是在追求求真、崇善、合美的过程中精神的自由创造。"美"同"真""善"之间有着本质上的同一性、整体性和连贯性,"美"本身也天然具有"真"和"善"的属性,理性合德性无疑是包容了"真"和"善"。尤其是达到更高层次的"至真"和"至善"也必然是美的表征,强调"真",遵循事物的规律性;强调"善",侧重于主体自身各种社会规定性的协调与统一,即是说,人的活动要满足个体和社会的双重需要,促进自己的生存、发展和完善。在"美"的境界和审美的要求中,真和善得以统一与升华,成为一个更高层次的综合,体现了真和善的协调一致和更高水平。合美的追求是人类在思想和实践中对"协调"和谐的追求,也是大学教学管理的更高原则。

规范的价值定位必须统筹兼顾保护个人利益与维护公共利益的双重社会要求,既要避免片面的个人本位主义,也要避免片面的社会本位主义,关注公共价值,承担公共责任的义理规定和诉求。罗尔斯等主张的规范伦理学,麦金太尔推动的德性伦理学,在大学教学管理审美诉求中,统一了规范和德性,规范伦理和美德伦理都得到了教育者的认同和追索。意大利思想家维柯提出了"两个世界"的观点,他认为在自然世界以外还有一个人类参与的第二个世界,可以概称为人类文化世界,即思想的、价值观的、信仰的、艺术的、语言的、象征的、神话的、制度的和历史的世界。[①] 这种二分,无非让人类在尊重自然的同时,应该更加关注人类的文化世界,并且强调两个世界的协调统一。大学教学管理的伦理诉求从层次上也同样可分为两个世界,一个是追求大学教学管理的规范层次方面,即大学教育者和受教育者都应当遵循的最基础的、最起码的道德准绳,这一层次的约束较低,几乎可以称之为底线伦理。另一个层面就是美德伦理,是以德性、善和唯美等诉求放置其中的高层次伦理,并不针对大众,而是针对优秀者提出的要求,或自我要求。根据理性原则或者规范伦理要求,并不能完全解决政治的合法性、合理性和优越性问题。

---

① [英]洛克:《西方人文主义传统》,董乐山译,生活·读书·新知三联书店1997年版,第251页。

任何试图通过知识论上的发现去彻底解决人类冲突与合作的努力都是徒劳的，无论人们多么理性，都不可能解决问题。因而理性存在天然的不足和缺陷。麦金太尔认为："美德是一种获取性人类品质，拥有并践行它，我们将能够获取那些内在于实践的善，缺乏它则会严重地阻碍我们获取那些善。"① 诗人歌德早在19世纪上半叶就指出，"人必须把他的所有能力——他的感官，他的理性，他的想象力，他的理解力——发展成为一种真正的统一体"②，这种一体，我们也可称为学生全面发展的和谐性。

从教学发展历史进程来看，教学同其他科学发展类似，同样也受工具理性的影响至深。自夸美纽斯，经过裴斯泰洛齐、赫尔巴特，围绕以追求教学效率为旨归的传统三中心论，直至20世纪初拉伊、梅伊曼等人所掀起的将教育纳入实证轨道的实验教育学浪潮，工具理性受到追捧。即便是今天，工具理性的魅影依然紧跟教学，束缚教学过程中的自然法则。一方面是大规模的、如火如荼的各种"教学实验"的此消彼长，蓬勃兴起；另一方面是借用新兴的跨学科知识，游走跨领域的边界，大行"剪刀＋糨糊"式的移花接木，产生数字庞大的无用成果。大学教学中同样如此，教学及教学管理都强调重效率、重实验，重工具，在各种风风火火的教学改革实验中，不断地推出"新模式""新方法"，机械化、程式化、形式化的教学过程转变成一种刻板的机械传动关系，最终将导致人性精神的失落。今天，我们追问教学管理的伦理诉求，目的就是要价值性规导工具理性，在工具理性与价值理性之间取得协调和平衡。③ 从美的高度，艺术地设置彼此的配合机制。

马克思认为，在人与社会、人与外界的诸多关系中，人们始终遵循着两个尺度，"与动物具有'同一性'的尺度和唯有人才有的'审美意

---

① ［美］麦金太尔：《德性之后》，龚群、戴扬毅等译，中国社会科学出版社1995年版，第241页。
② ［英］洛克：《西方人文主义传统》，董乐山译，生活·读书·新知三联书店1997年版，第251页。
③ 周建平：《教学的伦理基础》，《内蒙古师范大学学报》（教育科学版）2005年第5期。

识'的尺度"①,其中审美尺度被视为人的本质体现。美是人类实践活动的产物,存在于一切创造性实践活动之中。是感性的和谐形式对人的自由本质的肯定和确证。美既是真与善的统一,又是形式和实质的统一。②大学教学管理尚美所追求的协调性原则,具体可以体现在以下两个方面。

其一,形式美与实质美的协调统一。形式美的协调主要体现在大学教学管理制度设计上,逻辑严密,前后一致,合理合法,程序公正,尊重大学共同体形塑的多元行为要求,协调责权利,按照大学教学管理所必须追求的规范与秩序,建构一定的伦理规范,处于共同体之中的教育者及其参与人员均应当服从这种规范的要求,不能超越教学管理的规范层次。同时在教学管理的具体手段和方法上体现丰富多彩,如制度规章设计一些柔性亲切的话语,体现文本的和谐。大学教学管理的实质美主要体现在追求完满的人性,提高教学管理的效果,在价值取向上以人为本,帮助推进积极、阳光的教学组织形式等。

其二,科学美与艺术美的协调统一。伴随信息技术的日新月异,教学管理的信息化、科学化水平和技术技巧日益提高,大学教学管理要主动适应新兴信息化管理,用先进的管理技术和操作模式,推进有效教学管理,实现教学管理的信息化和科学化。教学管理科学化程度越高,教学管理更加快捷有效,越公开透明,也就更能促进教学民主和教学公平。同时,教学管理压力减小,也有利于形成教师乐教、学生乐学的教学管理氛围。大学教学管理机构和教学管理人员的人本意识日益觉醒和复归,教学管理对个人尊严和教学主体情感的尊重,对人的自由精神的培育和养护的意识不断增强。教学是一个科学和艺术相结合的技能,同样教学管理随着管理理论的日益丰富和成熟,教学管理的技术和艺术也渐趋融合,艺术化地处理大学教学管理中的实际问题,也成为教学管理科学化进程中更高的标准和要求。大学教学管理不仅在一定程度上较之以前提高了效率和质量,而且人本理念也得到了更多教育者的重视。大学教学

---

① [德]马克思:《1844年经济学哲学手稿》,《马克思恩格斯全集》(第42卷),人民出版社1979年版,第97页。

② 孙玉丽:《教育管理审美价值论》,天津教育出版社2006年版,第28页。

管理中的人被压抑、被奴化的非理性特征和人之为人的伦理本性得到进一步还原和复归。大学教学管理中的审美意识和审美追求在自觉不自觉中萌芽、伸展。通过不断的探索和研究，教学管理对美的追求虽然是人们对教学管理的理性诠释和观念反映，但更重要的是其审美理念和艺术化操作将根植于教学管理的实践之中。合美的教学管理是精神的引导和创造的结合，是启迪与自我建构的结合。

协调性原则是讲究和谐与智慧的，如果说大学教学管理是一种能力，其隐含着此能力或体系蕴含着智力的成分。从中国传统伦理而言，自孟子开始，良知和良能一体相连，相互涵容。王阳明说，良知即是非之心，"是非两字是个大规矩，巧处则存乎其人"。① 所谓"巧"，是指道德主体对是非规矩的把握有其灵活性，而这正是智力的体现。可见，良知良能的使用是稳定性和灵活性的统一。特别是对后一方面，即良知良能之灵活、动态、随机应对的特征，王阳明再三致意，有精彩发挥。王阳明在论良知时，良能也蕴含其中，堪称"灵能"，即灵活地处理事务的能力。这种能力是一种具有稳定性、一惯性的倾向。意味着这种能力是灵活的、动态的、随机应对的，而非机械的、呆板的、僵死的。教学管理的协调性表现在教学活动、师生集体行动、灵活处理德性和理性关系的时候，所需要体现的智力和能力倾向。这种能力既需要道德规范的实施性知识，又须以身心一体的躬行实践来表达，从而形成一种既稳定一贯又活泼灵动的实践智慧。②

协调性还表现为教学管理在介入教学过程中，要恰到好处、恰如其分，就是无过无不及，这种居间状态，就是中国传统伦理的中道、中庸。道德主体不仅要在一时一事上达到中和，而且要通过致良知的功夫，做到无所不中，无所不和，如此才算实现了良知良能的全体大用。③

在伦理的视角中，笔者认为，德性、理性与合美性之间的关系是，理性是服务德性建设的工具，是为德性建设提供合理性证明与合法性支

---

① 王阳明：《传习录下》，《王阳明全集》，第111、102页。
② 郁振华：《论道德—形上学的能力之知——基于赖尔与王阳明的探讨》，《中国社会科学》2014年第12期。
③ 王阳明：《传习录上》，《王阳明全集》，第19、23页。

持的知识力量①，德性是理性的目的，而合美原则一方面是协调处理和看待德性和理性的关系，另一方面促进德性发展过程中价值增值。追求道德和追求美是人类的文明特征和天性，仅当如此，那些过于刚性的管理制度才能趋于柔和，那些制约人发展创造的条例和规范才能放出人性之光。

---

① 龙兴海：《现代性道德谋划：中国背景下的探讨》，《道德与文明》2011 年第 5 期。

第八章

大学教学管理伦理诉求的应然与可能

应然诉求本身带有导向性，承载着一定的价值取向。大学教学管理应然的伦理诉求是既超越实然，又基于实然的发展需要，在遵循合理、崇善和审美的核心原则的同时，还要根据社会、教育和人的发展要求，把握大学教学管理自身的实践要求，既要追求完整人的塑造，提升人的精神力量，又要为社会发展提供人才支撑和智力保障，规范与秩序、民主与自由、公平和正义的诉求，在教育伦理学的视野中，这些诉求是教育行为主体适应和主动建构大学教学管理的伦理框架。现代大学教学管理正在促进和实现大学教育文化功能和灵魂塑造功能的深度融合。

一 大学教学管理伦理诉求的应然维度

1. 大学教学管理对规范与秩序的应然诉求

规：尺规，范：模具。这两者分别是对物、料的约束器具，合用为"规范"，拓展成为对思维和行为的约束力量。伦理也属于一种规范，是被一定程度认同的社会规范。规范是大学教学管理的基本伦理诉求，也是大学教学管理其他诉求的基础和保障。一切教学活动只有依托于一定的教学设计和教学管理的规范，才能顺利进行，有效实施。因此，规范也是实施大学教学管理的手段、形式和工具性目标。良好的教学管理对教学活动的规范和导向价值，不仅表现在为大学教学行为框定界域，同时也为构筑教学世界的公共精神领域与个人的社会品性做出积极的作用。

秩序是日常生活中经常用到的概念，按照《辞海》的解释，秩，常也；秩序，常度也，指人或事物所在的位置，含有整齐守规则之意。秩序的原意是指不混乱、有条理的情况和状态，是合规律性，井井有条，稳定平衡，协调一致。秩序是规范化大学教学管理的应然结果。美国法学家博登海默认为，秩序意指在自然进程和社会进程中都存在着某种程序的一致性、连续性和确定性。秩序可分为自然秩序和社会秩序两大类型，自然秩序由自然规律所支配，是合理性原则的基础；社会秩序由社会规则所构建和维系，一般指人们在长期的社会交往过程中形成相对稳定的关系模式、结构和状态。秩序又可分为对立统一、有机统一、和谐统一三个层次。对立统一是指秩序的对立面之间保持着张力平衡，有机统一是指事物之间或内部诸要素之间协调一致，并且达到生命有机体的有序状态，和谐统一是最高层次，事物之间和要素之间配合默契和灵通，充分完全地实现了合规律与合目的的统一，即机械的秩序、有机的生命秩序和审美境界的秩序。

大学本身是一个规范的组织，需要一定的秩序建构才能维持组织的发展，在大学教学管理中，规范和秩序既是个体的诉求，规范和引导教育者在合理的轨道实施教学过程，同时规范也是社会外界对教学管理的要求，帮助和督促大学教学管理在组织、选择、实施和反馈等环节的有序推进。规范还是个体与社会相联结的必然诉求。规范和秩序除了要建构合理性体系之外，同样具有"善"的属性，但其不是天然为"善"的，要使大学教学管理的伦理诉求达到真正善，首先在大学教学管理实践的价值预设中就应该播种"善"的种子，由社会善向个体善传递；其次，规范和秩序要有善的氛围，形成道德文化场，使处于其中的个体都能够感受到善的气息；最后，要促进规范和秩序对"善行"的保护和弘扬。在大学伦理诉求体系中应然追求的规范和秩序就必须符合和达至道德"善"，自觉地运用道德批判意识，在教学管理规范的生成过程中用"善驱引领"形成符合善的标准的规范秩序。这也是从"源头"上确保教育伦理规范"趋善避恶的需要"。同时，规范和秩序还必须与"自主"相互融通，规范而不是规制，通过自主而非强制达到的规范秩序，才能从效果上表现出更好的教学秩序。

2. 大学教学管理对民主与自由的应然诉求

自由是人类永恒的话题,是人类终生奋斗的目标。"自由是对必然的支配,使人具有普遍形式的力量"①,自由的教育源自古希腊关于"哲学王"的设计,"全部的教育体系归属于这种'哲学王'……因为他们是根据来自理念世界的普遍、绝对真理来治理国家的"②,在这里,自由是与善相连的,因而是永恒的、万世一系的。自由的概念具有多样解读性,从分类上讲,一般包含三类③,一是身体、物质上的自由,二是智力上的自由,三是道德上的自由。自由人有几个面向,其一,自由人有自我意识的能力。人的特别之处,是能意识到"我"是独立个体,有不可替代、与众不同的人生。其二,自由人有自我反省和规划人生的能力。人有能力构建、修正和追求自己的人生计划,自主活出自己的生命。其三是自由人有道德意识,知对错是非,愿意服从道德要求。马克思、恩格斯认为,"人的自由可以看作是人在活动中通过认识和利用必然表现出的一种自觉、自为、自主的状态,自由活动就是自觉的、自为的、自主的活动"④。作为人的"类属性",自由也是学习活动的必要条件,自由是大学教学管理主体的内在需求。在大学教学管理中统称为学术自由,包括学生学习自由、师生教学自由和研究自由。

自由的诉求对大学教学及其管理有着重要的作用。自由是一种完整的精神生活,"只有完整的精神生活才能揭示真理和存在"⑤,自由是一种内在动力,是教学自主意识的激发力量,"自由在我们最为无知的地方最重要——在知识的边缘"⑥。人普遍有着"向师好学"性,追求学习是一种主体的主动建构过程。大学阶段的教学与基础教育的教学有着较大区别,主要体现在教学对象的教学投入和教学内容的选择上,大学教学自主性明显优于前者。学习的自由是指学生具有选择教师和学习内容的自

---

① 李泽厚:《美学三书》,安徽文艺出版社1999年版,第482页。
② 曹孚、滕大春等:《外国古代教育史》,人民教育出版社1981年版,第57页。
③ [德]叔本华:《叔本华论道德与自由》,韦启昌译,上海人民出版社2006年版,第123—126页。
④ 袁贵仁:《马克思的人学思想》,北京师范大学出版社1996年版,第89页。
⑤ [俄]别尔嘉耶夫:《自由的哲学》,董友译,学林出版社1999年版,第28页。
⑥ [英]哈耶克:《自由宪章》,杨玉生等译,中国社会科学出版社1999年版,第267页。

由，洪堡就曾主张学生应该具有质疑、探讨和挑战权威的自由。同样，教师也应该在教学上，有自由选择授课方式方法和选择教材的自由，体现为减少行政干预，拥有学术权利。自由还是一种教学的前提条件，是师生教学活动开展的基础和前提，杜威认为学习自由是学生在力所能及和别人允许的范围内进行自主探索的权利，同样，教师在完成一定的教学目标基础上，也有引导学生主动探究学术思想、开展实践创新的活动自由。纵观教育改革发展中对师生教学和学习自由的各种解读，我们可以将其概括为人类自由精神在教学活动中的展演。自由是人类的基本权利。罗素则进一步研究了学习自由的分类："学与不学的自由，学什么的自由，观点的自由。"[①] 教学管理对自由的追求，一般强调对客观必然性的认识和对客观规律的驾驭，有学者认为"自由是人类活动的万能性"，[②] 也有学者认为自由是不受外在力量强制而按自己的意志行事时同时指出对事物必然性的认识，包括自然必然性和社会必然性，是按人自己意志行事的前提。重视人的内在尺度与客体的外在尺度的辩证统一。这也是自由的根本特征[③]。主体在组织上的自由主要表现为主体自由、运行自由和个性自由，人的主体自由是指能摆脱和超越外部力量的控制，发挥能动性，驾驭教学管理的规律，提高教学管理活动效率；人的个性自由，是按照自己意志去支配自身的存在和发展，不受外部力量的强制而被动地压抑自我，实现个体生命自由活动的内在本性要求。"自由"可以作为大学教学管理及其制度建设的根本伦理诉求。

民主原本是政治范畴内的伦理诉求，意指人民当家做主或多数人的统治。但这一概念广泛地被引入教育学领域，尤其是教学管理领域，而大学教学管理的民主诉求主要源自大学特殊使命的理解。大学教学管理的使命目标与企业不同，企业以盈利为目的，对应的管理模式主要是专制式的，而大学教学管理的目标则与之不同，体现学术的根本价值。民主强调平等但不是主张平均，强调个人的自主但同样排斥以自我为中心，民主是一种公共生活的程序，而不是最终目标。杜威将民主界定为反对

---

① ［英］罗素：《自由之路》（上），许峰等译，文化艺术出版社1998年版，第86页。
② 高尔泰：《美是自由的象征》，人民文学出版社1986年版，第13页。
③ 李德顺：《价值论——一种主体性的研究》，中国人民大学出版社1987年版，第154页。

少数人垄断教育机会,"给全体成员以平等和宽厚的条件求得知识的机会",主张通过教育使人人发挥其开拓创新的才能,"发展个人的首创精神"①。陶行知也认为,"民主是教人做主人,做国家的主人,做世界的主人"②。强调了民主在弘扬教学主体性中的积极作用。民主与教学自由也是相互联系的,是教学自主的程序保障。金生鈜认为,不民主的教育是剥夺性的、专制的,"民主教育意味着要为学生提供更多的社会支持","通过向学生提供选择的自由、理智的开放和实际的参与机会,来形成学生的公共道德、社会态度和社会责任感,形成社会技能"。③

民主的价值首先在于,通过制约强权和暴力,唤醒人们的激情和精神来促进自由的行动。民主之所以使人性热情和激情迸发,关键是由人的自主和自治带来的。民主的基础"是对人性之能量的信赖,对人的理智,对集中的合作的经验之力量的信赖"④。对人自主和自治能力的信赖,是相信任何理智健全的个体都有自主的欲念和意识。"自治意味着人类自觉思考、自我反省和自我决定的能力。它包括在私人和公共领域中思考、判断、选择和根据不同的行动路线行动的能力。"⑤ 而充分地尊重民主自治与师生的德性养成、自治能力提升是紧密相连并互相影响的,这也是大学教学管理应然伦理诉求中的组织文化和程序性诉求。

3. 大学教学管理对公平与正义的应然诉求

"既往三十年中国教育'效率优先',当改!未来至少十年,当'公平优先,兼顾效率',推进教育公平当放首位!"⑥ 公平在汉语中的解释为"公平正直、没有偏私",公平和正义一直是人类永恒的基本价值理念和行为准则,备受尊崇,也备受学者关注、讨论和争辩。在社会公正问题大讨论中,罗尔斯、诺齐克、哈耶克、麦金太尔等当代西方思想家的论述被反复引用和申说。罗尔斯在《正义论》中表达了一个基本思想:"社

---

① [美]杜威:《民主主义与教育》,王承绪译,人民教育出版社2001年版,第23页。
② 中央教育科学研究所编:《陶行知教育文选》,教育科学出版社1981年版,前言。
③ 金生鈜:《我们为什么需要教育民主》,《教育学报》2005年第6期。
④ [美]杜威:《新旧个人主义——杜威文选》,孙有中等译,上海社会科学院出版社1997年版,第5页。
⑤ [德]赫尔德:《民主的模式》,燕继荣等译,中央编译出版社1998年版,第380页。
⑥ 朱永新:《嬗变与建构——中国当代教育思想史》,人民教育出版社2004年版,第6页。

会制度的公正优先于个体善,个人的美德、情感只能在一个公正的社会中形成。"表达了社会管理之于个人的意义。同时,他又提出了"适合于最小受惠者的最大利益"这一经典的补偿原则①。

大学教学管理的公平诉求是社会正义公平价值诉求在教育教学领域的延伸和体现。公正是从伦理的角度来衡量大学教学管理的制度优劣的标准的首要维度和前提诉求。教育公平同时也是化解社会冲突的重要手段。《中华人民共和国教育法》对公平正义做了明文规定:"公民不分民族、种族、性别、职业、财产状况、宗教信仰等,依法享有平等的受教育机会",公平正义在法律层面的表述形式反映了社会公平在社会中的公认程度,已经成为各种学术领域的基本准则。公平之于管理的意义,自古以来就有许多不同的认识和价值取向,对"公平"概念的表述形式,以及实现公平的原则主张各不相同。柏拉图和费里德曼提出了"能力面前人人平等"②"坚持效率优先"的公平能力原则,主张精英教育③。

公平是教育平等和教育效率相互促进的关系状态及其水平持续提高的发展状态④。教学是教育的中心,教学公平包括许多层面,教学管理是教育公平更直接、更具体的表现形式。从起点、过程和终点的逻辑角度看,教学管理的公平包含教学机会、教学过程和结果评价上的公平。

大学教学管理的公平诉求是处于大学教学实践中的最基本权利之一。公平的对象是面向参与教学活动的所有成员,包括行政管理和服务人员。教育正义是教学管理制度的首要价值,大学教学管理对正义的伦理诉求是以教育公正为基准,又是对教育公正的超越。罗尔斯曾经强调公正在制度构建和管理实施中的突出作用,"各种法律和制度,无论它们如何有效率和有条理,如果它们不公正,就必须加以改变和废除"⑤。"规范系统总是逻辑地以价值认定为根据。"⑥ 正义是一种理性美德,人人都要求正

---

① [美]约翰·罗尔斯:《正义论》,何怀宏等译,中国社会科学出版社1988年版,第188页。
② [美]密尔顿·费里德曼等:《自由选择》,商务印书馆1999年版,第133—140页。
③ [美]约翰·S. 布鲁贝克:《高等教育哲学》,郑继伟等译,王承绪校,浙江人民出版社1987年版,第70页。
④ 郝文武:《课程教学公平的本质特征和量化测评》,《教育研究与实验》2011年第5期。
⑤ [美]约翰·罗尔斯:《正义论》,何怀宏等译,中国社会科学出版社2001年版,第3页。
⑥ 杨国荣:《道德与价值》,《哲学研究》1999年第5期。

义，任何被控诉为不正义的行为和政策都会引起普遍的指责。尽管个人对正义的具体要求不尽相同，但不正义滋生于自私的结论几乎得到公允。从利己和利他的角度，如在教学管理中，管理者为了提升管理效率，有可能就会采取利己行为，产生某种不正义的结果，而受到谴责。正义是被人们所广为接受的评价制度道德性与否的标准。

处理大学教学管理的正义，首先是要求处理好教学公平与教学效率的关系问题，其次要处理好平等与公平的差异问题，平等不一定公平，是形式平等和实质平等的关系。平等是在大学教学管理中实现利益一致，体现起点公平、过程公平、结论公平。在公平与效率的选择上，坚持公平优先原则，由于教育对人的发展、对社会进步有着独特的价值和作用，教育反哺社会，教育影响社会发展，只有将教育公平放在首位，坚持公平原则，才会获得持续、健康、长远的整体效率。由于其从根本上保障每个人接受教育的平等利益和权利，处于社会中的人都将得益于这种规范的设计。公平和正义本身就是塑造人的方式，并通过努力使人的最好发展成为可能。

二 大学教学管理应然伦理诉求的实现可能与限度

大学教学管理的伦理诉求，自然都是教学管理自身发展的理想状态，与现实教学中的实然状态保持着一定的距离。规范、自由、平等、民主等基本观念，在大学教学管理这一有着边界的场域中，也都仍然是开放性的概念，尚未得到成熟的界定。同时，应然的价值诉求和个体实然的价值取向也往往具有一定的差距，因而，大学教学管理应然诉求的达成程度具有现实的有限性。

1. 自由民主与规范秩序的可能与限度

（1）自由促进有效教学和人格完满

自由是人之为人的根本条件，是人的最基本权利。教学自由的法理依据不仅仅来源于宪法、中国教育法受教育条款，而且宪法还为之设立了学术自由的条款。自由在大学教学管理中不仅必需而且也是可能的。自由的状态是给师生专研学问的最好环境。学生自主学习过程应该被看成一种自发的生长趋势，师生对学问的专研和好奇只有通过更深入的钻研才能得以满足。可见这种伦理诉求指引下的教学管理实质是为师生自由学习探究赋权，营造自由成长的空间和环境，培养其自主与责任意识，使师生在大学教学过程中实现自主建构，创新成长。

(2) 消极自由的负面作用

有学者提出了"两种自由"的观点①，一种是消极自由，即以"免于各种强制，不妨碍自我的选择"为要旨的自由，前者是一种防御性的，拒绝干涉的自由，主要依靠法权保护，体现为保障性自由；另一种是积极自由，即以"自我实现、自我确证"为旨要，主要体现为"通过发挥自己能力，实现控制、支配世界和自我的需要"，是一种实质性自由。尽管是大学教学管理应然的伦理诉求，但"消极"自由或"绝对"自由却与教育教学初衷和精神有可能相背离。"强调消极自由可能会使一些学生找到堕落的合法借口。在消极自由中，个体会因此逃避所应承担的教育和学习责任"②。消极自由将在一定程度上消解大学教学管理的正向引导功能。

(3) 规范秩序对学术创新的贬抑

雅斯贝尔斯曾说过，"与中小学相比，大学生是未来的学者或研究者，如果要培养出科学人才和独立人格，就要让年轻人去冒险，给予他们应有的学习自由，如果人们要为之定下一系列规则，那可能就是精神生活和创造性研究的终结之日"③。法国后结构主义的代表人物福柯在其知识社会学研究中发掘并最先使用了"规训"(discipline)这一概念。主要用于描述近代以来形成的新型管理权力，即以一种数理方法，加以精确计算与控制达到对人的生产与组织。根据福柯的理解，规训是一种特殊的权力技术，"既是权力干预、训练和监视肉体的技术，又是制造知识的手段……"④ 学术创新对学术自由环境的渴望程度是非常高的，"钱学

---

① [德] 刘军宁编：《市场逻辑与国家观念》，生活·读书·新知三联书店1995年版，第196页。
② 严从跟、盛洁：《论学生消极自由》，《当代教育科学》2009年第3期。
③ [德] 雅斯贝尔斯：《什么是教育》，邹进译，生活·读书·新知三联书店1991年版，第146、168页。
④ 王小红、杜学元：《学校规训教育与人的异化——福柯规训理论透视》，《教育研究与实验》2011年第5期。

森三问","苹果之父乔布斯之死"都引起了国内对学术创新环境的质问和苛责。大多学者将中国创新人才,尤其是高层次创新人才匮乏归结于人才培养体制机制问题,一个重要原因是高层次创新人才的心理特征往往容易偏向个性化、偏执强势性和不受约束性,说到底是规范秩序对创新人才的宽容不够,自由环境的营造不够。

(4) 制度规约与民主自由的必要张力

大学教学自由的前提是在教育或受教育的要求下学生和教师自觉、自主、自为的教学状态或权利。规范放逐和自由泛滥都是对大学教学管理伦理诉求的误读,对良性大学教学管理都是严重的冲击和破坏。可以看到,规范秩序和自由民主之间应该保持一定的张力,既为创新人才培养保持宽松、自由的育人环境,又发挥一定的价值导向和公共约束能力,实现自由与规范这对基本价值冲突实现良性互动。

2. 公平正义与价值坚守的可能与限度

公正既是一种价值观念,具有标准界定和评价的功能,也是包括"利益、机会、权利"等实施价值分配的一种状态,其中会涉及"自由与平等的矛盾、形式公正与实质公正的矛盾,一般与特殊的差别、平等与效率的抵牾、公正与不公正的对立"[1],等等。其复杂性可见一斑。如上文所述,公平正义无疑是大学教学管理中的核心价值追求,然而,在伦理学中"最好的"价值观念甚至还可能适得其反地造成运行和操作上的某些困难。如当追求"平等"被看作普遍价值观念时,价值坚守成为教学管理共同体的共同追求,但正是这种坚守或者普遍价值观念,将必然导致"价值标准"的崩溃。平等既是一个太好听也是一个太过于理想的概念,以至于人们都不好意思去反对它,也就不反思其不良后果。事实证明很多时候的"平等"是非公正的,平等会损害到公正。见贤思齐的平等是困难的,"向低看齐"的平等却势不可当,如"法律不能激发人们追求卓越,它不是榜样行为的准则,甚至不是良好行为的准则。那些把伦理定义为遵守法律的管理者隐含着用平庸的道德规范来指导企业"[2]。

---

[1] 马俊峰:《马克思主义公正观的基本向度及方法论原则》,《中国社会科学》2010年第6期。

[2] 周祖城:《管理与伦理》,清华大学出版社2000年版,第64页。

现在制定的和已经推行的大多数课程标准，本身在表述上就强调城乡均衡，缩小差距，事实上，高标准的课程实施并不被学有余力的师生所反对，校内教学多存在"吃不饱"现状，而所谓的素质教育、课外活动等配套的精神加餐，又由于经费投入和师资的匮乏实际跟进不够，这种困境也影响到大学创新人才培养。

首先，大学教学管理对公平正义的伦理诉求应该坚持三个标准：一是增加大学教育教学总量和受教育个体的教育量；二是不减少一人受教育量而增加全体的教育总量；三是增加一人的受教育量而不减少别人的受教育量。三个判断标准缺一不可，必须综合运用，而且在顺序上也不可颠倒。

其次，大学教学管理对公平正义的伦理诉求应该激发教学管理主体的自觉道德批判意识。大学的伦理规范蕴含了整个社会所期待的具有理想意蕴的教育者行为模式，这是大学教学伦理追求的社会价值取向，也是社会对大学的价值期待所在，必须正确反映这种价值期待，在一定情况下，大学教学管理伦理诉求就存在社会价值取向与个人主观价值取向的交织，必要的价值坚守将作出合理化的判断。公平正义在个体善和社会善之间同样是既有联系，也有冲突。

3. 大学教学管理伦理诉求有限性的理论困境

大学教学管理在其伦理诉求体系上是德性与理性、他律与自律统一，规范与自由、教化与服务互补的体系结构，从理想模式上看，伦理的诉求具有较大的实现可能和空间。观念是行为模式的先导，制度是实现一定伦理观念的保障，而行为模式才是最终落实伦理诉求的现实状况。三者的统一则伦理诉求得以实现，而在具体的实践场域中，三者并非线性联系、一一推进的关系，有可能三者存在冲突和融合的关系。往往此时将选用多元伦理诉求协商的方式进行。

其一，大学教学管理伦理诉求的实现存在"个人参与还是代理参与"的主体困境。教育是教师代表国家和社会对已经筛选过的课程内容进行文化传承与创新的过程，大学教学管理的教育者和管理者又是个性鲜明、主体开放的生命个体，是选择作为国家和社会的代理身份参与教学管理还是以个人身份介入教学管理，主动建构和实现应然的伦理诉求，是一个理论上的难点。

其二,大学教学管理存在反映教学原始状态还是体现推理结构的公共理性的伦理困境。"是"和"应当"总是科学研究和伦理研究的一对矛盾,科学研究总试图探究"是",而伦理研究则强调"应当"。大学教育具有较强的个人"溢出功能",主观上对教学个人的管理,促进学生成长,貌似是教学个人的获益,实质对整个社会具有形成伦理风尚和推动社会发展的溢出功能,教学不再是个人的责任,而是整个社会共同的担当和责任。教学管理应然地从"教学个体善"到教育社会善推导。体现社会的伦理诉求和个人伦理诉求的矛盾和交织。

其三,大学教学管理存在追求多元主义还是追求一致取向的伦理困境。大学是一个学术性组织,有着多元主义的学术传统,而管理的主要功能依然体现规范的重要作用,追求一致是实现规范的最短路径,然而追求自由民主的伦理诉求,不能排斥多元主义存在的总体环境。

教学管理的"道德"和教学管理的"理性",实际是价值与科学的关系问题,教学管理的完全理性化,将意味着教学道德和管理德性的虚无化、完全理性的管理,将不再是道德,而是理性,道德作为价值,与主体的需要、兴趣及情感与意愿等主观因素相联系,不可能也不应该被完全理性化,而应该理解为在教学管理中道德建构方式的理性化,即为实现教学管理伦理诉求和道德张扬更充分的理性支持和知识保障,通过理性的商谈、平等的对话,教学管理的美德获得普遍认同,并演变为主体良知和行为习惯。

我们认为,规范是以提供、设计、证明和解释有关人际、个体与群体、群际关系及主体行为的道德作为基本伦理使命的。要求在大学教学管理规范体系建设中,根据规范性和主体性、公共性和个体性、普遍性和特殊性相互统一的原则,在协调性原则指导下,必须注意"理想与现实、应然与实然、积极与消极、引导与限制的结合与统一",在教学管理设计中,避免超越"理想主义",又避免耻谈崇高,拒斥理想的绝对"现实主义"现象。

同时,我们也应该强调,教学管理的普遍化追求在设计中应框定其合理可行的实施范围,强调基本伦理道德,避免为了德性而德性,避免特殊与个性的普遍化,无内涵的形式主义泛化。

三 大学教学管理应然伦理诉求达成的衡量尺度

伦理诉求始终是一个指向性的概念，诉求的实现和达成具有天然的"未完成性"和"方向性"。对于大学教学管理这一特殊的教育实践环节和内容，大学教学管理的伦理诉求必然指向于人的精神世界的发展和完善，同时还应该指向于满足个人和社会的需要。对于前者人的精神世界完满，表现在大学教学管理和教学实践活动中，体现在如何发挥教学教育者和参与者对活动本身的主体性；对于后者如何指向个人和社会的需要，主要是在整个社会文化体系中，主体能否在大学教学管理实践中维护人格尊严，自由地追求自身和社会的总体价值。前者构成了衡量大学教学管理伦理诉求的尺度之一，即"主体性的激发度"，后者构成了衡量大学教学管理伦理诉求的尺度之二，即"自由性的达成度"。同时，作为社会子系统，其伦理诉求当考量与社会发展的有效对接，以此构成尺度之三，即"社会性的适应度"。

1. 主体性的激发度

人的主体性是指人在社会实践活动中主体与客体相互作用中不断得到发展的自觉能动性和创造的特性，是主体不满足现状境遇而不断创造新的价值的过程。一方面主体性是在社会实践中处理主客体关系的过程中对客体的认识和改造；另一方面在认真认识和改造客观世界的同时，又不断地通过客观世界对主体的反作用，不断地改造自己的主观世界。在大学教学管理这一特殊伦理实践中，教学管理主体自觉、积极、主动地从事教学及其相关活动，主动创造价值的过程，本身也是一种主体性激发过程。主体性的激发度意味着人性的精神性层面所达到的高度，它主要是"在质的方面影响人的精神生活水准，也从量的方面标志人性在发展中达到的高度"[①]。

结合东西方伦理思想的观点，大学教学管理的伦理诉求离不开人的个性化参与，在指向性和归属性上都同时归于"人性的完满"，因此主体

---

① 王坤庆：《精神与教育》，上海教育出版社2002年版，第196页。

性激发度的一个标准就是大学教学管理的所有师生和参与主体在"人性发展的精神层面向更高层次递进和拓展"的状态，是人在处理自我、他人与社会关系过程中的思想倾向、情感态度和价值观，包括意识的校正和提升，意识是人成就其主体性的背景和基础。尽管教育教学并不能决定人的精神世界的发展，有时候教学对人的精神完满也是无能为力的，但是从大学教学管理的意义上讲，主体的内心世界的自我建构过程，教育确是其最主要的因素之一。

主观能动性是主体性激发的一个重要基础，主观能动性也是马克思学说的中心命题，其蕴藏了丰富的主体客观化实践性质，涵盖了个人在回归自我、回归内在世界时的自我改变和人性提升过程。具体讲，主观能动性是在认识世界和改造世界的敢想和敢做的能力属性和精神力量，是指人们从事社会实践活动中的精神状态。表现在主动地，即自主性的激发；自觉地，即符合个体价值目标的激发，而且也是有目的地、有计划地反作用于客体世界。大学的师生能否主动参与，积极投身到大学教学管理实践，与之相对应的是被动性、依附性和利他性。由于大学教学管理的伦理诉求不会总是主张能动、自主和自为的，在很多具体的情景中，大学教学管理在实践中都会做出调节和选择。

综上说明，大学教学管理的主体性激发度可以包括主体精神、能动性激发、自主性激发、自为性激发等多方面的因素和内容。

2. 自由性的达成度

弗罗姆提出"自由是人的存在的特征，取决于人们把自身作为一个独立和分离的存在物加以认识和理解的程度"①，这种自由的达成是一个动态的历史发展过程，人对自由的认识和追求经历了一个曲折而漫长的历史过程，一是人类与自然的原始关联破裂，人类开始有自己独立的发展史；二是人类与母体联系的中断，从而形成了个体诞生和生长的生命历程。自由是个体意志和理性指导的一种组织结构的发展。因而自由性的达成度可以用两个指标来衡量，一是意义的达成，二是孤独感的消退。本书谈及的"自由性的达成"是强调大学教学管理组织体系的优化和为教学管理的主体和参与者提供自由可能的机会。在这里自由的达成度还

---

① [德] 埃里希·弗罗姆：《逃避自由》，陈学明译，中国工人出版社1987年版，第39页。

可以划分为两个维度,其一是消极的自由,其二是积极的自由。消极的自由往往是人们摆脱权威的控制,组织文化的限制,而获得人格的独立,但与之而来的负面影响是集体的疏离感、个人的无意义感和无权利感;积极的自由是在消极自由提供的条件中,人们以自己内在的创造性力量去完善理性,并通过爱的情感和努力工作,用自己内在的创造性力量去完善理性。大学教学管理的伦理诉求中,要达成教学的秩序和管理的规范,传统的做法是,利用强制的文化氛围,刚性的管理模式,迫使主体在放弃自我独立性和价值尊严的前提下实现教学活动的有序开展,这其实是一种逃避之路,人是在组织体系中被动地发展,这对于当前我们讨论的伦理诉求和价值取向来讲,可以算是一种倒退的选择。更可取的是第二种选择,向积极的自由发展,通过对大学教学管理主体丰富的教育爱、教育情感和教育责任,激发主体的教学工作热情,自发地与他人、与社会发生联系,形成自由的团体氛围,借此表现自己的情感、感性和理性方面的能力。从消极自由走向积极自由,积极自由的实现度和完成度可以作为衡量大学教学管理诉求的应然尺度。

3. 社会性的适应度

作为社会的子系统,教育不可能离开一定的社会环境和社会条件而存在。适应经济社会发展需要,是我国高等教育必须面对也必须解决好的重大问题。大学始终与国家发展和民族振兴同向同行,这是大学发展的规律,也是世界一流大学建设的经验[①]。同时,教育的一切活动都要适应社会发展,为社会发展服务,这是教育发展的外部规律。与基础教育相比,高等教育的社会属性更为明显。在知识与经济结合更加紧密的时代,在科学技术成为第一生产力的时代,高等教育必然成为推动社会经济发展的重要力量。近几十年来,大学在服务经济社会发展方面发挥了巨大作用,比如世界各国重要的科学技术园区,大都依托大学建立和发展起来,其中著名的有美国的"硅谷"、日本的"筑波"以及中国台湾的"新竹"和中国北京的"中关村"等。这些科技园通过发展高新技术企业的方式为各国经济发展作出了重要贡献,而其所依托的大学在成为经济发展重要动力源的同时,也拓展了自身生存和发展的空间,一些大学的

---

① 杜玉波:《高等教育要更加适应经济社会发展需要》,《中国教育报》2014年7月24日。

人才培养和科学研究能力借此得到迅速提升，成为国际公认的一流大学。各国越来越重视依托大学提升科技和人才的竞争力，2004—2012年，共有近30个一流大学建设计划在全世界范围内展开，既包括德、法等发达国家，也包括印度等发展中国家，还有日、韩等周边国家，这充分说明了大学在全球产业竞争中的战略性作用。

大学教学管理的社会适应度包括两方面的内容，一是教学管理在涉及人才培养目标规格、培养方案、专业建设和课程设计时要对接经济社会发展和产业发展需要，如开展校企合作人才培养，行业企业共建教学实验室，订单班培养，等等。二是教学管理本身的发展要适应社会发展的步伐，比如信息化、"互联网+"等时代需求，教学管理要适应信息化、现代化发展需要。

据访谈，由于高校教学管理人员和教师所站立场不同，对这三个度的把握和侧重各自看法不一，在不同的时期，不同的学科背景，对三个度的支持程度也不一致，比如，就社会适应度来看，一些人文社会科学的专家强调大学教学应该引领而非适应，应更偏重主体性和自由性的达成。大学人才培养的精神就是要培养鲜活的个体。而理工类专业的专家认为，"我们的人才培养必须与社会需要一致，无行业、产业需要的人才培养实际是浪费教学资源"。

因此大学教学管理伦理诉求达成的衡量尺度，应该是统筹兼顾三者的达成，缺一不可。很多时候，人才培养及教学管理的伦理诉求在现实生活中具有很强的复杂性，所面对的伦理问题很难找到稳定的标准和现成的答案，也没有放之四海而皆准的行为模式。教学管理中的伦理决策和道德判断往往是基于政府、学校和社会相互交融，教师、管理人员，学生及家长多元博弈下，在具体情景下种种关系的相互作用中生成。伦理建构的行为在目的和手段上都不是确定的，因时、因地、因人而生，没有固定的规律、既定的规划，只能在实践中生成。

教学管理中的主体，在承担着价值选择，表达着伦理诉求，作为具有决策力量、制度约束力量的管理者更需要一种实践的智慧，也就是亚里士多德所讲的"睿智"。

第九章

大学教学管理伦理诉求的实现机制与路径

"将教育伦理规范的应然价值转换为实然价值的过程就是教育伦理规范的生成过程"[①],"双一流"建设背景下,大学各自有着自身发展的诉求,大学教学管理伦理建构需要伦理制定者、参与者和执行者在一定的意识引领之下共同努力,达成一定共识,方能促成。伦理诉求既有内在的规范性,又有外在的规范性。既有来自行为者自身的理性和情感,又有行为之外的道德要求和强制氛围。大学教学管理的伦理诉求并非人们头脑中概念运动和逻辑推演的结果,而是来自内在规定性的激发和外在规定性的保障。本节从大学教学管理内外双向互动机理入手,形成了"伦理目标、主体德性、关系协调、反馈调整"的内部动力机制和"环境营造、制度规范、文化提升、服务配套"的外部治理机制。在大学教学管理伦理诉求的路径选择上,提出了从"规训"到"理解"的伦理范式转型,构建教学管理伦理共同体以激发主体意识和组织力量;弘扬大学教学管理的角色德性和促进教师道德发展;推进大学教学管理伦理诉求的制度化建设和积极营造教学管理文化,发展大学教学管理伦理理论研究等实现路径。

一 大学教学管理伦理诉求的实现机制

机制是指"一个系统中,各元素之间的相互作用的过程和功能。可

---

① 刘云林:《合道德性教育伦理规范的生成路径》,《教育研究与实验》2009年第9期。

以理解为机构和制度及其运行的规律"。实现大学教学管理伦理诉求需要考量内外两种机制,即内部动力机制和外部治理机制。

1. 大学教学管理伦理的内部动力机制

现代大学教学德性的提升和道德实践的进步是大学教学管理整体伦理系统内外部所有因素共同对真、善、美自觉求索的过程和结果。大学教学管理的道德境界提升有赖于教学管理系统自身内在的主动追求,它是事物矛盾发展的内因和动力源泉,因而完善教学管理伦理的内在动力系统显得尤为关键。其中,"伦理目标"的协商和确定是驱使多方主体参与教学管理实践的终极原因和启动器,是大学教学管理伦理形成的前提和基础;"主体德性"的养成和激发,主体能动地参与教学管理活动是教学管理伦理过程的起点和动力源泉;"关系协调"是大学教学管理活动过程中主体能动实践形成的各种关系,包括师生、组织与社会、行政与学术等形成的各种教学关系、管理关系和伦理关系,关系协调是教学管理伦理充满活力和有效渗透的深刻原因和有效推动力;"反馈调整"是主体在伦理目标指引下通过各种关系伦理的建构在大学教学管理伦理实践中的适应性考察和反馈,对适应的伦理要素进行强化,对不适应或存在矛盾冲突的要素进行修正,通过反馈实现调节和改革,反馈调节是大学教学管理伦理诉求实现的润滑剂和助推剂。①

(1) 大学教学管理的伦理目标形成

目标是主体在实践活动中所要达到的预期结果和标准,而伦理目标与其他种类目标的不同在于,一方面,伦理目标的方向性强,往往体现为一种努力的方向而缺乏明确具体的标准表达;另一方面,伦理目标往往是多元建构的结果,是多种诉求在一定实践场域中的对话妥协和共识,是一种理解性目标。但是,伦理目标和具体的实践目标又有联系,是实质性目标和形式性目标的辩证统一,合理的伦理目标,既不能是一味的高标准,形成无法企及的道德高低,造成天花板效应,脱离伦理目标的现实感,又不能与具体实践目标等同,按最低标准设计,显得过于普通,缺乏伦理精神的引领。由于伦理目标具有较强的精神导向性,在凝聚教学管理团队、达成共识上具有重要作用,在大学教学管理伦理诉求的实

---

① 参见李森《现代教学论纲要》,人民教育出版社 2005 年版,第 302—310 页。

现机制中成为原动力的重要作用,因而合理目标的形成显得非常重要。

其一,合理的伦理目标的确立要具有合理性。要求既不能过高,也不能过低。要依据师生道德水平的实际情况出发,既不能把教师道德神化,脱离教师的具体人性,又不能庸俗化,脱离教学神圣职责赋予教学管理的伦理素养要求。

其二,合理伦理目标的确立要具有合情性。根据大学这一特殊的伦理组织,在教学管理的特定情境之中,规范与美德相互照应,既不能在强调刚性制度规范或秩序要求的环节中过多地添加柔性目标,也不能忽略情感在实践环节的重要作用,将伦理道德渗透于各种具体情境之中。

其三,合理伦理目标的确立要具有可操作性。大学教学管理的伦理实践和道德诉求需要从德性到德行,而非简单的口号和道德宣传,要为主体的道德认知、道德情感和道德行动提供可操作性具体环境,甚至是可视化的目标体系,以便于师生在教学管理实践中有所对照,明确努力的方向和目标。

其四,合理的伦理目标确立要易于理解,达成共识。大学教学管理的伦理目标应由参与教学管理实践的多方主体共同达成,将一定的道德风尚进行深度解读,便于主体的理解和共识,使伦理目标形成一种道德风气。

(2)大学教学管理的主体德性的养成和激发

大学教学管理是多方主体共同参与的实践活动,主体能动的参与和主体精神的弘扬有利于大学教学管理过程中学生和教师"自主管理""合作管理"等过程的实施,在教学管理中运用道德的管理功能,养成道德规范和教学管理规范。在促成大学教学管理伦理诉求中,主体的主动介入和投身道德实践是大学教学管理伦理诉求达成的前提条件。道德的根本属性在于它的主体性,一种管理是否具有道德性,其实质和条件是实践主体的主体意识是否具有道德性,或者道德能否被主体接纳并传递到教学管理实践之中,由于道德主体能够自由地选择和自觉地服从实践理性,因而大学教学管理的主体德性来源并不主要在于行动或实践过程本身,而是在于掌握行动或实践进退、左右的主体意识和主体精神,只有控制好了意识的"方向盘",行动才具有真正的道德价值和伦理意义。大学教学管理需要对教学主体精神的弘扬,主体德性的养成,通过道德主体自律性、能动性和自我完善性来共同支撑教学管理实践的道德性。

（3）大学教学管理伦理的关系协调

大学存在着特殊的伦理共同体形式，大学教学管理也是一个组织性、群体性管理，涉及双方和多方存在诸多的价值诉求和观念主张，在大学教学管理伦理建构中，具有"价值共识和利益互动"的群体，为了一定的价值目标，形成的相对稳定的组织形式。这个教学管理共同体可以由若干个人、群体和组织在一定的教学互动基础上，依据一定的组织形式和社会规范，依靠文化的潜移默化的作用相互影响，在教学、学术和生活上又相互关联的群体和集体。大学教学管理实践中存在多种形式和多种层次的关系，这些关系就如同带动教学管理伦理转动的各种大小和位置的轴承，推动和带动教学管理伦理的前进。各种轴承彼此存在多种关系，教师和学生、教学学院与行政职能部门、教学管理者与被管理者等等关系的顺畅运行和协调发展是教学管理伦理诉求实现的基本保证，在教学管理伦理组织中，由于成员之间一般拥有共同的价值认同和生活方式，共同的利益和主要需求，彼此有着共认和共通的运行范式，彼此容易互相支持和影响，达成理解，并形成共同的愿景，具有在教学管理实践中实现关系协调的合理基础。这种关系的协调在教学管理中也能通过集体的氛围和力量，将规范秩序、自由民主和公平正义的价值诉求促成所有成员群体与共同体的理解和共识。

（4）大学教学管理的调节反馈

反馈和调节本身就是机制的必要环节，是构成和促进任何机制顺畅运行的重要一环，反馈调节既是这一机制的能力体现，又是一种常态化的机制表现形式。一方面对大学教学管理提出的伦理目标根据过程实施情况进行合理与否的预判，并适时反馈到制定过程、决策过程和执行过程之中；另一方面对主体活动的参与度，以及主体在伦理活动中体现出的自由度适时反馈给主体，促进主体意识的再度激发和调整伦理实践的方式方法，提高伦理实践的实用和有效。调节反馈也是构成教学管理伦理诉求实现的长效且动态的机制，适时更新教学管理情境中的动态信息，并加工处理，做出快速的反应和反馈，将道德探讨运用到实际的教学管理实践之中，促进伦理诉求的实行、检验和反馈，创设和调整教学管理实践活动中的道德情境，促进主体道德精神生成和德性养成。

2. 大学教学管理伦理的外部治理机制

大学治理是高等教育系统与机构进行组织和管理的过程,以及其中权力的分配与执行,还有它与政府之间的关系。① 大学治理由内部治理和外部治理组成。前者强调关注大学内部权力的配置和决策过程,后者侧重大学与政府、产业、社会等外部利益主体之间的关系。20 世纪 60 年代以降,由于各国高等教育规模扩张及知识经济发展,大学肩负着更多的社会使命,西方国家因此也把大学治理作为高等教育发展的重要议题。大学治理始于对大学内部事务的关注。1966 年,美国大学治理董事会联盟、美国教育理事会及美国大学教授联合会联合发布的《大学治理宣言》提出:教师和行政部门基于双方权力与决策责任而分工。大学校务董事成员、行政管理部门、全体教职员、学生和大学其他人员,在彼此信任下共同致力参与大学治理。② 不同利益相关者以各自资源贡献给大学,同时意味着他们换取了参与发展过程,享有控制其组织剩余的相关权力。③ 这种治理逻辑眼光是向内的,呼吁教师在大学治理中的合法地位,强调大学内部行政权力和学术权力此消彼长的共同治理。随着高等教育之于国家战略和综合国力重要作用的彰显,大学无法忽视并须直面外界诉求,政府对大学的干预逐渐增强,随之进行的各种改革自然波及各公立大学,大学治理范围也就逐步由内而外地延展至大学外部及整个社会体系。

改革开放以来,我国适应社会主义市场经济发展要求,加大政府职能转变力度,颁布了《中共中央关于教育体制改革的决定》等旨在增强学校的办学活力、扩大办学自主权的法律制度文本。随着经济发展及社会转型的加速,重建高等教育治理结构再次提上议程。十八大报告提出:要加大政府简政放权力度,规范和厘清学校管理者、举办者与办学者的角色与职责,逐步取消实际存在的行政级别和行政化管理模式,推进政校分开、管办评分离,大力培育第三方评估机构,扩大学校办学自主权。

---

① Harman, G., "Governance, Administration, and Finance", in B. R. Clark & G. R. Neave, *The Encyclopedia of Higher Education*, Oxford: Pergamon, 1992, p. 1280.

② Association of American University Professors, Statement on Government of Colleges and Universities, Website: http://www.aaup.org/report/statement-government-colleges-and-universities, 2015 – 1 – 10.

③ 龚怡祖:《大学治理结构:现代大学制度的基石》,《教育研究》2009 年第 6 期。

随后，教育部以大学章程建设为抓手，持续推出了高校内部综合改革的系列举措，在一定程度上促进了大学内部治理结构改革，但当前大学外部治理仍未彻底走出"政事一体"的困境。内生是基础，外促是保障。我们必须弄清大学外部治理的核心要义和逻辑实质，这是明确大学外部治理的内在价值、切实提高其实践成效的前提。

(1) 内外部利益主体共同参与大学治理

大学治理逻辑转换是一个内部治理和外部治理互促共进的过程。近年来，我国许多高校进行了以大学章程、高校董事会和理事会等为主要内容的改革，尤其是教育部和各省级行政部门分批组织编制及审批大学章程，着手改革大学制度。改革重点是：明确和落实大学主体责任，合理划分大学内部权力关系，形成"党委领导、校长负责、教授治学、民主监督"的内部治理结构，以积极发挥高校进行综合改革的主动性，提高其办学治校育人能力。

可以看出，大学内部治理结构改革备受关注，但外部治理体系尚不健全，理论研究和改革实践还不充分。现实中，政府包办独揽、权力集中的高等教育管理局面并未得到实质性改变，"管理"的主体单一性和手段强制性的弊端暴露无遗，显然不适应现代大学制度建设的内在要求，亟待诉诸"治理"来弥补"管理"的先天不足。管理逻辑注重"自上而下"的一元控制，强调政府行政的单向性和权威性；治理逻辑注重"自上而下"和"自下而上"的双向沟通，强调整个社会系统的参与性和互动性，即政府等利益主体共同参与而形成的治理合力。应该说，治理并不排斥管理，它更为强调引入市场机制以及社会力量的参与，由政府单向度管控转向政府、大学与社会多方利益群体的参与共治。因此，如何吸纳各利益主体的不同资源，形成大学、政府、评估机构、社会组织之间的新型外部关系，进而构建适合现实国情的现代大学制度，成为当前迫切需要解决的问题。

(2) 大学外部治理的主体关系和责任指向

根据社会系统论观点，大学作为社会系统的重要构成，其生存发展同样需要外部环境的支持与促进，排斥任何利益相关方都非明智选择。大学要实现知识创新与人才培养的目标，必须要有恰适合理的外部治理结构来规范办学行为，构建协调各利益主体之间关系的制度框架，使之成为大学目标实现的关键变量。国际上看,西方大学通常被认为是相对独立的学术组织,甚至有些被称为"有组织的无政府"[①],这里的"无政府"实际就是强调大学的独立性和自主性。然而,重构我国大学外部治理结构,满足外部利益主体的需求,既要参照当前经济社会的全球化背景,又要历时考察大学所处的现实背景及其使命责任,将大学置于政治语境和历史脉络中加以审析。在借鉴欧美大学治理成功经验的同时,我们不能忽视国内经济发展和社会建设的特殊环境及现实需求。政府对大学的办学方向、办学投入、办学绩效的把关与促进,以及社会各界对大学评估问责的诉求,应是建立我国高等教育治理体系的题中之义。

事实上,大学无法深居在象牙塔中,政府、社会等外部力量对大学发展具有重大影响,大学办学更需要它们的共同参与、协同互动,以获得广泛支持。从本质上看,大学外部治理是保持大学与外部主体良好关系的基本形式,不仅要实现包括大学在内的各利益主体的权益和价值,还要通过博弈达成某种一致或相对一致的目标和愿景,形成一种长期稳定的合作伙伴和博弈关系。因此,当前我国大学外部治理关键是:激发高校以完善大学章程为核心的改革动力,理顺大学与政府、社会的关系,依法明确和保障大学办学自主权,健全面向社会的开放办学机制与办学绩效评估机制,建立多元办学格局和竞争机制,以构建公平效率、民主法制、整体系统的善治结构,形成指向明确的治理能力。而保持大学与外部主体的良好关系,需要寻求一种协同机制来制衡它们之间的多元利益。

随着大学从社会边缘走向社会轴心,大学与政府、社会之间的关系日益紧密,同时也变得复杂多样。厘清它们之间的关系,确保各主体间的权力制衡、责任共担与协同互通,有利于优化外部治理结构,加快大学治理现代化的前进步伐。

——大学与政府:从政府管控到政府监督的转型

目前,我国高等教育体制改革已取得一定进展:实行部省纵向统筹的权力分配,逐渐打破条块分割,形成了"分级管理、以块为主"的高

---

① [美]罗伯特·伯恩鲍姆:《大学运行模式——大学组织与领导的控制系统》,别敦荣主译,中国海洋大学出版社2003年版,第11页。

等教育体系;由中央集权向地方分权发展,即大多数原隶属于中央各部委(教育部除外)的高校改由地方政府管理。公立高校大致形成了教育部直属院校、其他中央部委所属院校和地方政府所属院校并存的格局。然而,由于政府在教育资源尤其是财政性教育经费投入上拥有强势决定权,大学不可能完全摆脱政府的影响而自行其是,"世界范围内共同盛行的治理和财政指导原则是:'谁有黄金,谁统治'"[1]。加之我国高等教育集权管理的惯性使然,大学仍旧呈现出挥之不去的政府依赖情结。

20世纪80年代早期,美国很多州政府开始对公立大学治理去中央化,把决策权力从高层下放到低层。这种权力下放趋势持续了25年之久,并以不同方式运用到大学管理上[2]。在治理逻辑转换的促动下,政府不再对大学发展,尤其是学术发展拥有绝对控制权,而是为大学运作提供保障和监督,突出作为调停者、中介者、监督者、评估者的社会服务型政府职能。当然,强调服务职能并不意味着政府与大学无关,而是通过拟定参与大学治理的政府权力清单,明确权力边界,成为大学的最主要支持者和指导者;权力下放也并不意味着赋予大学无节制权力,大学在获得权力的同时也承担着与权力对应的责任体系,通过问责促使大学形成一种自我约束机制。

重建善治理念下政府与大学新型关系,需要改变政府单一的管理和评价模式、推进和实施管办评分离、变直接干预为过程监督和项目评估,既保障大学办学自主权,又体现政府的管理职责,力求在市场与公共、绩效与问责、自由与规制等多维度实现平衡。具体而言,一是政府应发挥政策资源和杠杆优势,通过制度规约、质量监控、经费划拨、法律规范等途径,变管控为监督,建立具有委托代理性质、与现代大学制度相对应的契约关系。二是理顺大学与政府之间的法律关系,明确政府与大学的权力义务,建立畅通平等的沟通机制,减少政府对大学的不当行政干预,形成政府宏观指导与大学自主办学并进的合理格局。三是政府可

---

[1] Birnbaum, R., Faculty in Governance: *The Role of Senates and Joint Committees in Academic Decision Making*, San Francisco: Jossey-Bass, 1991, p. 137.

[2] Huisman, J., *International Perspectives on the Governance of Higher Education: Alternative frameworks for Coordination*, New York: Routledge, 2009, p. 161.

以委托第三方专业机构对大学进行监督评估,以更加科学高效的方式参与到外部治理中来,既可有效促进大学自主发展,又在一定程度上实现国家组织体制和政治功能的传导与延伸,以满足国家利益或公共利益的需求。

——政府与社会:从政府包办到社会参与的转型

大学的办学质量与人才培养是在大学和社会互动过程中得以体现,这为社会参与大学治理提供了必要基础和发展空间。社会组织有效参与大学治理,前提是缩减政府职能范围、加强政府制度建设。历史经验表明:如若仅是缩减政府职能范围,而不加强制度保障与监督能力,就会迷陷以往体制改革中"一统就死,一放就乱"的怪圈;如若一味强调简政放权或职能转移,不仅给政府部门的懒政、渎职提供话语空间,也给委以重任但水平参差不齐的社会组织提供腐败温床,如"花钱买排名"等严重亵渎大学理性的行为。

应该说,缩减政府职能、赋权社会组织很重要,但强化制度建设更为关键。因为社会组织的专业化建设、日常管理及有效运作,需要稳定的环境和高昂的成本。既要求贯彻"小政府、大社会、强制度"的治理理念,又要求基于社会组织的现实情状,通过政策导向、制度建设和舆论支持等途径,引导社会组织健康发展。具体说来,一方面政府要发挥社会的力量,培育专业社会组织,通过向社会组织购买服务,充分发挥其在政府调控效果、大学办学质量及办学绩效等方面的监督评估作用,为政府把握治理重点、实施高效管理提供决策依据。另一方面,在鼓励社会利益主体参与办学或评估的同时,应为建立政府与社会的新型关系提供政策引领、条件保障和过程监督,明确政府与社会组织的角色和权责,规避社会组织参与大学治理中"官退民进"而"民不负重"的尴尬现象发生。从这个意义上说,大学外部治理是政府和社会在大学场域的利益博弈,其结构与功能是否科学合理,社会组织单方并不具有终决权,必须服从于国家政治和市场社会的总体要求。

——大学与社会:从封闭办学向开放办学转型

随着大学治理理念的散播,社会利益主体期望参与大学办学和办学质量监督;大学也期望与社会建立良好的互动关系,从社会获取更多的发展资源和治理智慧,并接受社会及舆论监督。事实上,大学在争取良好外部条件和发展环境的同时，社会及相关代表也在教育制度允许范围内为自身谋求最大利益，因而建立大学与社会的良性互动格局是历史发展的必然。从现代大学的发展与功能演变进程来看，大学始终没有脱离于社会，大学总是服务于社会需求。进言之，大学存在的必要性，在于其承担着社会发展的公共责任。但是，大学与社会之间的关系复杂多变。卡内基基金会在1982年的一项关于大学治理的报告指出：社会期待大学要回应其需求，而大学又要求在自由且没有过度干预下履行自身任务。理想上，这两个伙伴的义务——机构完整性和公共绩效——是可以保持平衡的。但实际上，两者处在拉锯状态。有时，过多的社会要求破坏了大学的完整性；有时，大学似乎又对外界环境的反应过于迟缓。[①]

20世纪80年代以降，为应对大学规模扩张所带来的财政压力，"经济合作与发展组织"大力要求世界各国减少政府干预以及大学对国家的依赖，各国政府也纷纷采用成本分担机制通过多渠道筹措高等教育经费。如英国从1981年开始，政府决定在三年内削减高等教育总经费的17%。在我国，高等教育经费也由政府主要承担，逐渐走向以政府投入为主与多渠道筹集并重的机制，其影响巨大。我们知道，大学作为一个资金消耗庞大、成本递增的机构，教学和科研运作需要有持续及巨额的经费投入。然而，由于政府财政性拨款总量不足，部分大学总体办学经费中财政拨款占比甚至不到20%，这必然促使大学加强与市场社会合作的深广度，寻求办学投融资渠道的多样化。外部资金进入大学后，干涉校务政策被视为理所当然，在含有独立法人、面向市场的高等教育体制中，情况更是如此。美国政府和日本政府，都经常使用这些手段来影响政策。[②]法国也不例外，大学所在地的工商业、社会伙伴的外部利益，似乎对学校有更大的影响。因此，市场机制强调的竞争、效率、成本效益、自由选择等概念的引入，不仅重构了大学与政府之间关系，还促进了大学办学品牌和优势资源的合理竞争，并积极主动面向社会自主办学，提升办

---

① Harman, G., "Governance, Administration, and Finance", in B. R. Clark & G. R. Neave, *The Encyclopedia of Higher Education*, Oxford: Pergamon, 1992, p. 1280.

② Van Vught, F. A., *Governmental Strategies and Innovation in Higher Education*, London: Jessica Kingsley, 1989.

学质量和办学效益，进而在大学自主与社会需求之间保持一种隐性张力。

（3）文化境脉与显性制度的交汇共促

大学外部治理主体的多元利益制衡离不开制度的规约，而不同的文化传统和政治体制形塑了不同的大学治理结构。西方颇具代表性的两大治理阵营中，欧陆模式通过"政治权力的分权化"试图摆脱政府的严密控制，而盎格鲁—北美模式则从"松散的安排"向"严密的正规体制"转换。尽管两种模式有较多共通之处，如均强化学校中心行政管理、参与决策的学术权力以及多元共治，但社会或公司参与大学治理的积极性和外部治理参与形式各不相同。可见，大学治理受制于特定国家或地区的文化境脉和政治体制。美国著名制度经济学家诺斯认为，制度是一系列被制定出来的规则、守法程序和行为的道德伦理规范，它旨在约束追求主体福利或效用最大化利益的个人行为。① 当制度体现为规则时，其必然反映了文化的价值、精神与理念，因为文化必须依靠制度规则才能受人认同。从这个意义上说，大学外部治理离不开它置身其中的更大的文化环境，通过文化的价值引领与方向指引不断改进大学制度，以潜在的方式推动着大学发展。

文化制约着制度的性质，制度又必然反作用于文化，就愈加凸显出加强顶层设计来增进大学治理成效的重要性。综观世界任何一个国家的大学，即便是顶尖大学，也不存在一种亘古不变、恒定有效的大学治理模式。如德国为增强高等教育国际竞争力，于1995—2005年进行高等教育管理体制的实质性变革，重新考量政府、大学和市场之间的关系，在集权与分权之间寻求平衡点。其成效体现在：一是大学的自主性增强，形成决策权力从政府转向大学的趋势；二是州政府和大学互动，在目标设定上走向共同商议，经费划拨以绩效表现为基准；三是来自外部利益者的压力逐渐增加，如工商界、地方政治权力和社会环境；四是私人认可机构走上高等教育舞台。可见，大学外部治理顶层设计的要旨不在于强化政府权力，而是在制度设计的宏观性和全局性，为大学治理各利益主体的广泛参与和活力释放提供坚实基础。

---

① ［美］道格拉斯·C. 诺斯：《经济史中的结构与变迁》，陈郁、罗华平译，上海人民出版社1994年版，第225—226页。

结合上述关于大学外部治理主体的关系厘定以及特定大学制度的文化观照，我们认为，应根据我国具体国情、高等教育发展现状来构建一个明确政府、大学和社会权责利的制度框架：第一，政府负责制定大学治理规划和方案、提供和审议办学经费、确立办学基本标准、发布大学办学信息。"政府的作用更多规限在制定规范条件，而高等教育系统可以在这个范围内运作，学校则具有更多的调整余地。"① 第二，社会的权责在于促进大学的管办评分离，监督评估大学办学绩效，参与大学的重要事务决策，以及通过捐资和市场进入的方式为大学提供资源支持。第三，大学的着力点是增强面向社会自主办学的意识和能力，自觉接受政府与社会的绩效问责和监督评估，寻求自身的个性化和独特性发展。顶层设计为大学办学从政府管控走向政府监督、从一元管理走向多元治理提供了政策保障，将有效促进共治局面的形成。

(4) 外部治理的制度规约与能力指向

顶层设计明确了大学外部治理的逻辑，但如何取得治理成效、治理成效究竟如何，则最终依赖治理能力的现代化。治理能力现代化取决于制度对各利益主体的行为规约及激励，而不是人为意志凌驾于制度之上的恣意操控，这是改变有权滥用或有权不用积习的必由之路。

——依法加强各利益主体的权利保障

政策法规是社会组织参与大学治理的重要保障，是大学治理运行是否有效的核心。只有在制度建设和执行中保障外部利益主体的参与权、表达权等程序性权利，才能真正提供根本利益表达的渠道，进而调动其参与治理的积极主动性，提振大学外部治理的执行力。如丹麦1993年颁布的《大学法》，减少政府直接干预，赋予校长、校内决策团体较大权力，增进外部利益主体参与校内事务的权力。市场力量逐渐成为外部治理的重要构成，政府也对大学的全面控制转向宏观调控。然而，由于我国高等教育管理集权化的惯性，大学场域中的重大事务决策权仍由政府操控，社会利益主体难以介入其中，高校同样也难以彰显其独立法人地位。而依法加强各利益主体的权利，是走出这一困局的关键。

---

① Goedegebuure L., et al., *Higher Education Policy: An International Comparative Perspective*, Oxford: Pergamon Press, 1994, p. 37.

一是简政放权。政府应树立服务意识,简化行政审批流程,从立法层面保障和落实学科专业设置、教学与研究活动、经费管理使用、人事管理使用等各种大学办学自主权。二是管办分离。建立高等教育公共服务体系,政府从直接提供高等教育服务转向对其监督评估,鼓励大学面向社会自主办学,健全社会问责与监督机制,并依据大学办学绩效制定教育资源分配的相关标准。如瑞典政府将权力下放的概念引入政策制定中,并要求大学提高运作效能、强调绩效控制,回应当地社会需求,积极发展社会服务职能。① 三是法律保障。加强人大对资源分配与使用的立法权和监督权,对目前政府管理高校的众多职能部门进行全面系统的归拢,解决政出多门、出自不同部门的资源配置方式和手段过于随意和五花八门的混乱现象②。

——以协同创新推进大学章程的完善

加强大学外部治理是推进教育综合改革的突破口,而协同创新是提高外部治理效能的关键。这里的协同创新更多强调的是多元协同。所谓多元协同,是指高校在加强自身建设的同时,以"需求导向"与"问题导向"来整合政府和社会的力量,共同解决教育不均衡、教育质量不高、专业结构不合理、缺乏特色、发展趋同等问题。因此,多元协同应以深化教育综合改革为契机,发挥管办评以及各社会利益主体的合力优势,完善以大学章程为核心的统一性和规范性制度体系。

大学章程是大学依法自主办学、履行公共职能、实施管理及正常运行的基本准则,是大学各项规章制度的"宪法"与"母法"。一方面,大学章程是大学与政府签订的公法契约,它对政府与大学都具有法律约束力,初步具有抗衡政府过多干预大学自主办学的效力,即通过大学章程真正赋予大学自主办学权力。另一方面,大学外部治理结构的调节与规范是大学章程的重要职责,规定了大学与政府、社会之间的权责利,并为处理大学治理中的各种外部关系提供法理依据。

---

① Altbach, P. G., & Forest, J. J. F., *International Handbook of Higher Education*, Netherland: Springer, 2007, p. 531.

② 阎光才:《高等教育治理体系与治理能力的现代化》,《苏州大学学报》(教育科学版) 2014 年第 3 期。

——扩大大学治理信息开放度

政府和大学的相关治理信息公开是社会参与的基本前提。受制于我国传统高等教育体制，大学外部治理存在着责权利不对等、信息不对称等问题，严重掣肘治理进程与成效。事实上，信息公开是现代民主和基本人权理论的应有之义，是政府的法定职责及社会参与大学治理的基本权利，尤其是信息化时代下微信、微博等多元自媒体的盛行，倒逼着大学和政府必须加强信息公开制度建设。

加强信息制度建设，至少需要做到以下几点。其一，高校及其主管部门应主动建立信息公开平台与数据库，让政府对高校的管理更加制度化、公开化、透明化，避免政府对高校的过度干预和权力滥用。其二，推进信息公开下社会参与治理的进程，拓展与增强社会参与大学重大事务决策的覆盖面和代表性，完善社会公众利益表达和意见整合机制。其三，加强信息整合和数据分析，完善本科教学评估报告、专业评估报告、教学质量年度报告、教学质量常态检测数据、毕业生就业质量报告等大学信息公开机制。

——建立恰适的评估反馈机制

长期以来，政府管理权力边界不清所导致对大学的过多行政干预广为诟病，而在具体运作中政府监督却又存在缺位，大学内部、大学与社会之间频现的学术腐败和权力寻租难以割断。在英国，尤其是1992年后，诸如国家研究评估、教学质量评估的外部审核机制明显得到加强，为评估政府的大学经费投资绩效以及日后经费划拨提供依据。[①] 因此，加强大学和社会的沟通连接，自觉接受社会的监督评估是解决之道。一方面，应从政策层面对第三方评估机构给予扶持，拓宽政府购买第三方评估监督等社会服务面，积极开展治理监督和评估反馈。如美国六大区域性认可学会对一般性院校的评估，46个专业学问认可学会开展的专业学问评估。[②] 另一方面，应加强社会监督大学办学的立法，赋予相关社会组织监督评估的权职，明确社会、市场等利益主体参与或监督大学办学的权利

[①] Amaral, A., & Meek, V. L., *The Higher Education Managerial Revolution*? The Netherlands: Kluwer Academic Publishers, 1994, pp. 157–158.

[②] 苏锦丽：《高等教育评鉴：理论与实际》，五南图书出版公司1997年版，第24页。

义务。组织动员社会各界共同参与大学治理进程，加强议事协商和互动沟通，促进大学与社会的有机联动，健全大学外部治理的公共服务体系和社会监督网络系统。

任何一种社会组织都是由制度和成员共同构成，大学教学管理组织也不例外，要使得教学管理主体仁爱，教学组织有序，管理和谐，行为高效，一般需要"制度""成员"和"文化"等共同参与和努力。成员因素，我们可以在内部机制中主体动力激发环节加以重视，属于前文所提到的内部激发机制，而制度和文化系统可以作为保障大学教学管理伦理诉求的外部保障因素。具体而言，大学教学管理伦理诉求的外部机制主要是通过外部规范、环境营造和文化氛围形成，通过"环境营造、制度规范、文化提升、服务配套"四个方面和必要的环节保障形成良性的大学教学管理外部伦理机制。

（1）大学教学管理的伦理环境营造

大学教学管理在教学实践中的有效运用和积极实施，离不开相应的条件支撑和配合，即教学管理本身的合理性、有效性的支持系统和环境的营造。伦理环境的营造有着不可缺少的环节和要素。其一，大学教学管理需要一定的组织"实体"运行，包括大学教学管理的校院两级管理机构，大学教学管理的运行、决策、评估和反馈等必要结构要素的建立。搭建适应大学教学管理应然伦理诉求的具体承载组织，是大学教学管理伦理诉求实现的基本要素。其二，在大学教学系统中要按照一定的外部要求，如社会和个人及大学精神的要求建构合理、和谐的大学教学管理结构和体系，按照一定的组织原则和伦理序次形成利于伦理诉求实现的大学教学管理的必要组织机构和要素，理顺大学教学管理的伦理生态。这种生态是长期教学管理实践中形成的价值共识和文化积淀的产物，是伦理个性特征的表现结构。其三，建立适应大学教学管理伦理诉求实现的动态环境模式，模式不是一成不变的，规范体系的变化、主题和话语的变迁、生产方式变革和科技发展对道德嬗变的推动，都要适时地反馈到大学组织系统中，形成环境的必要要素渗透于大学教学管理实践之中。

（2）大学教学管理的伦理制度的规范与设计

大学教学管理的伦理诉求实现需要把伦理原则和精神根植于制度设计中。通过制度和规定的强制性保障，推进大学教学管理伦理德性到德行的行动保障，研究伦理的制度化生成机制，并将相应的规范和制度进行合理的伦理化改造，让制度渗透着浓浓的道德意蕴，建立和完善能够促进大学教学道德生成的管理制度体系，保障和引导大学教学管理伦理诉求的实现，一方面伦理诉求在制度上得以显现和反映，另一方面让已有的规则和规范考量伦理诉求的需要，作出符合规律性、道德性和协调性的充分改造。

(3) 大学教学管理伦理诉求的文化提升

文化是组织环境的隐形平台，发挥着极其重要的潜在影响，能够对大学教学管理的伦理诉求产生潜移默化的作用和效果。大学教学管理需要树立道德标杆，复兴美德伦理，为大学教学管理乃至整个大学发展建构积极的思想文化氛围。将一定的人文精神和道德素养蕴含于教学过程和管理过程之中，通过打造一批文化含量较高的文化实体和文化产品，开放一批文化平台和文化课程，开展一批文化实践活动，以文化人、文化引领，形成大学教学管理中的文化育人良好氛围和效果，提升人才培养的质量和文化素养，将合适的道德文化蕴于制度、环境和教学全过程之中，达到以文化人、全员育人、环境育人的目的。

(4) 为实现大学教学管理伦理诉求提供必要的服务

服务本身是一种保障行为，服务是大学教学管理的伦理诉求实现的必要回应。需要通过一定的服务形式加以保护主体的需求和社会的需求，为师生和其他教学管理主体提供必要的服务支持，寻找和提供给其适应大学教学管理实践需求的伦理样态和伦理实践基础，即促进主体能够从"可能的"伦理诉求，达到可行的伦理实践。

大学教学管理的伦理诉求和及其实现的最终目的和归宿是在大学建立和形成教学的道德自律机制，"管是为了不管，他律是为了自律"。有效实现对教育教学行为的伦理规范和调控，为开展大学教育教学活动提供"伦理路标"和"道德立法"，促成大学教学管理的规范伦理和美德伦理，使大学教学管理在形式和实质上同时具有合理性，国家、社会、教育管理者、教育者和教育对象等诸多主体需要共同努力，积极参与和促成大学教学管理伦理生成和发展，使大学能够在一个良性的轨道上前进。

二 大学教学管理伦理诉求的实现路径

1. 大学教学管理伦理范式的转型——从"规训"到"理解"

（1）范式及教学管理伦理范式

范式（paradigm）源于古希腊语 Paradeiknunai，原意为"共同显示"（show side by side），15 世纪转为拉丁文 Paradeima，由此引申出"规范、范式、范例、模式"等多种含义。亚当·斯密认为范式解释和预测各种客观现象和行为，是人们感知世界的方法，科学研究中的"范式"是指人们从事研究活动的一套信念，美国学者托马斯·库恩在其名著《科学革命的结构》一书中认为科学不是累积性的、直线式的发展，而是范式的转变，又叫科学革命。"即新范式必然取代旧范式，新旧范式之间具有'不可通约'性，科学革命后的科学家是在完全不同的世界实施研究和实践，他们的研究问题、解题逻辑和整个事实的理论网络均已然发生着天翻地覆的变化。"[①] 西方在人文社会科学研究中，经历了科学范式、人文范式和自然连贯主义范式，尔后，蜂拥而至的后现代范式，包括现象学范式、解释学范式、批判理论范式、建构主义范式、符号互动范式五种[②]范式也日益被学者关注并采用。

（2）教学管理伦理范式的转型——规训对人的异化

教育教学是一种以人的发展为目的，与"生存状态"和"生活方式"密切相关的，承载一定伦理价值的文化社会实践活动，其本质在于提高人的知识结构，升华人的生命品性，健全人的完满人格，弘扬道德理想。然而，当前的大学教学在工具理性和行政取向主导下逐渐失去自我，沦为一种"规训"的工具，导致了"人的异化"，人化被物化代替，完满的人性被罐装的标准件代替，丰富多彩的个性被千篇一律的一元主导代替。解放教育学派的弗莱雷强调人的本性解放，竭力反对传统的灌输式、填

[①] ［美］托马斯·库恩:《科学革命的结构》，李宝恒译，上海科学技术出版社1980年版，前言。

[②] 孙绵涛:《西方范式方法论的反思与重构》,《华中师范大学学报》(人文社会科学版) 2003 年第 6 期。

鸭式教育模式，主张实施对话式、提问式教育。灌输的教育一般是利用传统权力的优势，把权力神圣化，把现实神秘化，这也可以理解为是一种规训模式的教育；而"对话式"教育则以去除这种神圣化为己任，通过主体双方的共同对话去揭示事物的本真。灌输式教育抵制对话。对话式教育教学以创造力为依托，鼓励主体对现实作出真正的反思和行动，因此与人的精神完满和作为存在的使命是一致的，将人置身于"探索和创造性"的改造之中。"提问式（对话）教育的理论与实践以人的历史性为出发点"，呼唤和回归"人化"教学。

规训范式的教学管理模式容易表现为"自上而下"的道德强制，服从和奴化的操作模式将沦为道德暴力。由于这种道德强制往往把教学管理的规则作为既定合理、合法的文本先期预置于教学及其管理实践之中，大部分师生和相关利益群体被排斥于伦理规则的构建之外，缺乏事先的对话、交流与沟通，因而教学管理主体往往只能被动地接受那些依凭外在的权威所设计与制定的道德准则和伦理规范，教学管理中本该弘扬的道德理想以"规训的形式"演变为道德高压，教师角色德性被误读，导致"伪善"与"道德不作为"的形象出现。在教学管理中的"义利冲突"和索取与奉献矛盾现象，也滋生着道德怀疑主义和虚无主义的泛滥。源于自上而下的权力机制，"规训"式的道德高压和独白式教学管理实践，形成了现实的伦理困境，有待形成以对话为方式，理解为范式的伦理规约，在制度设计中民主化，形成面向多元主体参与的民主性的路径。这种大势所趋的民主化教学管理进程，同时需要与之相适应的教学管理角色的再阐释。"教育的责任与教育德性所需重新奠基于一种新的社会背景中。"① 伦理式的管理需要全方位的共同营造，多方的对话和理解才能逐渐形成这种伦理环境。

（3）教学管理伦理范式的转型——理解对伦理的复归

"教师最需要的东西是尊重儿童和最大限度的不干涉，同时，对儿童的兴趣、需要和发展阶段的心理上的理解。"② 如何打破以工业化管理为时代背景的等级性、封闭性管理，改变"规训"和强制对师生自主教学

---

① 樊浩、田海平：《教育伦理》，南京大学出版社 2000 年版，第 64—65 页。
② R. Peters, *Ethics and Education*, George Allen & Unwind Ltd, 1966. 35.

的掠夺和物化，注重大学教学管理主体多方的彼此合作和相互作用，实现教学管理发展的可持续性和可创生性。迫切需要大学教学管理的伦理转型，这一转型的原因首先来自道德社会的转型，"现代社会彰显了主流倾向"①。对传统规训的摒弃和对理解范式的呼唤是社会发展和个体需要的共同要求。

一是总体性的同质社会渐次走向多元化的市民社会，这种多元化语境破解了人们传统思维模式受到"思想、道德、宗教"等方面外在权力、等级权威约束的状态，转而投向更为"公共"的领域，拒斥"独白"式权威，崇尚互动、交流和对话，在大学教学管理中则体现为以共同"理解"而达成认可和共识。二是道德怀疑主义和虚无主义的盛行，社会发展高度风险化，如近期发生的漠视生命的"小悦悦"事件，老人摔倒不敢扶的责任恐惧事件，等等。面对这种生存境遇，伦理责任和伦理诉求的定位和取向尽管得到前所未有的强调，而"对话"与"责任"是其建构的基础和前提，通过社会良知的大讨论，形成一种保障性风尚。三是"服从""等次"等诉诸权威和权力话语的伦理方式越来越难以在呼唤平等的教学管理场域中奏效。

"理解"作为超出认识论视野的一种实践概念，强调一种亲历性的体验，是一种"关系性"的实践参与。理解通过"在场"的表达和沟通，形成了一种自我和他者均在场的直观的、精神性的直观体验和感受。"理解"强调在实践情境中发扬和激发主体间性，实现情感共鸣、视域融合。从主体间彼此"理解"的方法和可能上看，理解需要借助一定形式的语言表达，也同样借助规范的力量传递，但并不追求整齐划一的"说""教""授"的形式，尤其是"强说"的规范和形式。现实社会中，开展各种形式社会交往的人们往往来自彼此不同的社会层面，在社会交往中人们容易把某一"特殊性"社会层面制度的公正原则当作"普适性"原则来评价各种社会事件或交往活动。这种惯习容易导致人们对制度公正判定的分歧与冲突。因而，在多样化的社会背景下，由于社会分化和社会生活多元化的现实，制度公正也并非一元的，应当承认制度公正的多

---

① 胡军良:《"对话"与"责任":当代中国教育伦理重构应有的两个向度》,《教育理论与实践》2011年第6期。

元性。人们在社会生活中所必须发生的复杂社会联系,又要求不同见解和不同标准的人们开展多种层面的社会交往,这就意味着人们必须通过各种形式的对话与交流,在制度公正问题上达成理解和共识,"能否就制度公正原则达成共识是实现和谐交往的前提"①。

存在主义社会学将"感受"置于人类行为的中心地位,人的感受成为主体理解行为的出发点,而其他的价值观念和信仰体系不过是后来才由感受追加的行为指向。感受和理解是两种不同层次的理解,先有感受,再有理解,理解之后又产生新的感受,是作为主体生活体验而存在的,但它往往是人行为能动性的方向,"它不是行动本身,而只是行动的方向盘"②。

"理解是属于被理解之物的存在。"理解范式的教学管理伦理,强调主体间的"对话"。在伽达默尔的哲学解释学体系中,"事物的存在走进我们的过程,也就是事物为我们所理解的过程"。大学教学管理的目的是激发人的主体性,主体与主体之间的理解和体验,使其自觉、自律地参与到共同的大学教学管理"行动"和"实践"中来。在实践行动模式之前,基于理解的教学管理"认同"则显得极其重要,认同作为有目的的行动,其本身就是一种"理解"的模式和"理解"的结果。"理解"不仅对人类长期占统治地位的独白主义的伦理范式进行批判。同时,也对当代教学管理走出伦理困境,重建当代伦理的对话,具有价值和意义。这种基于理解的认同,也可称为"道德意向"③,这种道德意向其实质也是一种直观精神。

寻求"规训"向"理解"转化的教学管理范式,实施对话式管理。承认个体间的差异是"理解"和"对话"的基本出发点之一,它导致的是更高层次的和谐和进步,相反,如果抹杀个人个体间的差异,其实质是走向霸权、专制和平庸。差异是实现理解和对话的土壤。"理解"则是对话管理的一种过程性的目标,既是一种手段,也是一种目的。在大学

---

① 徐晓海:《制度公正的日常生活基础》,博士学位论文,吉林大学,2005年。
② 蒋荣昌:《文化哲学论》,西安交通大学出版社1988年版,第150页。
③ 王强:《何谓"认同行动"——规范伦理学的一种拓展性分析》,《北京师范大学学报》(社会科学版)2011年第3期。

教学中达到理解的方式有多种,行动者伦理认同理解的实现是通过对话获得。仅就技术性的角度而言,"理解"教学不必纠缠于概念界定、分析方式或认识层次之类的问题,而是真正符合社会科学研究的质的方法,以及现象学的、解释学的和叙事的、传记方法等的综合应用。

大学教学管理的理解范式包括人与人的对话达成的理解,人与社会的对话达成的理解,以及人与文化的对话达成的理解。对话是理解的手段,理解是对话的目的。在对话中实现教学增值和创造。大学教学管理的理解伦理范式具有主体间性的特征和实质,是一种主体协商式的管理。教育者和受教育者及利益相关人员共同参与到管理制度的设计、管理过程的监督、管理结果的评估等多种形式。在教育教学管理中实现人际互动、人与社会互动和人与文化的双向生成。人与社会的互动,主要体现在个性发展与社会性发展的协同,社会发展需要与个人发展需要的协同;教学管理人与文化的双向生成。汉森认为,"教师远远不只是文化移入者(accuiturator)和使人社会化者(socializer)。教师是根据人的可能性精神和人将变成什么来工作,而不是唯独根据他们已经是什么来工作。教师不是布道者或政客"①。教师在理解范式的教学管理中起到主导主体的地位和作用。而学生起到参与主体的作用。大学教学管理的主体共同参与到"理解"范式的大学教学管理理论与实践之中。

大学教学管理理解范式的科学性把握,伦理与科学相结合。按照马克思主义的伦理观,大学教学管理伦理属于社会伦理体系在教育生活中的具体呈现和表达,是以实践精神和伦理精神的形式把握世界,这一方式不同于以科学方式对世界的解读和把握。科学的方式是探索和认识事物的真理和谬误,探求"真理"是科学认识的中心问题。以实践精神和伦理精神的方式把握世界的中心问题是"善恶"。科学认识追求的是真,伦理认识追求的是善。真和善的结合,是本书中述说的伦理诉求中的审美境界,因而,伦理认识同样要以科学认识为基础,伦理与科学相互结合。一种符合"善"的伦理规范,必定蕴含了人们对事物科学性的认识。作为对人们行为的应然性规定,伦理规范必须以自身的科学性来向受众

---

① David F. Hansen, *Exploring the Moral Heart of Teaching: Toward a Teachers Creed*, N.Y.: Teachers College Press, 2001, p.65.

宣传理念。具体到伦理实践，大学教学管理伦理诉求实现机制的健全运行，就是需要理解和把握对人的发展规律、社会的发展规律和彼此对话理解的规律。伦理与科学的对话与理解蕴含在理解范式之中，将促进大学教学更好地管理民主理念和理想的图景。

2. 大学教学管理伦理共同体的构建——主体意识与榜样力量的张扬

实用主义哲学家理查德·罗蒂指出："进行反思的人类通过将他们的生命置于一个更大的背景之下，有了两种赋予他们生命以意义的重要方式，第一种是讲诉他们对于一个共同体的贡献，这个共同体可能是他们生活于其中的一个实际历史上的共同体，或者是另一个在实践或空间上远离自己的实际共同体，即想象中的共同体。"① 属于第一种情况的体现了人们追求团结的欲望，属于第二种情况则体现了这种团结实现的困难。期待有着共同诉求的人们，为可理解和可共识的追求，形成可能的联合。伦理共同体与其他社会群体相比较，伦理诉求的正当性更加充分，是个体社会经验的内在限度，大学教学管理的伦理和情感纽带不仅是一个情感问题，更是一个实体问题。

（1）大学教学管理的"个体""群体"与"共同体"

个体在社会范畴中也称个人，是具有一定倾向性的高级动物，是相对于群体而存在的。而"主体"是指对客体有认识和实践能力的人，伦理主体是人在伦理关系中的主体地位和对伦理关系建构的主体作用而言，大学教学管理的伦理主体间的关系是一种平等的，相互促进、共享共生的关系，主体间是以促进师生精神成长和人格完满为宗旨的非功利性关系。大学教学管理多元主体间在伦理关系中的存在方式、价值表现和受到的制约程度有所不同，在教学管理中承担的角色也不尽相同，是一种个体化的主体，但其活动都以学生健康成长为核心。大学中的教学管理者，在其角色责任中，应该具有道德领袖的自觉，从教学管理到教学领导的自觉，教学管理主体的权威一般是由组织认定，规章赋予，通过合法程序获得权力后而获得的权威，仅仅凭世俗的权威组织的教学管理在伦理化管理中已然不能满足多方的伦理诉求，由于教学管理不以企业经

---

① ［美］理查德·罗蒂：《实用主义哲学》，林南译，上海译文出版社2008年版，第94页。

济利益为目标,因而榜样作用和道德影响力更有效,必须扩展和增强管理者的道德维度,树立道德权威,来实现教学领导和教学管理。

教学管理的主体和场域的互动,因具有共同的价值目标和展现形式形成伦理共同体。伦理共同体是教学的人文本性,"共生存在"是教学管理的伦理关系,人性假设是教学管理的伦理前提,人的发展是教学管理的伦理目的。有效教学往往应然地具有道德性和教育性,教学管理的伦理诉求主要来源于教育性与管理性的有机统一,伦理在教学管理中发挥着重要的影响,为合理诉求提供了伦理的保障。教学管理活动必然需要相应的伦理价值体系作为支撑,为教学管理的合理性、合法性、合情性找到理论和实践的依据。

(2) 大学教学管理"共同体"构建的利益基础

由于当前人的主体性日益高涨,自由观念日益彰显,许多人把规范理解成阻碍自由发展和主体张扬的因素,是影响自由实现的否定性力量。很多人也往往从此角度理解教学管理的规范价值,特别是,现实中确实也存在一些价值和功能错位的制度规范,从而使人们片面地把规范当成"压制""强迫"甚至"奴役"的同义词。当然,任何明智的人都不会把个人主体性的解放与自由的实现完全寄托在教学规范制度的废除上。完全否定这种必要的规范,必然面对更大的风险,即教学中教师与学生由于没有规范、没有引导,个体的责任心和自由处于放任状态,可能导致一个学校的教学处于一种失去方向、失去控制的盲目状态。一个群体若要发展成为一个共同体,有学者认为"包括创造群体认同,解释内在差异和多样性,学习如何进入共同体,崇尚共同体等实践路径来达到"[①]。

大学教学管理的共同体是教学参与多方形成共同愿景和达到伦理利益整合的组织基础。大学教学管理的多方参与,存在利益诉求的差异和对制度公正理解上的偏差,为使各方诉求在教育伦理规范中得到合理的体现,并集聚和发挥多方力量,参与到管理规范体系的构建,推动大学教学管理伦理规范的实现。伦理规范的建构多体现元主体的共同利益表达和参与主体诉求的妥协。

---

① Calderwood, Patricia E., *Learning Community: Finding Common Ground in Difference*, New York: Teachers College Press, 2000.

首先，这种规范体现了整个社会体系对教育者和参与者的价值预期，是社会及其代言人利益的体现。其次，大学教学管理主体从事的管理活动中，对教学管理活动和向管理对象天然地预设了伦理价值取向，包含对师生伦理方面的规制和限定，而主体和相关成员是否愿意遵守或是否打破共建的伦理规范，是建立共同体或破坏共同体的关键，也体现着对共同伦理诉求的实现程度。再次，由于大学教学中的被教育者和学习者是教学管理活动的对象，实践对象是实践活动存在的基础，教学管理伦理规范的设定必然包含和考量教育对象的利益诉求。最后，伦理规范对参与大学教学管理的所有行为人形成强制规约，引领和激励管理行为，对教学活动的伦理价值和潜能起到积极或消极的作用。所有教学管理的参与者都可视为利益相关方，都对大学教学管理伦理规范的建构，形成利益集合和诉求表达的共同体。共同体合理诉求的合理表达和合理呈现，是评价大学教学管理伦理诉求正当合法性和程序合理性的关键性指标。各方利益在教学管理伦理规范中的合理配置是多方积极参与、相互博弈的结果，不是天然生成的。对话和理解是一种方法和手段，作为诉求不同的利益主体，社会和教育者、教育者和教育管理者、教育者和被教育者等存在利益上的矛盾和差异需要通过伦理的考量达到合理安排。利益方的"到场"和价值主张的充分表达，大学教学管理的伦理规范得到有关各方确认的可能也就越大，实现自身的必要合力也就越大。

虽然大学教学管理伦理规范是关于教育者和管理者行为之应然表达，但其中却蕴含了诸多方面的利益诉求。

(3) 大学教学管理主体性的激发和榜样的塑造

"主体性是人类认识世界、改造世界，认识自我、改造自我过程中发展起来的最有价值，最能体现人类本质力量的特性。"[①] 符合教学管理应然具有鲜明的开放性特点，通过主体意识的激发而焕发出鲜活的生命力。主体性激发是促进教学德性发挥，提升应有道德力的重要前提，是大学教学管理共同体形成的前提和基础。主体性的激发既符合大学教学管理伦理精神和体现师生主体发展的内在要求，又体现顺利实施大学教学管理实践的外在要求。

---

① 王道俊、郭文安：《关于主体教育的思考》，《教育研究》1992 年第 11 期。

第一，大学教学管理的真正德性应该建立在主体性基础之上，大学教学管理的主体德性要成其为德性，必然要依照和符合自然法则与规律，否则主体性不足，道德就成为强制的道德，就属于外加的德性，绑架的道德，其真正的德性将大打折扣，或根本就不可称为德性了。

第二，大学教学管理主体性的激发是人才培养、社会发展和教学实践的多重需要。"主体性"是现代教学论研究的新的增长点，人的主体性能力与品质需要成为人们所必备的重要素质，人的主体性能力与品质也制约着人才的规格与水平[①]。"无论社会处于何种方向的发展状态，个体的积极自主与创造性发展，即我们假设的正向发展都具有推动社会发展的意义。"[②]

第三，大学教学管理主体性激发包含"主体意识的唤醒""民主管理意识的培育"，"师生的赋权增能"等几个程序和方法。充分重视教学管理本身的伦理精神和要素，唤醒师生对教学管理的默然，主动成为传递道德要素和道德信息的个体，为教学管理提供必要的动力；在大学教学管理的环境中孕育民主、自由、公平、正义的积极氛围，培育师生的民主意识，主动参与到教学管理实践；开展师生互动，增强师生教学管理、自主管理、合作管理的能力，提升管理效能。主体的内在天性激发和外在的有利促进环境合理地得到改造，以天性和潜在的可能性来培养和激发主体道德，培养主体自身的德性，真正塑造和形成大学教学管理的主体德性，日生日成，德性演变为德行，习惯成自然，德性就与主体性相互融为一体，德性真正的在主体性的激发下，演变为一种道德的力量，道德渗透到教学管理之中，在教学实践中发挥着榜样力量。

第四，大学教学管理主体性的激发就是要充分显示教育与人类超越现实的本性。突破传统"授—受""规训—服从"以管代理、以教代学的弊端，有机建立"理性与非理性，科学与人文"的伦理联系。培养人的主体性，帮助主体摆脱技术奴役、人性沦丧和道德危机，尊重、弘扬、激发和发展教学管理伦理性实现教学管理者、教师、学生之间除业务关系外，情感关系和伦理关系的全貌把握。

---

① 李森：《现代教学论纲要》，人民教育出版社2005年版，第16—21页。
② 叶澜：《教育概论》，人民教育出版社1991年版，第318页。

同时，在主体性激发过程中，也要注意主体与主体之间的关系，即交互主体间性的激发，还要注意榜样与非榜样之间的关系，让榜样贴近生活，具体、生动。

3. 大学教学管理的角色德性再认和教师德性发展

马克思说"道德的基础是人类精神的自律"①，任何伦理层面和规范层面的道德终将落实到"自律"这一主体性层面。责任意识、服务观念、诚信、操守、进取精神、求实品德、清廉品格、平等态度等是现代大学教学管理实践及其发展所要求的，反映教学管理主体道德人格构成的最主要的方面。"现行教育本身越来越缺乏爱心，以至于不是以爱的活动——而是以机械的、冷冰冰的、僵死的方式去从事教育工作。"②当前教学中的道德沦落与异化不在于规范伦理的旁落，而在于对教学内在道德性的忽视。把握教学本体需要从对教学本质的逻辑分析走向对教学存在的理解。教学不仅是一种道德性实践，更是一种德性生活，是充满理性的、自由自觉的、道德创造性的和自律的生活。重返德性生活的教学才会获得自救，也才有教育中人的真正解放。教师的德性是有助于教学服务的方向，就如同杜威所界定的"教育的目的是更多生长"，问题在于"教育即生长和生长即教育的立场来看，这种方向的生长是促进还是阻碍一般的生长……当一种特殊方面的发展有助于继续生长的时候，也只有在这个时候，它才符合教育即生长的标准"③。因而我们对教师和学生的德性角色再认的同时，也要坚持其德性发展应然地符合教育生长的规律。

（1）师生在大学教学管理中的角色德性

董仲舒认为"善为师者，既美其道，又慎其行，齐时早晚，任多少，适疾徐，造而勿趋，稽而勿苦，省其所为而成其所湛，故力不劳而身大成。此之谓圣化。"既强调教师的主导心和责任心，同时，也提出了学生的主动性、积极性，尤其是教学中师生的辩证关系。大学教学管理中主要是对师生在教学过程中的管理，师生教学角色承载着德性的诉求，分

---

① 《马克思恩格斯全集》第1卷，北京人民出版社1956年版，第15页。
② ［德］雅斯贝尔斯：《什么是教育》，邹进译，生活·读书·新知三联书店1991年版，第1页。
③ 陆有铨：《躁动的百年》，山东教育出版社1997年版，第196页。

别表现在其在教学管理中的责任、权力、公正、良心和一定的人格魅力,具体又体现在教师的角色行为之中。

第一,作为教学及教学管理主导身份的教师角色德性。

经师易得,人师难求;学为人师,行为世范是教师应有的角色诉求。在大学教学管理的具体实践中,教师主要表现为:

其一,基于责任的乐教和乐管。教师在大学教学管理中积极承担道德责任,"教育选择和追求先进的教育价值观,变革、改造不合理的教育现实,创建新的教育思想、制度和活动方式,承担自身的历史责任"[①]。教和管是教师在大学教学中的主要活动,是教师传道授业的基础责任,而乐教与乐管则是教师的德性责任。具有乐教乐管心态的人,对学生,对知识和对课堂都有着浓厚的情感,相反的是"厌教"和具有职业倦怠的教师,一旦带着个人情绪,尤其是带着负面情绪进入教学管理,其伦理效果,必然是达不到伦理诉求,试想一个人对自己工作、学习和生活不满意,没有愉悦情感,是很难做出有德性的实践活动的。同时"乐"也是大学教学管理实践活动的公共责任,教师不仅仅是在自己的教学行为中带有愉悦的情感,而且给学生传递一种乐于学习、享受学习过程、热爱校园生活的情感,同样是必需且必要的。

其二,基于专业的公正与良心。教师必须在教学工作中、管理实践中具备公正的品质和教育的良心,不良的大学教学管理中尽管在表现上没有行政、司法管理中利益交织和权力盘结那么复杂多变,但是教学是人性塑造、精神提升的领域,对学生或教学行为的错误或不公正处理,造成的负面影响将是巨大的。因而除了具备良心之外,还要强调教师提升教学专业素养,教学及教学管理既是一个良心活,又是一个技术活、艺术活。大学教师要优化管理效能,不仅有公正对待教学管理的理念,也要有能够公正对待教育教学过程的专业能力。

其三,基于人性的教育爱。爱因斯坦说过:"一个人对社会的价值,首先取决于他的感情、思想和行为对增进人类利益有多大作用。"爱是一种炙热的情感,教育爱是在教育中形成的特殊爱,是教育者认识到教育存在的重大意义和价值后形成的一种深厚浓烈的感情,它是一种教学伦

---

① 王本陆:《教育崇善论》,广东教育出版社2001年版,第319页。

理素质，也是教育伦理实践的道德力量和伦理之源。基于人性的教育爱是弘扬教育灵魂、教育人文精神的元点，热爱教育事业是教育爱的灵魂。体现在教育教学管理中，就是对教学及其管理活动的炽热情感，孕育着对人性的尊重和保护。基于人性的教育爱是一种仁爱，教育爱还是对师生从事教学工作的天然归属感。对教育事业的挚爱与奉献是教育者在社会主义道德观指引下的利他情感，"人梯精神""红烛精神""春蚕""园丁"等代表了教师伦理内涵的隐喻。教育者的职业品格直接展示了"教育作为一项杰出道德事业"的实践精神。教育事业是一个充满爱心的事业，对于从事教育教学管理的教师来说，坚持公正固然重要，而教师体现的教育爱也是学生学习和形成仁爱之德的最好榜样和教育教材。教师教育爱的德性是教师伦理的最基本的范畴之一。"教育公正离开教师对学生的爱心、宽容、理解和扶助，其实质是无法真正实现的。"①

其四，对教学管理对象的关怀和人道。教学和管理是"教人以善""助人为善"的道德实践活动。杜威指出"有教育意义的过程同道德的过程完全一致。""教育即生活"，大学教学管理中教育者和受教育者是教学管理关系中最基本的道德关系。教育者的道德观念、道德行为和道德境界将传递和落实到受教育者中去，形成一种"师构课程"的教育资源和力量。由于大学教学管理的目的和基本价值乃是育人成才，教育教学为人们获取幸福提供基础和可能，在大学的教育过程也是一种寻找生活意义和精神体验的过程。我们只有以关怀和人道的方式对待人类自身的教育教学问题，教学及其管理才真正体现人性的内在要求，这样的教育才可以被称为伦理的教育，称为"善"的教育。在大学教学管理中，要促进教育回归生活，教育者和管理者和其他教学管理参与者都是生活中具体的鲜活的生命个体，要求教育者把学生当作生活中的人，关注学生当下的现实生活，尊重学生的个体意义和基本人权，在师生对话和交往中体现教育精神的真谛。"在任何情况下，教师都不允许在教育过程中成为权力主义和强迫命令，不允许使这一过程脱离儿童的真实生活，脱离整

---

① 檀传宝：《论教师的仁慈》，《高等师范教育研究》2002年第4期。

个社会生活。"①

其五，基于修养的君子人格。教师在大学教学管理中处于一种示范性和榜样性角色，教师的修养是学高为师、身正为范的应然要求。身正是具有教学管理功能的，身正既是一种示范，同时也是一种行为规范。身正，不令则从，身不正，虽令不从。基于修养的君子人格是对教师崇高德性的一种社会认同，君子人格成为一种教育力，具有教育意义和管理价值。教师自身对君子有着情感认同，同时加强自我修养，规范自我行为，培养君子人格。

第二，作为大学教学管理主体的学生角色德性再认。

教师和学生在教学实践中是一对基础道德关系，或称为"对成"关系，在教学管理这对人际互动中，教师和学生均为教学管理中的主体，教师和学生不仅教学相长，在德性上因师生的互动，也同样能达到"相长"的目标，因而，在要求教师德性成长的同时，也应该促进学生在教学关系中的德性养成。主要包括：

其一，承担学习和管理自我的责任。学生的自由学习包括积极自由和消极自由，自主性是大学生教学过程中所积极追求和具有的学习特征，在大学教学中已经具有较大程度的自由，如何克服自由的消极影响，学生自身应该承担起更多管理自我的责任。

其二，享受教育的幸福和崇尚感恩。学生在教育教学中享受着来自教师的教育爱，在爱的情感中接收文化传递和文化更新，学生在学习德性中应当主动感知到承担受教育者的教育爱，感受和感恩于教师在教书育人中所奉献的青春，感恩于师生之间亦师亦友的快乐。古人云"一粥一饭，当思来之不易；半丝半缕，恒念物力维艰"，学生的成长和发展来自教师，包括教学辅助人员，教学行政教师的谆谆教诲和悉心服务，他们为学生的健康发展和快乐成长远胜于一粥一饭、半丝半缕。尽管教书育人是教师的责任，教学是一个"良心活"，学生的内心应该由衷地感激教师付出的辛苦和良心。

其三，基于修养的道德自律。修养是文明的标志，教学管理本身也

---

① [苏] A. 阿莫纳什维利：《孩子们，你们生活得怎么样》，朱佩荣译，教育科学出版社 2005 年版，第 36 页。

是一个修养塑造的过程。大学生强调文明修身的一个指标就是慎独自律，在他律管理和自律管理中，自律对大学教学管理的文化营造和榜样示范作用是巨大的，自律对学生自主学习、自主管理和自主发展也起到极其重要的推动作用。有修养的自律更能体现学生在学习自由中的自我规范，体现了文明学术人的应然特征。正如亚里士多德所说，"一个人的智慧不仅仅在于他所拥有的知识，而更在于他如何在知识的基础上理性行事"，理性行事也是一种自律，是学生在获得知识的过程中达成的一种文明修养。

（2）教师德性发展[①]

在古希腊帕尔纳斯山石碑和德尔菲神庙墙上均刻有"人啊，认识你自己"的名言，人类力求"自知"的使命，是人们自我探究、自我批判和自我超越的动力和使命。同时，这种"认识自己"的使命，也要求未来教师不仅要善于育人，更要重视"育己"[②]。将育己作为教师生命提升和意义追求的内在需求，成为教师德性发展的内生力量。

第一，教师的自我认识与角色期待。

一方面是社会对教师身份的外在要求，另一方面是结合现实和应然发展方向的定位与塑造。学高、身正且为世范，这种理想化、神圣化与规范化的要求，已然成为"不言自明"的道德常理，同时又恰恰缺乏必要、具体的道德框定和法律解读。随着社会整体转型，经济市场化与文化多元化发展，教师个体或群体正经历着如"个人与集体、关爱与公正、主流与多元、功利主义与理想主义"[③] 等各种冲突，教师在神坛上高处不胜寒。"专业化"语境中的教师角色，教学内容和对象日益复杂，社会角色期待的无限增长，教师工作压力增大。从外部关注维度来看，国家、社会、学校、家长、学生等被"教师应当如何"的角色期盼，诸如"教师是太阳底下最光辉的职业""教师是燃烧自己照亮别人的蜡烛"等的理想期待与现实生活落差所困扰，教师自我认同在超越现实的同时又不得

---

① 张东、李森：《教师专业发展的实然困境与应然取向》，《教师教育研究》2011年第6期。
② 叶澜等：《教师角色与教师发展新探》，教育科学出版社2001年版。
③ 程亮：《规范·专业·实践：当代教师伦理研究的三种取向》，《教育发展研究》2009年第12期。

不回归现实,学生成绩、教育改革、工作负担、岗位职责、职位职称、检查评估等来自各方面的压力让教师心有余而力不足,倍感身心皆疲,渐失自我心向,遮蔽了教师自身关于专业身份的觉知,剥夺了教师个人成为预期角色以外其他身份的可能。

从教师角色的历时性考察来看,不同时期人们对教师角色有不同的规范和要求,角色特征伴随时代的车轮渐进式地解构和建构。"学高为师""教,上所施,下所效也",教师被天然认定为知识储备丰富、效仿的榜样,教师身份及其发展往往与"知识"含量的多少有关,教师发展被理解为对知识的追求和积累。信息时代,知识爆炸,后喻文化凸显,教师以何种身份和储备何种知识出现在学生前面,如何构建适应教学需要的新型师生关系,成为教师需要随时面对和自我思考的问题。现时代,教师受到了既有来自外界此起彼伏、纷繁驳杂的指点评论,又有时代发展对教师角色的新规定、新要求,即被置身被要求、被规范的"他律"状态;同时,作为教师,对渴望专业自主身份的争取,不断向往自我身份的认同与追求。教师对自我角色认知产生了更多的无力感和怨愤感,他者规训异化与自我身份迷失的冲突凸显,构成了教师身份的存在性焦虑。

第二,教师德性发展中的主体意识贬抑与隐退。

教师发展受制度文化框定,以及事实上的行政化推进,教师处于矛盾性教育场域之中,[①] 制度推进等外控生成的氛围造就了"专业观念"崇拜,在现代专业化浪潮中,教师就和一般知识分子一样,丢掉了独立思考的旗帜,高高举起"专业人士"的招牌,以专业态度对待一切。[②] 教学实践行动蜕变为观念操纵的定式反应和被动习惯。教师主体个性难以张扬,对人和生活的思想贫乏之极,从某种意义上说,过分的专业化占有支配地位时,就是意识形态占据了支配地位。[③] 客观阻碍了教师自主、自由、自然地发展。经过访谈和网络分析,教师对当前的改革和专业化展

[①] 马维娜:《局外生存——相遇在学校场域》,北京师范大学出版社2003年版,第260—262页。

[②] 周艳丽:《萨义德知识分子观的分析与启发——知识分子论》,《河北理工学院学报》(社会科学版)2004年第2期。

[③] [法]莫兰:《社会学思考》,阎素伟译,上海人民出版社2001年版,第63页。

演中产生了一定程度的"表演热情"或"被动热情"。"大学教育"与"市场主义"的合谋,成长中的学生和引领其发展的教师被一同赶进了"斗兽场"①,"竞争"和"效率"的强调,"鞭打快牛"的成长模式,导致师生陷入"囚徒困境"而难以自拔。教师职称评定体系的标准,造成教师论文发表和课题意识旺盛,但理论需求低迷;教学能力增长有限,但作秀能力却日渐成熟,职业幸福感进一步下滑②。教师迫于行政驱使和压力,逐步"格式化",渐失自我对真理的不懈追求及生命意义的永恒探寻。主体的缺席与贬抑,生存被动异化,囿于规定性生存尺度和确定性生命流程的生存状态,是生命表现和生命活动异化为生命活力丧失的生存状态,是有悖于本真存在的生存状态。对工作,情感耗竭;对学生,冷漠迁怒;对自己,消极评价;一系列固定程序、统一标准和僵化逻辑的框定逐渐丧失自我、自主和自由的生存。在精神、情感、体验等层面与其他主客体疏远、分离与隔膜,进而丧失本然和谐共在的存在状态③。在众多的规范性要求、强制性规定及利益驱动的奖惩措施下,教师发展成为趋利避害的手段而非目的,在一定程度上也客观阻碍了教师自主、自由、自然地发展。在倡导民主、个性、理解、对话与创新的今天,以教学实践者的角度体味这种专业进程,自觉追问专业发展过程中的生命意义和内涵已成为教师道德发展的重要课题。

第三,教师德性发展的向度分析。

有学者曾撰文表示,教师道德成长和德性发展中有三个境界,长期以来广受重视的外部规定性的、非自我的、被动遵守的道德规范和行为守则,仅仅是教师道德发展的基础性境界。而拷问良心道德是追寻内在自觉和生成的责任道德,是教师道德发展的提高性境界;体验幸福道德是关注教师主体体验、弘扬教师生命意识,促进专业成长的道德,是教师道德发展的更高境界④。生命开放和文化创新是教师道德成长的必然向度和实现模式。

---

① 朱永新:《书写教师的生命传奇》,《教育研究》2010 年第 4 期。
② 吴黛舒:《教育变革中教师发展问题》,《教育发展研究》2009 年第 10 期。
③ 张培:《生命的背离:现代教师的生存状态透视》,《教师教育研究》2009 年第 1 期。
④ 杨启亮:《教师道德发展的几个境界》,《教育发展研究》2009 年第 6 期。

向度之一，生命开放：教师道德发展的内在逻辑。

教师是鲜活的，不断生成，期待成长的生命个体，同时又是必须依赖职业维系而天然合作的专业群体，承担着传道、授业、解惑的历史责任，也肩负着独特的人文向度和精神建构的使命。

幸福自由的发展旨归。"一切有生命和爱的生物、一切生存着的和希望生存的生物之最基本的和最原始的活动就是对幸福的追求。"① 追求幸福是人类精神本性和人类社会的永恒主题。自主、自由地追求自我幸福发展是教师发展的动力源泉。亚里士多德认为，幸福可以通过学习和培养得到，而不是靠运气获得②。知识的增长、能力的发展、心灵的充实、智慧的养成、德性的陶冶、精神的自由、人格的独立、价值的实现等，均为人性所向，意味着教师在自我发展和促进他人发展中的求真、求善、求美。幸福的教师是智慧的，智慧的教师是发展的。

主动开放的专业胸怀。主动开放是教师发展的心态和姿态，是一种促进自我发展的胸怀，更是推动教师更高层次专业发展的大气包容。一方面教师需要主动与自觉发展，提升教师的业务水平，促进自我身心素质的积极塑造。另一方面教师必须有甘于奉献的精神和开放豁达的心态，苏霍姆林斯基说过："要成为孩子的真正教育者，就要把自己的心奉献给他们。"对于献身教育、精通业务、深爱学生的教师而言，没有什么比将自己的心奉献给学生更能给予教师工作的乐趣和动力；再则，在教师自我发展中创新理念，开阔视野，启迪智慧，积极适应社会发展和人才培养内在规律的需求，打破学科专业的樊篱，充分学习跨学科、跨领域知识和能力，加强多学科教师之间的互助协作，既能提高个人专业素质，又能提升教师群体水平。

个性生成的专业情感。王夫之认为"夫性者，生理也，日生则日成也。"个性，也即人格，是指一个人社会性和个性相互融合的整个精神面貌，是体力、思想、情感、意志、性格、情绪等一系列生理特征、心理特征和社会特征的有机结合，具有一定倾向性的特征。教师专业个性就

---

① 唐凯麟：《西方伦理学名著提要》，江西人民出版社2000年版，第292页。
② [古希腊]亚里士多德：《尼各马可伦理学》，苗力田译，中国社会科学出版社1990年版，第16页。

是教师个体在社会生活尤其是教育教学生活中形成和表现出来的教育性、创造性等个人品质。一方面，教师是社会中的人，他与其他任何普通人一样具有独特的社会特征；另一方面，教师作为一种社会职业，既要注重自我成长，又要关注他人尤其是学生个性的培育生长。教师的生命个性蕴含着浓烈的专业情感，是不断与学生自然交流、自然流露、长期生成的生命体验。

向度之二，文化建构：教师道德发展的持续保障。

文化是事物"自然成长的倾向"，是生活内蕴的自然发展之道。文化人类学认为，教师的特质在于他首先是一种"文化"的存在，承负着与"文化"息息相关的教育使命。教师文化是体现教师特质的一个重要本体性指标，是教师表现自我、建构自我、发展自我的必经之途。只有在"文化"的基础上才能言及教师的其他诸种人性假设。孟子言"先立乎其大者，则其小者弗能夺也"。在论及教师发展时，要辨别大者与小者，合理的专业知识和技能是教师专业素质结构的重要组成部分，是教师专业化的基础，固然重要，但我们不应忽视教师文化伦理、关怀精神、人文底蕴等"大者"。在教学实践中，教师和学生这一"对成"关系均是以"完整生命体"的方式参与和投入到教学过程中，师生之间不仅是知识和技能的授受，更是情感体悟、人生态度和价值理念的彼此分享，达到"精神相遇""意志砥砺""情感共鸣"的境界。如果说教师博学多识、思考交流、教学科研是教师专业提升的起点，那么通过促成教师群体的专业内涵提升，形成积极向上的教师文化，就是教师发展的目的和保障。以文化来解释和促进教师发展，更能充分体现教师专业素能的整体性、复杂性和专业发展过程的生成性。

确立教师道德发展的文化意识，启发文化自觉。意识是行动的先导，教育实践过程具有明显的文化特性，教育过程主要是师生之间、教师之间的精神濡染与思想感化。教师应树立明确的文化意识和文化身份，其专业发展在知识和技能增长的基础上，更应包括价值观念、人文精神、道德修养、思维品质等在内的教师文化品位的提升。美国学者丹尼尔·贝尔认为，经济适用效率原则，政治依赖平等原则，而引导文化则应是自我实现原则。教师作为文化建构的主体，自我实现是教师发展需求中的高层次需求，需要形成文化自觉与自我建构的勇气，提出更高的价值追求，不断努力提升职业境界和专业认同感,把握教师发展的文化内涵,体悟教师专业的内在价值和生命的升华,从不断学习和创造的硕果中享受发展的幸福和乐趣。

创设适应教师发展文化的孕育环境。人及其组织作为社会文化的产物,多存在于某种文化环境之中,并受到这种文化环境影响,教师发展离不开适宜的精神文化土壤,教师专业成长不仅受到社会、学校等环境的制约,而且受到整个学校文化、教师文化、制度文化等的熏陶和影响。在积极倡导"尊师重教"氛围基础上,要构建适应教师发展的"小环境""小气候"等文化氛围,对教师的价值观、信念、道德规范和行为模式产生潜移默化的影响和导向。努力搭建适应大学教师道德成长的制度体系。教学管理队伍的多样性和多元性和当前大学教学管理制度的单一性构成了较为突出的矛盾,相关制度无法激发高校教师德性优点及其道德成长,也无法抑制和有效阻止高校教师人性中的弱点。在重视教师教学质量的同时,发挥制度规范的功能和道德引领相互结合,重视教师的生命开放和道德质量,将管理的视角从教师的工作领域拓展到生命领域,不断改革和创新教师职称评聘和目标考核,建立完善教师道德发展的激励和运行机制,实施柔性管理,关爱教师的自然生命、学术生命和精神生命,通过职业生涯规划,为教师的道德价值发挥和道德成长设立多种上升和发展途径,实现教师内心的理想。

构建教师自主、规范与合作文化。"文化是一个作品,而不是一个对象,是一个创作性问题。"[①] 教师发展并非接受教师专业标准的"裁剪",而是教师应然文化的提升和规范,教师学术生活方式的现实转变,既是教师个体文化的点滴创生,又是教师群体合作与文化浸润;既需要教师自主内生,又需要相互影响、外发影响。不断发挥教师发展规范文化的自然生成和潜在影响,形成道德、政治、技术、法律、经济和语言等方面的系列教师文化规范体系;促进教师专业自由自主,有效利用教师个体在群体文化中的同一性、顺应性特点;加强主流文化建构,鼓励个体文化创生,努力实现文化健康繁荣;加强教师合作文化的引导,将教师之间的"学会合作、学会生活"融入教学文化之中;通过学习型组织,

---

① 赵汀阳:《赵汀阳自选集》,广西师范大学出版社2000年版,第55页。

教学团队及教师合作制度的生成，积极搭建互助交流合作平台，发挥教师合作文化积极的互依性、合目的性及整合性功能，激发教师发展的共同愿景，实现教师发展的文化图景。

教师德性不是对教师的约束，不是对教师生命的抑制或戕害，相反，教师德性是教师生命力量的展现，是对教师自我的维护和确证，是对教师自我生命价值的提升。它与教师之间不是一种外在性关系，而是一种内在性关系。这种认识也反映在教师德性之具体表现上，如教师爱，是一种"给予"，这种"给予"不是为了学生而牺牲自己的生命，而是自己生命潜能的表达。教师宽容、教师良心同样如此①。"处理道德推理的规范性权威过程，不在于建立一种无可逃避的概念必然性或理性必然性，而在于理解我们道德实践的自由愿望。""我们应当寻求道德推理对于我们的吸引力，而非其对我们的不可避免的约束力量"②，因此规范不仅是一种约束，它本身是我们生活的一个组成部分，是以善和德性为特征的吸引。

4. 大学教学管理伦理诉求的制度化建设——德性到德行的保障

"无规矩，难成方圆"，这里的规矩，往往会以制度的形式展现在人们面前。制度能够使"内涵的价值观念、伦理精神通过组织形式，运作程序、基本的权利义务安排等方式引导人们的行为，整合人们的德性"③。然而，根据对大学教学管理专家和在校教师访谈，大家对大学教学管理制度建设还存在一系列问题：如制度内容涵盖不全，主客体权责不明晰；校院两级管理运行不畅，学术权力和行政权力多头管理；制度制定的主体较为单一，程序公正的设计欠妥当；管制多于管理，制度文本描述强硬；制度设计程序不够严谨，相对烦琐，缺少必要的监督和反馈；人文关照不够，未能充分反映教学管理的伦理精神和时代要求等。这些问题都可以归为三个方面："人，制度和文化"，"人"即主体因素，弘扬主体德性和榜样意识，制度则是实现伦理诉求和消解困境症结的重要的保障

---

① 周建平：《追求教学道德——当代中国道德价值问题研究》，博士学位论文，南京师范大学，2003年。

② Railton, P., *Normative Force and Normative Freedom: Hume and Kant*, in Jonathan Dancy ed., 2000, Normativity, Blackwell Publishers Ltd: p.431.

③ 吴向东：《制度与人的全面发展》，《哲学研究》2004年第8期。

机制。"伦理危机和伦理的偶尔瓦解所引起的问题,就只能通过将伦理标准与法律、制度相互结合。"① 伦理的诉求在制度中体现出来,散发制度伦理的精神,是教学管理伦理实现的主要路径。

(1) 制度化对伦理诉求实现的价值和意义

制度是形成自由秩序的基本路径和形成机制,自由秩序的形成离不开制度。一般来讲,大学教学管理的伦理诉求,如对自由、秩序和公正的诉求也可以利用非制度的力量得到建立和维持。如通过强权、暴力等维持铁的纪律和铁的秩序,也有通过个人影响力或实行魅力统治下的秩序,也有如西方借助上帝、神和传统的力量建立和维持自然的秩序。然而这种非制度化的管理,在一定的时空具有一定的实效性,不能达到常态化的管理,在不同的情境中也难以迁移。即便是以上三种管理形式也往往为追求合法化的程序,最终也会形成一定的制度形式。秩序的建立和维持离不开制度的作用。

(2) 大学教学管理制度的本质和特征

通常意义的制度一般包括约定俗成的道德观念、法律、规定等基本形式。作为特殊层次的大学教学管理制度,一般表现为教学管理文件、实施细则、基本规范等形式,为了适应和达成教学管理的基本功能,教学管理制度必须具有合规律性与合目的性的统一②,是稳定性与变革性的统一③。具有规范性、确定性、稳定性、普遍性、规律性、严密性、权威性、变革性、创新性等特征。

教学管理制度是由一定程序形成的办事规程和政治、经济、文化等方面的体系,它是一系列正式约束和非正式约束组成的规则网络,要求成员共同遵守,约束个人和集体行为,并提供一个人类相互影响的框架。它不仅是"教学活动的一般前提和外在环境,也是直接构成教学活动的一个重要的内生变量"④。从制度的起源和本质上看,制度本质就是某种

---

① Samford, Charles, *Public Sector Ethics: Finding and Implementing Values*, London, UK: Routledge, 1998.
② 张家军、靳玉乐:《论教育制度及其对行为的规训》,《教育学报》2007 年第 3 期。
③ 王官诚、李江源:《论教育制度的稳定性与变革》,《教育理论与实践》2009 年第 8 期。
④ 徐继存:《教学制度建设的理性与伦理规约》,《西北师范大学学报》(社会科学版) 2006 年第 2 期。

准则、规则体系，而伦理的本质上也是一种规范体系，且更多是依靠风俗、习惯、良心、舆论等形式而存在。制度的准则和规则具有更加明确的规定性。

(3) 制度化教学管理的积极功能

其一，提升教学管理的效率。效率是管理本身所追求的目的，具有"工具价值"。在制度设计中，通过总结和分析教学过程中具有普遍意义的、共性的问题，囊括共性问题而在制度文本中表达出来，对各种各样相对个性的问题进行分类解决，并给管理者提供较为明确的参照系，使相对类似的问题解决具有借鉴性和参考性，对相同或相似的教学问题能够统一处理，提高管理效率。

其二，达成教学行为的规范和秩序。纷繁复杂的众多教学因素很难在短时间得到全面的分析，秩序的建立是制度建设的基本价值和形式结构，既是制度的内涵要求，又是制度追求的目标，通过制度的建设，能对教学管理过程中的相关问题化繁为简，化难为易，维护正常教学秩序。

其三，教学管理制度能促进管理民主。通过制度赋予教学管理相关群体能够广泛参与教学管理、自主管理。制度设计的程序，以及制度本身在文件中对相关问题的程序往往会做明确的规定，通过完善制度合理、合法的程序，将有效促进制度的理解和推动教学管理民主。

(4) 伦理诉求制度化对伦理实现的意义

第一，伦理诉求制度化后能更好彰显伦理的价值。伦理诉求在制度中如何得以体现和保障，如若要使某种伦理要求规范化、条例化，将应然的伦理精神和伦理观念制度化，则可通过制度化的伦理规则和标准来约束人们的行为。将社会公认或普遍认同的伦理观念按照一定的制度形式固定下来，按照一定的伦理要求和道德原则提升、规定为制度，使道德要求和价值目标制度化为规则、法则等，比如"公正""诚信"等伦理诉求纳入市场经济运行制度被规则化，以立法形式确立下来。传统儒家也曾将"三纲五常"等伦理规范进行制度化建构，使全社会的人遵守并服从这种制度。使规范的效果更佳。

第二，伦理的制度化可以有效地发挥伦理的社会功能。伦理规范的制度化是假设制度的强势推进作用，通过制度的约束，将公平、正义、自由、平等、诚信等伦理规范形成一定的制度文本，以制度强势文化的方式，使人们在内心认同这些伦理观念，进而使得主体在道德内省中产生与这些外在的伦理制度相协调的个体伦理道德，从而实现对伦理和人类行为的调节和规范功能，提高伦理传播和内化的效能。

第三，伦理的制度化有利于时代精神内化为个体道德意识。只有反映时代精神的伦理诉求才能真正为人们所接受。企图依靠制度的外在强制而不管人们是否真正接受来自"强制"伦理规范的传播和实施的做法在诸多领域都难以奏效，强制性的伦理推进既不可行也不可取。倘若主体不能真正从内心深处认同制度化的伦理规范，不具备制度化的伦理所需的品质，那么这种制度化的伦理就无法实施。伦理观念的制度化，关键在于找出真正反映和顺应时代精神的伦理精神，通过具体的制度安排和合理的程序使这种伦理诉求得以实现。

第四，通过制度表现伦理，能直接转化为规范力量。规范是对人性的限制，德性是主动的追求，但是德性要在实践上得以行动，要求在行为中运用理性，这种理性是一种承诺，"意味着永久的承诺，而不是零星的或者选择性地在特殊情况下运用"①。制度能够调节各种利益冲突，约束人们的行为，本身也是一种伦理，用伦理表达的制度，是制度的最高层面表达形式；正如博登海默所说："那些被视为社会交往的基本必要的道德正义原则，在一切社会中都被赋予了具有强大力量的强制性质。这些道德原则约束力的增强，是通过将它们转化为法律规则而实现的。"②

(5) 大学教学管理制度中嵌入和体现伦理诉求

第一，大学教学管理制度对伦理诉求的包容吸纳。大学教学管理制度本身蕴含着规范、秩序、民主、自由、公平、正义等伦理诉求，和求真、崇德、审美的伦理原则，按照一定的道德要求和价值判断，在制度设计中嵌入教学管理的伦理目标，有时候，虽然文本本身并不是直接的、具体的道德行为规范，但其中蕴含着基本的伦理道德要求，这些诉求是制度建设的基本要素和原则。伦理原则和道德要求的支配，使这些并非

---

① [英] 塔拉、史密斯：《有道德的利己》，王旋、毛鑫译，华夏出版社 2010 年版，第 63 页。
② [美] 博登海默：《法理学——法哲学及其方法》，邓正来、姬敬武译，华夏出版社 1987 年版，第 361 页。

直接的道德行为规范和制度指向于特定的伦理目的，并可能产生积极的具有伦理道德意义的结果。教学管理制度设计中，不能不关涉伦理的目标和伦理的导向，如果没有制度中的伦理，那么这些制度就可能成为道德的盲区。大学教学管理中的伦理要求是借助于"制度"的基本形式和正式力量、强制力量形成的"道德裁判"，对师生在教学管理中进行一定的道德约束、监督及激励。体现在教学管理制度中的伦理具有显现性和强制性，相比其他的伦理具有更强的约束力。

第二，大学教学管理制度的伦理化。大学教学管理制度的伦理化是指人们将外显形式的制度由外在的强制规范通过一定的伦理形式，演变为内在的伦理道德规范，即变为伦理化了的制度。伦理的最低层面是规则制度，制度是最低限度的伦理，对生活其中的人们进行最低标准的要求。在教学管理制度上体现和实现规范和秩序，是最直接、最有效的方式。"将对个体、群体、组织、政府等主体的制度和规则约束变为伦理道德约束"①，实质是以德治理，弱化制度的僵化和死板形式，用更具亲和力的方式达到管理效果。制度的伦理化强调道德观念和文化氛围对行为起到规范、约束和道德谴责的作用，希望用内在的伦理道德约束来代替外在制度的强制约束，即"以德"治理与"以法"治理二者的冲突，充分肯定了师生道德自律与"向善性"，承认并尊重人的意志自由。制度伦理化的最终目标是用伦理代替制度，这是以对人类道德的理想设定为前提的，即道德可以具有与制度同样的约束力，但在目前，直接以伦理取代制度的做法，具有较强的超前性，其合理性和可行性尚值得商榷和怀疑。

（6）大学教学管理伦理诉求制度化建设的策略

第一，将通过对话达到理解的伦理道德作为尺度和标准，对现存大学教学管理制度的正当、合理与否做出相应的伦理评价。嵌入伦理诉求的制度关乎社会和制度本身的道德性而非个体的善恶，考虑社会制度对个人权利应承担的责任与义务，以此评价社会道德和大学教学管理本身的正义性与合理性。大学教学管理制度体系中有着庞大的制度文本，如大学教学计划、人才培养方案、课堂教学行为守则、教学事故认定办法

---

① 陈应春：《制度的伦理诉求》，《理论界》2008年第5期。

等，从伦理角度来审视制度的合理性、合德性、合美性，对已有的制度设计和正在进行的改革发展与实践创新进行伦理的考量和道德评价，要求人们在制度选择、设计和创新时能够思考大学教学管理制度的伦理基础和伦理诉求，强调制度的制定和运行要符合理性的伦理原则和运行的"正当性"。罗尔斯在其《正义论》中指出，对制度的道德评价和选择应当优先于对个人的道德评价和选择。如果说个人负有支持制度的义务，那么制度本身必须首先是正义或接近正义的。同样，处于大学教学中的师生和教育相关者支持和服从教学管理制度，也在于该制度本身是具有伦理性和正当性的。这就构成了人与制度、伦理与制度的双向互动，促进制度的不断建立、不断完善和促进师生教学自主、教学民主互相促进、良性影响。

第二，健全和完善教学管理制度，弥补伦理不足。罗尔斯认为，造成社会道德"失范"的原因主要不在于个人品德修养，而是制度本身的正当性发生了问题。大学教学过程和管理过程中累积形成的文化传统和伦理惯习是产生大学教学管理制度缺陷的主要原因之一。如学术霸权、行政霸权、学术腐败、师风学风不正等问题，就可以看成与现代大学章程和现代大学制度不健全相关。推进大学教学改革，惩治和改观现有问题教学行为的关键是建立和健全蕴含伦理的现代大学制度，加强制度伦理和制度文化建设。当然，"没有哪种公共制度或与之相关的事物能免于责难，制度的被责难恰是民主政府的一个特点。"① 只有不断接受伦理责难的制度才能不断趋于完善。同时，制度建设也是让师生在教学过程中有章可循，"如果教学制度（教育制度）制订得乱七八糟，含义不清，就会使主张公道的人不知自己站在哪一方面，只有心血来潮作出决定"。因而教学制度应该写得清楚明白，简单清晰，使守法人一目了然。②

第三，从制度层面重构大学教学管理组织，鼓励多元参与的制度建设。使得大学组织形态能够允许教师、学生、家长及其他利益相关人充分参与和共同协调大学教学管理伦理规范的制定、决策和执行过程。大

---

① Preston, Nod Ethics and Political Practice: Perspectives on Legislative Ethics, London, UK: Oudedge, 1999.

② ［法］霍尔巴赫：《自然政治论》，陈太先等译，商务印书馆2002年版，第282、287页。

学教学行政管理的主管部门如教育部、教育厅和代表学校的教学管理部门——教务处应该承担积极的责任,营造非强制性的"理想状态"对话情境,而不是一纸政令由上而下直接到师生手中,绝对服从,学校教学管理的规范性制度和政策形成通过理性的协商、实践、论辩而得出。可喜的是,现在重大的教育教学规划和相关教学管理办法的出台,一般教学管理行政部门会形成《征求意见稿》的形式,几上几下,征求教师教授和普通学生的意见建议。这种民主制定和师生民主参与的形式同时也是师生主动关心管理事务,对促进道德养成具有积极的作用。使得他律演变为自律,成为可能。他律阶段的人的道德判断主要来源于权威制定的规则体系,认为规则是固定且难以更改的;而自律阶段的人认为道德判断应该是灵活的、相对的。[①]

第四,建立、健全教师的利益表达机制。顺畅的利益表达机制是教学管理多元参与和推进大学伦理共同体建设的必要条件。"立法者应该把自己看作一个自然科学家,他不是在创造法律,不是在发明法律,而仅仅是在表述法律,他把精神关系的内在规律,表现在有意识的现行法律之中。"[②] 一方面应将大学教学管理的应然伦理诉求中,实现权责利对等关系的表达,纳入制度体系之中,以保证权利受制度保护,义务受制度约束。另一方面将内蕴教育教学民主、促进师生教学自由、体现教育公正的实质精神和思想观念,以制度化形式来体现落实,并建立大学教学管理伦理运作的制度评价体系,确保教育的"公共善"有"法"可依,有章可循。

第五,教学管理体制的完善及运行机制的优化。当前,校、院两级教学管理体制改革的重点首先在于教学管理系统中如何围绕学校层面、教务处等职能部门、学院这几个核心要素之间明晰责、权、利。围绕学校总体办学目标,学校、院(系)的教学管理机构(人员)在教学管理活动中,分级赋权,明确职责,相互协作,彼此支持,共同发挥各自管理效能。使学校成为教学宏观决策与调控的核心,教务处等职能部门成

---

① W. C. Crain, *Theories of Development*, *Upper Saddle River*, N. J.: Prentice Hall, 1985, pp. 118–136.

② 《马克思恩格斯全集》(第1卷),人民出版社1972年版,第132页。

为运行协调、质量监控与服务保障的中心，学院成为教学建设与实施的主体。在现代大学制度的架构下，进一步完善和优化校院两级管理体制和运行机制，进一步加强学校教学宏观决策与调控的核心功能，优化改进教务处等职能部门运行协调、质量监控与服务保障的职能，进一步发挥院（系）在教学管理中的主动性、积极性和创造性，切实成为教学建设和实施的主体，是完善校院两级管理体系的核心内容。

第六，在现行的大学组织结构下，如何实现行政权力与学术权力的协调与整合，不仅具有理论研究的价值，而且也具有决定学校科学发展的实践意义。行政权力是一种重程序、求效率的执行权力，主要依托各级负责人、处室、院系等构成的学校行政科层体系来实施；学术权力是一种求真知、重争鸣以体现学术民主的咨询决策的权力，主要依托学科专业带头人，以学术决策为主的各级学术委员会、教学委员会和学位委员会等委员会制结构来实现，二者的协调与整合构成现代大学内部治理结构的重要权力系统。

5. 大学教学管理的伦理文化营造——"以文化人"的道德浸润

21世纪以来，中国高等教育取得了显著的成绩，已经成为名副其实的高等教育大国。但是，我们从高等教育大国向高等教育强国转变还有较长的路要走。现在中国的很多大学，我们并感受不到大学的气场，觉察不到大学应有的精神和底蕴。大学没有形成应有的文化生态，最终导致很难培养出杰出人才。教育文化不是孤立存在的，而是信息时代背景下文化大范畴的重要构成。教育就是要将教育对象引入规范的文化教育体系，脱离文化而抽象孤立地考虑教育是有失偏颇的。

一所大学在漫长的发展过程中不断完善，大学文化在解构中建设，并逐步形成自己的文化生态场域。大学文化生态的演变常常会带来大学治理的变化，是历史与传承、创新与内生的统一。古往今来，人们对于文化的理解和界定都存在着很大的差异，不同背景的学者所作出的文化定义也大相径庭。在《文化：一个概念定义的考评》一书中，克罗伯和克拉克洪列举了160多种文化定义。在中国，关于"文""化"的释解，最早见于《易·系辞下》，将"文"与"化"连用，较早见于《易·贡卦·象传》："观乎人文，以化成天下。"据I.尼德曼的研究，到17世纪，文化才作为独立概念被提出和使用，第一个这样做的是德国法学家

S. 普芬多夫，他认为文化是人类创造有赖于人类生活的事务的总和。在近代，最早研究文化的学者首推爱德华·泰勒，他在1871年的《原始文化》中第一次给出"文化"的概念，认为文化是信仰、知识、艺术、法律、道德、风俗等的复合体①。文化本身是一个复杂的范畴，很难达成学界共识，但是大多学者都承认"文化是在人们的生存和发展历史中形成并通过人们的各种活动而表现和传承的行为方式、价值观念、风俗习惯、语言符号、知识系统的整体"，可以看到，文化的核心是反映人精神层面的价值观念。任何实践活动都不可能超越自身所处的文化传统和文化环境。大学教学管理作为一种"社会建构之物"，是建基于一定文化背景之上的，其形成和实施过程也就必然深受它所赖以存在的文化传统的制约。因为"每种文化都有其教育传统，而在不同的文化传统中，教育所涉及的范围和领域各不相同"②。要实现教学管理规范公平和民主自由的伦理诉求，就必然需要营造与之相适应的良好文化环境。教育教学道德作为社会道德的有机组成部分，既是社会文化的映射，也是社会文化环境的相互浸润和感染。教育的善恶标准总是体现着社会整体的善恶观念，是社会基础价值观的具体化。"在社会转型时期更需要成熟的社会舆论，剧变的社会更需要正确的社会导向。"③ 通过健康、积极向上的大学教学管理文化氛围，能够为教育系统提供合理崇善的道德价值导向。

改革开放以来，特别是信息时代的到来，它打破和冲击着我们原有的管理模式，大学面临着前所未有的挑战。推动大学走向伦理管理、实施伦理管理是成为大学管理发展的必然，使大学管理更富有人情味和伦理意蕴，核心就是构建文化生态的精神场域。信息时代对大学文化造成了前所未有的冲击与影响，创生了革故鼎新、难能自主的环境，凸显了大学文化生态危机。信息时代在给大学文化治理带来挑战的同时，也给大学实现文化治理带来了前所未有的机遇，提供了破解信息时代教学文化、学术文化、管理文化困境，实现文化突围新的方式和手段。运用信息时代各种教育技术手段，可以创造和革新大学教学文化、学术文化、

---

① 转引自吕立志《中国大学文化建设内在之魂》，《高等教育研究》2011年第1期。
② 瞿葆奎主编：《教育学文集·教育与教育学》，人民教育出版社1993年版，第300页。
③ 邵道生：《中国社会的困惑》，社会科学文献出版社2009年版，第232页。

管理文化场域，从而形成适宜发展需要的文化生态。

（1）制度和文化的关系

"制度是指在组织中可以观测到的，不断重复的行为"。制度的研究是观察制度实际产生的行为，而不是写在纸上的条文。这些行为具有意义，这些意义的融合，逐渐就产生了组织的文化。制度与文化是互为依存、互相制约的关系。有形的制度渗透着文化，无形的文化又通过制度来得以体现和彰显。在大学教学管理中，往往重视制度而忽视文化，主要是因为文化是一种"无形"的"有"。夸美纽斯说过，"制度是学校一切工作的灵魂，哪里制度动摇，那里便一切动摇，哪里制度松垮，那里便一切松垮和混乱"[①]。制度是实现管理的最基本的保障。

教学文化生态是大学文化生态的本。教学是大学存在的第一要义，教学的目标是人才培养，人才培养是大学的原始职能，也是大学的基本职能。教学文化是大学良心工程，致力于照亮人性之美，使人成其为人。教学文化的长期效应是校友回馈母校、服务社会，短期效应就是通过本科教学促进更好地招生就业。以育人为目标的教学文化是大学文化之本，大学教育若舍弃本就不成其为大学，大学设置的学科和进行的学术活动就失去了它的主要服务方向。

学术文化生态是大学文化生态的根。学术是人类关于自然、社会和思维的知识体系的总括，作为大学的细胞和承载大学职能的基础平台，大学的学科是大学学术研究的分支，源于学术研究科学的分解。世界任何一所著名大学之所以著名皆源于学术水平和学术声誉的影响。从短期效应来看，学术就是大学的声誉；从长期效应来看，学术推动社会进步，具有探索未知和由科学而达致修养的双重价值，是人才培养的有效途径。教学与学术研究相统一，就是要以高水平的学术研究支撑高质量的教学，这是大学区别于纯粹的研究院所的重要标志，是大学以学术为根的重要内涵。大学是培养人才的地方，是创造知识的地方。培养人才要用学术思想、学术知识来培养；创造知识要靠学术研究；服务社会要靠学术研究创造的知识和培养的人才来实现。以科学研究为目标的学术是大学的

---

① [捷]夸美纽斯著、任钟印选编：《夸美纽斯教育论著选》，人民出版社1994年版，第333页。

根，大学若舍弃根就不能成为真正意义上的大学，大学的教学就不可能建立在高深学问和创造知识的基础之上。

管理文化生态是大学文化生态的魂。管理文化的形成与场域具有内在的契合性，表现为组织结构中诸多要素的协调运作与自主运作的过程。大学以教学、学术为中心，管理是基础，是保障。大学运转的好坏，关键就在于管理是否有效得当。有学者认为，理想的大学管理是为天才留有足够的空间。一个良好的管理文化生态的形成，能促进大学教学文化、学术文化的自主化再生产，从而通过人才培养、科研成果进一步提高影响，获得各界认可。因为认可，社会赋予大学的隐性权力便会无形增加。管理要有大爱，要营造出有利于学术、教学的环境。管理文化场域是撬动教学、学术文化场域嬗变的有力杠杆，从而统整形成良性的大学文化生态场域。为此，实现信息时代大学文化生态治理，归根到底，应落脚到厘清和实现信息时代大学教学、学术、管理的"三域"文化生态联动治理上。

（2）从制度到文化：大学教学管理的必要升华[①]

大学教学管理的有效性在于被管理者的遵守和服从，须在自觉意识下才会取得实际效力，这是一种对一定场域范围内的教学活动所设定的教学主客体行为具有"应然"意义的诉求和规定，为教学双方自觉遵行方能体现自身的价值意义，且转化为"实然"状态。社会既要为教育者提供优质的精神产品，又应该坚持健康的舆论。比如：提倡尊师重教的良好社会风尚。自1769年世界第一家现代企业诞生，历经二百余年，企业管理随时代进步不断创新，先后经历了"经验管理、科学管理和文化管理"三个阶段[②]，日益形成了三种管理模式。随着我国高等教育的快速发展，大学教学管理改革和发展既要借鉴企业成功管理经验，逐渐从经验管理迈向科学管理。同时，作为承载"培养人、塑造人、发展人"等核心价值观的大学教学实践活动，需要充分尊重人性，"以人为出发点，

---

① 本部分参见拙文《教学管理文化：意义、功能及其生成》，《教育研究与实验》2011年第1期。

② 李亚娟、李志强、宋传颖：《文化管理与管理文化的区别与联系》，《湘潮》2007年第8期。

以人的生命价值的真正实现为最高目标的"的管理，积极探索和构建大学教学管理的文化范式。

第一，制度管理的优势与不足。

在中国高等教育百余年的发展进程中，我国经历了规模扩张到质量提升的高等教育发展之路。现已进入高等教育规模化：大众化的发展阶段，大学教学管理逐渐走出经验管理，步入科学管理阶段，偏重于制度管理。

一方面，大学以"规章制度"为特征的管理模式，形成了教学管理的制度化。这种制度管理模式是科学管理的主要表现形式，是一种以规约、限制和教化为取向的管理模式，着重规范教师的日常教学活动和学生的日常行为，强调学校活动的规范化、标准化和程序化。[①] 在一定程度上，切实提高了大学教学管理的理性水平、工作效率和教学质量。现代大学通过"定章建制，科学管理"，积极借鉴和探索科学管理模式，强调学校教学管理遵循科学规律，注重理论与实践结合，追求管理效率，特别是相对于可测量的教学任务目标的完成来说，理性化的管理制度有利于可测定目标快捷高效地实现。教学管理的制度化，将进一步体现依法治校的思想，有利于进一步落实教学责任、促进教学公平，积极推进教学管理的民主法制化进程。在现阶段，我国现代大学制度的建设还处于初期阶段，健全和完善大学教学管理体制机制，加强制度体系建设具有极其重要的意义。以制度为特征的科学管理模式被广泛推崇和普遍使用。

另一方面，基于大学教学管理实践场域和管理对象的特殊性。教学管理发生于知识型组织和教学实践场域，具有一定的文化环境依存性。教学管理的对象是具有高度自主意识与自我追求的教师职业群体，制度规约和监控奖惩易带来教学场景的机械劳作和职业倦怠，挫伤教师的积极性和创造性，容易产生反感和抵触情绪，直接影响教学管理的效能和教学效果。而对于渴望知识、追求真理、充满主体精神的现代大学生而言，教学管理中量化局限的指标体系管理、技术化的执行操作模式不利于学生创新精神和实践能力的提高，影响学生的全面发展。

---

① 车丽娜、韩登池：《学校制度规约与教师文化发展》，《中国教育学刊》2007年第8期。

第二，文化介入管理的有益补充与升华。

健全的教学管理制度体系是实现科学管理的前提和基础，没有规章制度的约束，大学教学管理必将是无序的、混乱的。教学管理对教学人性化的追求和实现也必然丧失其立足点。但教学管理活动又并非完全客观、中立且价值无涉的活动，它本质上是一种以人为舞台的实践活动，是有血有肉、有价值、有情感的人，是理性与非理性、理想与现实的产物，由于传统科学管理模式刚性有余，柔性不足，缺乏必要的人文关怀、情感和谐的内在驱动，倾向于锻造教师和学生的工具理性的思维方式，不利于指导和引导大学教育教学改革。文化介入的教学管理将突破传统制度管理的局限，用刚性规范尚未自觉的行为，用文化的柔性唤起教学中的师生自觉参与管理的内在觉醒，按照师生"民主自由、生命关怀、和谐幸福"①的价值取向，通过大学教学管理文化的有益补充，达到"刚柔并济"的管理效能。以先进文化引导大学教学管理，将制度建设与反映大学理念的先进文化相结合，使教学管理制度蕴含先进的文化。一方面，经由教师们通过适当的途径参与到制度的建设过程，制度能为文化传播搭建载体，在执行中易于被广泛接受，并达成共识，在执行中有效减少阻力；另一方面，教学管理融入整个大学文化中，符合了先进文化的发展方向，把握了时代的脉搏和教育教学的规律，能更有效地推动教育教学改革和发展，提高教学质量。文化成为制度顺利实施的重要保证，将有效降低制度推进成本。当制度升华为文化时，遵守规约是自身和他人发展的共同需要。文化则成为大家共建共识的行为准则和潜在制约，无须监督即被执行，教学管理演变为一种文化自觉。教学管理制度通过文化的升华，将有效激发师生主体意识，形成教学管理顺畅的内部机制，维持和创新教学过程将成为广大师生的主动选择，教育教学应然的文化价值和师生生命价值随之获得提升，同时，通过升华的教学管理文化还能形成良性的文化氛围，为教学提供良好的环境条件。

(3) 大学教学管理文化的内涵与功能

教学管理是一种价值承载的文化实践活动，教学管理活动除了具有综合性、价值性、实践性特征外，还蕴含着丰富的文化性。教学管理文

---

① 杜海平：《论教师教育的人本价值诉求》，《教育研究与实验》2003 年第 3 期。

化,是人们关于教学管理的观念、知识、规范和与之相适应的运行方式和已被师生接受的教学管理习惯,是教学管理行为在文化和观念上的客观反映。

大学教学管理文化形成于教学实践过程,是整个大学文化的亚文化系统,既从属于大学文化之中,又是依靠大学文化为背景,反映和展现出具有大学特色的特殊文化系统。教学管理文化包含三个层次的含义:一是由教学管理组织架构及其教学运行机制形成的制度文化。这是由大学的空间环境、物质设施构成的物理文化。二是在长期教学管理实践中形成的相对稳定的管理理念、价值取向、理想追求、思维模式、道德情感等维度的精神文化[①]。三是大学教学管理的外部文化因素和文化环境。教学管理文化在教学管理实践中具有重要作用。

第一,具有鲜明的文化导向作用。文化导向可使学校师生在情感、心理和行为上带有明显的倾向性,易于形成相对统一、共识共知的教学管理思路,为大学师生教学、科研和社会服务提供开放互动、价值引导的指挥棒。并正向引导师生有效教学活动。

第二,具有凝智聚力的作用。文化是存在于个体之外的,能对个人行为施加无形的限制力量,而使个体与这种文化保持一致,被公众接受的大学教学管理文化能够使个性文化和团队文化相互适应,充分发挥个体教学智慧,促进视域融合,培养师生共同的情感,形成共同的理想,增强凝聚力。

第三,具有审美功能。大学师生一般是文化素养较高的"知识人",具有较高的情趣和审美情感。大学教学管理文化帮助和引导人们树立正确的职业操守、学术道德和审美观念,努力形成"乐教好学"的良好风气,促进教师更加艺术化地开展教学活动。

其四,具有价值渗透功能。在管理过程中潜移默化地将多元的价值理念渗透到实在的管理操作流程中,并有效补充技术理性的不足,对管理过程产生潜移默化的影响。

(4)"互联网+"时代大学文化生态场域分析

互联网是人类最伟大的技术发明,人类的生活、学习和思维因此而

[①] 睦依凡:《好大学理念与大学文化建设》,《教育研究》2004年第3期。

改变，一个真正意义上的信息时代已经宣告到来。随着互联网的诞生，世界二重化为虚拟世界和现实世界。① 作为伴随信息技术发展的虚拟世界，打破了时空和地域的限制，将素未谋面的人们紧密联系在一起，已经成为时下民众接收信息和参与互动的重要场域。由于信息技术的发展，人们对掌握知识技术的重视而往往容易忽视教育的精神，教育空间与空间之间的分离正在变得更为普遍。从空间社会学理论框架出发，大学空间总是蕴含着不断重构并再次生成的可能。② 作为正式的社会化空间，大学空间在现代性的形成过程中完成着自身的社会性生产。大学空间在完成现代转型的同时彰显出权力和自由的双重属性，成为现代社会空间的重要组成部分，即使是网络化的大学空间，仍然无法真正逃离现代社会巨大权力之网的包围。③ 大学空间为人们提供了可以选择进入，也可以随时脱离的场景，但无论怎样，一旦进入大学，大学空间必将为进入者今后的样态和行为选择烙下最深刻的印迹。

信息时代虚拟大学的网络曙光初现，并形成了独特的大学虚拟空间场域。在与现实场域有着共性的同时，大学虚拟场域也具备其独有的特质。④ 大学教育的本质是提高智慧、培养人格、改善人生，教育的过程实质上是信息交换和处理的过程，而以互联网为代表的信息技术的核心功能正是信息交换和处理⑤。信息时代的大学虚拟场域可界定为虚拟环境下教育主客体之间形成的一种客观网络构型。场域主体包括在虚拟环境下的教育者（专任教师）、学习者（不同身份和来源的学生）、管理者（教师管理者、学生管理者、技术保障团队），与现实不同的是这些角色是动态变化的，教育者、管理者和学习者在某些场合与情境下是可以相互转化的。一般来讲，教育者主要从事网络教育的专业研究与实践，包括从事网络教育的教育专家、学科教师、教育技术人员等，目的

---

① 张绍荣、代金平：《网络生态危机与应对：基于生态文明的视域》，《探索》2013年第4期。
② 苏尚锋：《论学校空间的构成及其生产》，《教育研究》2012年第2期。
③ 石艳：《现代性与学校空间的生产》，《教育研究》2010年第2期。
④ 何蓉：《场域视角中的虚拟社区：一个典型的"游戏空间"》，《西南民族大学学报》（人文社会科学版）2011年第11期。
⑤ 李洪波：《我们为什么要用互联网去改造教育》，《今日教育》2014年第5期。

是为学习者提供资源与服务；学习者是受教的队形，在学习知识的同时并实现再生产；管理者包括设备管理、信息资源和运行团队，如同客串者在教育者和学习者之间提供信息及支持，并带来多元的文化背景。大学虚拟场域中的"客串"现象具有普遍性和必然性，客串者则指原来或本职并非从事教育但又进行某些教育活动并创造出教育价值的人，虚拟社区本身的交互、多元、动态特征使"客串"现象在教育中得到了生长，并使大学虚拟场域发挥着更为普遍、更大的作用。究其根源在于虚拟大学场域打破了现实的物理疆域，使大学人的范畴得到了无限拓展。

在信息技术的推动下，大学空间始终处于不断的建构之中，大学文化生态场域的边界得到了进一步的延展，电子社区、网络教室使大学空间的虚化变得更为彻底。教师之间、师生之间、学生之间的互动与交往已不再真实具体，情感的交流似乎也变得虚无缥缈，体验感受也不再需要与场景匹配相连。这些都将意味着传统的大学个体不再是生命体验和发展的基础空间单位，虚拟的大学教育空间超越了原有的物质空间的界限，与充满诗意和象征的大学空间等单纯的自然环境渐行渐远，呈现发展空间的双重二维性。传统大学场域形成的学派、班级等群体形成性教育空间在信息时代正在逐渐消解，形成了非群体化大学教育场域，信息技术所演化形成的各类非群体化交往方式必将导致大学新的无限性互动。在网络的虚拟人际交往中，各种角色转换频繁，互动双方的地位变得也不再固定，原有权力的强制力和控制力也有所减弱。可以说，在信息时代，大学教育空间得到了最大限度的延展，它打破了空间物理层面的束缚，信息侵入了大学的每一个角落，集合了空间行动者的自由交流行为模式，造成了立体信息的泛滥，在场和缺场带来的不确定性使教育空间存在本身进一步虚化。但是这样的虚化空间对传统的社会空间中并没有完全、彻底地消解，在大学虚拟场域中社会中的权力虽然对于表面行为方面控制作用有所减弱，却以更加隐匿的方式将行动者囿于空间之中。大学虚拟场域与现实场域之间的关系不是颠覆与被颠覆的关系，而是互相借鉴、取长补短，然后融为一体的关系。传统教育方式不是一无是处，大学虚拟场域更适合在现有大学基础上吸收传统教育方式的精华进行改造，而不是单独建立网校或打破原有大学的既定格局。这些都给原有的大学文化生态既带来了冲击和挑战,也为信息时代大学文化生态的重构提供了现实可能和新的治理路径。

(5) 大学教学管理文化建设的实现策略

大学既是文化生长之地又是文化传承之所,具有较强的文化性。教学管理文化是人类社会文明进步的结晶,对教育事业的发展起着重要的作用。系统构建大学教学管理文化的理念、目标、原则及精神要素是新时期教学管理改革与文化建设的主要策略。

第一,教学管理文化建设的理念确定:以人为本。

管理理念是管理者对于管理现象和管理活动的理性认识、理想追求及其所形成的管理思想观念和管理哲学观点,本身具有导向性、前瞻性和规范性的特征。理念是由潜在的文化假设决定的,不同的文化假设将产生不同的价值观,进而导致不同的行为结果。大学教学管理文化影响着管理者的价值观,从而深刻地影响着相应教学管理目标的确定、管理方法和措施的选取。将"以人为本"作为教学管理文化建设的理念,就是将教学管理的出发点和落脚点放在对大学师生"文化实践人"的假设基础上,形成以人为本的管理理念,调动教与学、教师和学生双方的积极性,发挥教师的主导作用,尊重大学生主体作用,围绕学生成才和教师成长,开展教学管理相关活动。并以是否有利于调动师生积极性,有利于师生成长成才,有利于提高教学质量,作为衡量教学管理工作的根本标准。这就要求我们在现代教学管理改革中更新观念,确立以人为本的管理理念,转变观念,提高认识,增强服务意识,确立功能定位,形成现代教学管理文化的应然价值选择。

第二,教学管理文化建设的目标定位:和谐共生。

教学管理的主体和对象是"人","人"是大学教学过程和行为最重要的因素,是构建大学教学管理文化的主体因素。因而教学管理文化构建要实现教师、学生和教学管理者的共同发展、和谐共处、共存共生。首先,要积极筛选、选择、传播、生成社会主流文化与先进文化,保障学生的全面发展、终身发展与和谐发展,使管理符合教育教学规律,符合人的身心发展规律,符合社会经济发展规律,促进学生的成长。其次,教师从事的教学工作不仅仅是一个职业,也是一种事业,引导教师热爱自己的事业并不断反思自己的教学行为,以先进的管理文化促进专业发展与人文素质的提高。然后,对于教学管理者,加强教学管理规范,提供高质量的专业服务,在彼此合作和服务的过程中不断夯实和提升自己的管理知识与技能,在"教师""学生"的发展中生成和实现自己的应然价值。

第三,大学教学管理文化建设的基本原则:适应需求。

矛盾是事物发展变化的根本动力,"现状与需求的不适应"是现代教学管理中存在的一项长期矛盾,也是教学管理改革的根源,因而改革必须围绕"适应需求"开展,对内而言,教学管理体制要适应人才培养方式与模式的需要,对外而言,多样化的人才培养类型要适应社会发展的需求,不断优化学科专业结构,积极调整与社会适应的人才培养方案。文化适应性是考察教学改革成效的实践价值标志之一。一切不适应现代社会发展需要的改革,是不切实际的,也是不可能成功的。只有不断追求和完善教学管理的"适应性",将教学管理的文化纳入到大学文化和地方、国家文化大背景中去考量,妥善处理教学管理文化与大学文化、亚文化与主流文化等的关系,进一步深化教育教学改革,使教学管理文化建设更具有持续发展的生命力。

第四,教学管理文化建设的精神要素:兼容并包。

"兼容并包"是现代大学精神的基本要素,同时也是开放大学的办学思想。和谐的文化环境是高校本身教学、科研发展的需要,也是大学教学管理改革与超越的体现。蔡元培在北大"兼容并包,兼收并蓄,独树一帜,不拘一格"的管理理念,促进了北大的改革发展。同时,"兼容并包",广纳英才,鼓励创新的历史文化土壤,百年来优良的文化传统,促进了北大的持续辉煌,造就了北大当今中国一流大学的历史地位。兼容并包意味着"宽容"。"宽容"是以人为本的体现,是教学管理改革从刚性转向柔性管理的一个保障条件。鼓励百家争鸣、百花齐放,尊重他人的学术观点,意味着在学术上可以有更多的"自由空间",在教学中师生能平等而充分地交流,实现因材施教、教学相长。兼容并包又意味着开放的文化心态,通过吸纳和不断更新创新观念,打破学科专业结构的壁垒,有利于形成开放合作的教学资源共享共建平台和机制。

第五，教学管理文化的维持与创新：加强沟通。

维持与创新相互矛盾又辩证统一。文化的发展表现为对文化的创造、管理、解构与重建的演进逻辑。教学管理文化也遵此逻辑，在维持与创新中，不断扬弃，螺旋上升，向前发展。代表维持的文化主体与代表创新的文化主体之间并不一定是截然相反的两种派别，创新总是在维持的基础上的创新。保证传统文化的时代影响力，维持原有文化的适应性，实现原有教学管理的规范价值与自由诉求。在此基础上，又要重视调研，加强沟通，积极探索和开拓，促进多方管理者之间的对话交流，在交流中形成教学管理理念融合，情感共鸣，通过教师与学生、行政管理人员与教研人员、行政管理部门与教学基层单位的交流与沟通，促进彼此的理解与信任。在多元价值博弈中，对原有管理文化创新，实现教学管理文化的维持和创新。新旧文化从对话到理解再到共享，逐渐形成良性的文化互动机制。

从关注教学规范到关注师生生命质量，从规范教师行为到发展教师专业，从完成考核评估指标到实现自身发展，大学教学管理更需要"制度"与"人"的和谐相处，积极营造、建设和升华教学管理文化将是现代大学教学管理实现应然诉求的合理路径。

6. 大学教学管理伦理的基础理论研究——持续创新的理论积淀与滋养

由于"实在"是变化的，所以知识也不是静止的，人只有在经验的过程中，在活动中才能求得真理。大学教学管理实践的探索，是求得真理的主要渠道，我们发现秩序本身，而不是把秩序强加于事物之上。我国现代教学管理理论研究在教学论研究体系中相对比较薄弱。较多理论还属于舶来品，而相对应的实践，我国大学教学改革与发展也多从美、英、俄、日、德等教学发达国家引介教学管理经验和方法，但结合我国本土高校、立足本土思维的教学管理理论研究有所缺失，国外理论在引进过程中容易出现"水土不服"和"走弯路"的状况。同时在有限的对大学教学管理伦理诉求研究的著作和发表的论文中，大多探讨的是教学管理的基本流程、制度建设的常识性知识和操作性程序，对价值性诉求方面的理论体系建设尚待加强，理论深度不够。

第一，在教学论体系中加强教学管理伦理学的研究。伦理学是教学管理伦理实践的理论武器和理性指引，是提升教学管理伦理精神不可或缺的理论支撑力量。教学管理伦理研究的缺失，教学管理伦理学课程体系、研究队伍、学科建设的落后，一定程度上造成了我国当前教学管理理论缺乏伦理基础和土壤，严重制约我国当前大学教学管理伦理体系的重建和功能整合进程。因此，改变大学教学管理中伦理缺失或道德失范的状况，重建我国教育管理伦理体系，需要更多的理论研究者积极借鉴西方人文主义教育管理伦理思想。

第二，加强理论对实践的指导。强调伦理、价值问题在教学管理伦理活动中的重要性，理论是实践的先导，理论研究者要树立强烈的实践意识，加强理论研究者与教学管理实务工作者之间的联系，建立一种新型的合作关系，在理论和实践的结合中观察现象、发现问题和解决问题。既要通过科学的理论正确地阐明宗旨和方向，追求伦理理解；又要围绕实践，实现其现实追求，理论与实践的结合是持续推进教学管理伦理化进程的根本保证。

第三，提升大学教学管理的理论品格和实践智慧。大学教学管理的伦理诉求规定了教学管理理论的实践理性内核，无论是作为以人才培养为核心的各种行为活动方式，还是受教育活动内含的伦理标准所引导的实践活动，或有教育意图的实践活动。[①] 马克思认为，人应该在实践中证明思维和理论的真理性。

第四，丰富理论学说，建立学科体系。大学教学管理是一项具有原则性、规律性和方法性的教育实践活动，其内容广泛而复杂，需要在一定的理论体系的指导下，在实践中不断地探索、改革和完善。因而，必须加强教学管理的学理式研究，构建完备的教学管理理论体系甚至学科体系，为构建教学管理合理性、德性和审美的伦理诉求，推进教学管理持续创新，成就教学师生精神发展，提供理论积淀和学术滋养。

大学教学管理是大学治理中的一个重要板块，促进大学治理体系和治理能力现代化，是我国高等教育综合改革中难度最大但又亟须破解的课题。现代大学治理包括内部治理与外部治理。目前，内部治理取得了一定成效，但外部治理亟待改革完善。推进大学外部治理进程，必须围

---

① 石中英：《论教育实践的逻辑》，《教育研究》2006 年第 1 期。

绕大学治理的价值内涵，探讨大学外部治理的要义与实质、制度建设及能力指向等基本问题，进而确定现代大学制度的建构支点，以整体提升现代大学教育水平和人才培养质量，满足全面建设小康社会与人力资源强国的人才需求。

结　语

奥地利哲学家维特根斯坦曾经说过："我们觉得即使一切科学问题都能解决，我们的生命问题还是没有触及。"本书在研究过程力图价值中立地进行科学研究，然而伦理诉求的研究视角本身又是个价值交织的哲学研究，科学与哲学之间天然地存在无法逾越的鸿沟，伦理诉求"是什么"和伦理诉求"应该是什么"之间有时候并不一致。道德哲学强调讨论"应该如何"，而科学研究往往强调回答"是什么"，对于许多诉求困境而言，我们没有"应该"的经验可以遵循，没有科学的方式去证明或者证伪，一系列传统的道德标准和准则告诉我们，什么是对，什么是错，什么是应该，有时候，我们仅仅通过直觉就作出了道德判断。大学教学管理伦理诉求同样存在"是"和"应当"的伦理困境，应然诉求在公正伦理诉求和责任伦理诉求之间，在文化背景各不相同的大学之间，在教学传统习惯等方面存在不同的回答。本书选择用伦理诉求作为大学教学管理批判的切入点和研究视角，难免会让自己为了寻求更好的"批判"视野和回避"不识庐山真面目，只缘身在此山中"的困境，而刻意从"教师群体"当中脱离出来，这样的"实然"研究将面临一个更大的问题，在大学教学管理这个特殊的实践场域，真实地复原教育者或其他参与主体实际体验的"当下性"和"现实性"显得极其不易。事实上，用伦理这一相对理性而抽象的形而上的表述形式来论证极富现实意义的大学教学管理这一实践场域，就容易削弱问题本身所呈现的现实感和针砭意义。行文至此，作者似乎已演变为"客者"和"他者"，在外乎于大学教学管理的"现场角色"中，这种"客位化"和"他者化"倾向，离当事人的切实体验，日趋渐远，研究中日益暴露出用语的困难，难免出现挂一漏万、言不切题的现象。

在"双一流"建设背景下，大学校长不看重排名和教师不看重职称，似乎无异于掩耳盗铃，科研与教学的微妙关系，大家似乎也心领神会，从上到下都在强调教学的中心地位，可谁也清楚，权威刊物、省部级课题似乎更加实惠，对教师、对学生都是如此，科研成绩来得快，教学却需要更长、更慢、更细心的投入。大学教学管理在价值重构、制度安排和功能整合过程中，科学向度和价值向度、价值中立和价值交织的冲突一直成为作者写作过程中的存在性焦虑。美国管理学家莫纳汉断言："面对现代社会的每一个主要问题，分析到最后，总是一个管理问题……每个社会问题，最后都需要用管理职能的某种方式求得解决。"① 本书试图用"应然的伦理诉求"勾画一个师生共同幸福的图景，我们也必须承认，这种方案所涉及的共同幸福属于遥不可及的长远利益，非迫不及待的眼前利益，由于伦理的长远性同政治和利益的当前性相比，容易处于下风，因而作为论文所涉及的理想图景往往口头支持多，实践选择少，但这种方案和蓝图的勾画，始终会成为一种趋势和方向。

教学伦理诉求的实现依赖于教学管理的精心经营和投入，只有滋养于蕴含伦理的教学管理，才可以孕育出有效的教学，并促进人的精神完满和全面发展。大学教学管理终究是一种教育和教学的运作手段，目的在于促进和提高教学实效和人的丰满人格和精神力。本书提出的大学教学管理的伦理诉求遵循"求真""崇善""尚美"的核心原则，以及伦理诉求在激发内生动力和外部保障两方面激发大学教学管理的实践路径中的作用，恰恰也是教育教学研究回归到教育应该怎样对待"人"这个老生常谈的本源问题，也正因哲学对于"人"的理解有着无止境的深度，因而对大学教学管理这一场域进行伦理的思考，应当说也是不断深化和永远有效的，深刻的、丰富的和充满生机的大学，需要保持教学的理想和教学现实之间永远存在某种程度的紧张，这种紧张所产生的永恒积极意义，正是激励众多学者和从业者为大学精神复归和伦理诉求的达成，而期待，而努力。

---

① 转引自朱小蔓《教育的问题与挑战：思想的回应》，南京师范大学出版社2000年版，第405页。

附 录

调查问卷

亲爱的老师：

  本次调研将深入研究大学教学管理现状及影响，以便对现代大学教学管理提供咨询建议。您的回答不存在对错与否，如实反映即可。我们承诺：问卷结果仅供研究使用，您的个人资料不会泄露给任何第三方。对于您的合作，我们深表感谢！

调研组

填表说明：

（1）本表按照符合程度五级赋值，请将您认为的符合情况在对应的空格画√；

（2）如无特别说明，每题只选一项。

请教师填写：您所在学校类型（"985"或"211"，公办地方高校，民办地方高校）；您的年龄_____性别_____高校工作年限_____职称_____职务_____［副处级以下；副处级；正处级以上（含正处）］工作类型_____（专任教师、管理人员、双肩挑）

编号	题目	不符合	基本不符合	不确定	基本符合	完全符合
1	贵校支持鼓励教师参与国际交流合作					
2	贵校拥有国际合作的教学资源项目和平台					

续表

编号	题目	不符合	基本不符合	不确定	基本符合	完全符合
3	贵校拥有创新创业教育平台并开设创新创业相关课程					
4	贵校有支持教改项目的配套资金与相关政策					
5	贵校的职称评审体现出对教学工作的尊重					
6	贵校与科研院所、行业企业共建的实习实训平台充足					
7	贵校重视本科教学审核评估与专业认证					
8	贵校重视"双一流"建设并出台相关方案					
9	贵校鼓励开设跨学科或交叉学科课程					
10	贵校注重将科研成果转化为教学资源					
11	贵校的评聘、奖励、考核、监督等制度给教师带来教学压力					
12	贵校经常组织教职员工开展质量保障方面的培训					
13	贵校有重研究轻教学的氛围					
14	贵校有提升学生学习效果的完善机制					
15	贵校的教学管理能尊重教师的专业自主					
16	贵校制定有定期实施教师教学评价制度					
17	贵校出台新的教学管理制度时均会征求师生的意见					

续表

编号	题目	不符合	基本不符合	不确定	基本符合	完全符合
18	贵校的职能部门对教学的支持情况良好					
19	贵校教学管理部门为师生提供了表达意见的顺畅通道					
20	贵校教学管理措施束缚了教师在教学中的特长发挥					
21	贵校出台的教学管理制度大部分是惩戒，奖励措施不足					
22	贵校给予学生依自己的意愿选择专业的自由					
23	贵校制定有实施教学创新和卓越教学的奖励制度					
24	贵校重视"学生评教"结果					
25	贵校重视教师间"同行评教"结果					
26	贵校提供的选修课程学生可以自由选择					
27	贵校的教师教学负担有增多的趋势					
28	贵校开设的课程能紧密对接经济社会和行业发展需求					
29	贵校承认学生通过网络平台自主学习所取得的学时学分					
30	贵校教师重视采用"翻转课堂"及互动式、讨论式等教学方式					
31	贵校校园信息化系统为师生提供了解教学管理制度的服务					

续表

编号	题目	不符合	基本不符合	不确定	基本符合	完全符合
32	贵校校园网提供了丰富的教学资源供师生使用					
33	贵校教师可以便捷地利用互联网进行教学或管理					
34	贵校开发或购买了丰富的网络在线课程					

再次感谢您的填答！

参考文献

(一) 中文著作类

[1] [美] 杜威:《哲学的改造》,许崇清译,商务印书馆 1958 年版。

[2] [德] 康德:《实践理性批判》,韩水法译,商务印书馆 1999 年版。

[3] [德] 黑格尔:《法哲学原理》,范扬等译,商务印书馆 1961 年版。

[4] [美] 杜威:《人的问题》,傅统先、邱椿译,上海人民出版社 1965 年版。

[5] [美] 悉尼·胡克:《理性,社会神话与民主》,金克等译,上海人民出版社 1965 年版。

[6] 金岳霖主编:《形式逻辑》,人民出版社 1979 年版。

[7] [法] H. 法约尔:《工业管理与一般管理》,迟力耕、张璇译,中国社会科学出版社 1982 年版。

[8] [美] 丹尼尔·A. 雷恩:《管理思想的演变》,孔令济译,中国社会科学出版社 1982 年版。

[9] [瑞士] 查尔斯·赫梅尔:《今日的教育为了明日的世界》,王静译,中国对外翻译出版公司 1983 年版。

[10] 冯友兰:《中国哲学史》,北京大学出版社 1985 年版。

[11] [德] 恩斯特·卡西尔:《人论》,甘阳译,上海译文出版社 1985 年版。

[12] 高尔泰:《美是自由的象征》,人民文学出版社 1986 年版。

[13] [美] 戴维·R. 汉普顿:《当代管理学》(第 2 版),陈星译,新华出版社 1986 年版。

[14] 李德顺:《价值论——一种主体性的研究》,中国人民大学出版社

1987年版。

[15]［加拿大］克里斯托弗·霍基金森：《领导哲学》，刘林平等译，云南人民出版社1987年版。

[16]［美］博登海默：《法理学——法哲学及其方法》，邓正来译，华夏出版社1987年版。

[17]温克勒等：《管理伦理学》，天津人民出版社1988年版。

[18]苏国勋：《理性化及其限制——韦伯思想研究》，上海人民出版社1988年版。

[19]［德］M. 蓝德曼：《哲学人类学》，彭富春译，中国工人出版社1988年版。

[20]［美］罗尔斯：《正义论》，何怀宏等译，中国社会科学出版社1988年版。

[21]［美］麦克莱伦：《教育哲学》，宋少云等译，生活·读书·新知三联书店1988年版。

[22]［美］诺兰等：《伦理学与现实生活》，姚新中译，华夏出版社1988年版。

[23]［美］约翰·罗尔斯：《正义论》，何怀宏等译，中国社会科学出版社1988年版。

[24]陈于良：《管理通论》，华东师范大学出版社1989年版。

[25]李馨亭编：《大学教学管理论》，四川科学技术出版社1989年版。

[26]［美］赫伯特·马尔库塞：《单向度的人》，刘继译，上海译文出版社1989年版。

[27]万俊人：《现代西方伦理学史》（上），北京大学出版社1990年版。

[28]［古希腊］亚里士多德：《尼各马可伦理学》，苗力田译，中国社会科学出版社1990年版。

[29]［美］孔茨：《管理学》，上海人民出版社1990年版。

[30]安文铸：《学校管理词典》，中国科学技术出版社1991年版。

[31]［德］雅斯贝尔斯：《什么是教育》，邹进译，生活·读书·新知三联书店1991年版。

[32]桑新民：《呼唤新世纪的教育哲学——人类自身生产探秘》，教育科学出版社1993年版。

[33] 孙志文：《现代人的焦虑和希望》，陈永禹译，生活·读书·新知三联书店1994年版。

[34] 张汝沦：《历史与实践》，上海人民出版社1995年版。

[35] 张世英：《天人之际：中西方哲学的困惑与选择》，人民出版社1995年版。

[36] 张文贤等：《管理伦理学》，复旦大学出版社1995年版。

[37] [美] 麦金太尔：《德性之后》，龚群、戴扬毅等译，中国社会科学出版社1995年版。

[38] 冯友兰：《中国哲学简史》，北京大学出版社1996年版。

[39] 黄兆龙：《现代教育管理伦理学》，中国经济出版社1996年版。

[40] 邵道生：《中国社会的困惑》，社会科学文献出版社1996年版。

[41] [美] 丹尼尔·雷恩：《管理思想的演变》，李柱流等译，中国社会科学出版社1997年版。

[42] 冒荣、刘义恒：《高等学校管理学》，南京大学出版社1997年版。

[43] [德] 马克斯·韦伯：《经济与社会》（上卷），林荣远译，商务印书馆1997年版。

[44] [法] 埃德加·莫兰：《地球祖国》，马胜利译，生活·读书·新知三联书店1997年版。

[45] [美] 大卫·戈伊科奇等：《人道主义问题》，杜丽燕等译，东方出版社1997年版。

[46] [英] 布洛克：《西方人文主义传统》，董乐山译，生活·读书·新知三联书店1997年版。

[47] [英] 弗里德里希·冯·哈耶克：《自由秩序原理》，邓正来译，生活·读书·新知三联书店1997年版。

[48] [英] 洛克：《西方人文主义传统》，董乐山译，生活·读书·新知三联书店1998年版。

[49] 李文阁、王金保：《生命冲动——重读柏格森》，四川人民出版社1998年版。

[50] 苏勇：《管理伦理学》，东方出版中心1998年版。

[51] [法] 布迪厄、华康德：《实践与反思——反思社会学导论》，李猛等译，中央编译出版社1998年版。

[52] [美] 彼得·圣吉：《第五项修炼》，郭进隆译，生活·读书·新知三联书店1998年版。

[53] [美] 约翰·S. 布鲁贝克：《高等教育哲学》，王承绪等译，浙江教育出版社1998年版。

[54] [英] 坎贝尔：《现代美国教育管理》，袁钥锷译，广东高等教育出版社1999年版。

[55] 李泽厚：《美学三书》，安徽文艺出版社1999年版。

[56] 周三多等：《管理学——原理与方法》，复旦大学出版社1999年版。

[57] [法] 米歇尔·福柯：《规范与惩罚》，刘北成、杨远婴译，生活·读书·新知三联书店1999年版。

[58] 樊浩、田海平：《教育伦理》，南京大学出版社2000年版。

[59] 黎红雷：《人类管理之道》，商务印书馆2000年版。

[60] 唐凯麟：《西方伦理学名著提要》，江西人民出版社2000年版。

[61] 王海明：《公正·平等·人道》，北京大学出版社2000年版。

[62] 杨俊一：《制度变迁与管理创新》，复旦大学出版社2000年版。

[63] 赵汀阳：《赵汀阳自选集》，广西师范大学出版社2000年版。

[64] 周祖城：《管理与伦理》，清华大学出版社2000年版。

[65] 朱小蔓：《教育的问题与挑战：思想的回应》，南京师范大学出版社2000年版。

[66] [美] 珍尼特：《价值再发现：走近投资大师本杰明·格雷厄姆》，洛尔等译，机械工业出版社2000年版。

[67] 戴木才：《管理的伦理法则》，江西人民出版社2001年版。

[68] 关淑润：《现代人力资源管理与组织行为》，对外经济贸易大学出版社2001年版。

[69] 王本陆：《教育崇善论》，广东教育出版社2001年版。

[70] 薛天祥：《高等教育管理学》，广西师范大学出版社2001年版。

[71] 叶澜等：《教师角色与教师发展新探》，教育科学出版社2001年版。

[72] [美] 伯顿·克拉克：《探究的场所——现代大学的科研和研究生教育》，王承绪译，浙江教育出版社2001年版。

[73] [美] 约翰·杜威：《民主主义与教育》，王承绪译，人民教育出版社2001年版。

[74] 郭湛：《主体性哲学——人的存在及其意义》，云南人民出版社2002年版。

[75] 何怀宏：《伦理学是什么》，北京大学出版社2002年版。

[76] 雷原：《中国人的管理智慧》，北京大学出版社2002年版。

[77] 王海明：《新伦理学》，商务印书馆2002年版。

[78] 韦森：《经济学与伦理学》，上海人民出版社2002年版。

[79] [英] 怀特海：《教育的目的》，徐汝州译，生活·读书·新知三联书店2002年版。

[80] [美] 马斯·J. 萨乔万尼：《道德领导——触及学校管理的核心》，冯大鸣译，上海教育出版社2002年版。

[81] 蒋庆、盛洪：《以善致善：蒋庆与盛洪对话》，生活·读书·新知三联书店2003年版。

[82] 金生鈜：《德性与教化》，湖南大学出版社2003年版。

[83] 马维娜：《局外生存——相遇在学校场域》，北京师范大学出版社2003年版。

[84] 潘懋元主编：《中国高等教育百年》，广东高等教育出版社2003年版。

[85] 潘懋元：《外国高等教育史》，上海教育出版社2003年版。

[86] 杨伍铨：《管理哲学新论》，北京大学出版社2003年版。

[87] 朱贻庭：《中国传统伦理思想史》，华东师范大学出版社2003年版。

[88] [加拿大] 范梅南：《生活体验研究》，宋广文等译，教育科学出版社2003年版。

[89] [美] 派纳等：《理解课程》，张华等译，教育科学出版社2003年版。

[90] [美] 托马斯·库恩：《科学革命的结构》，北京大学出版社2003年版。

[91] [英] 怀特海：《过程与实在》，中国城市出版社2003年版。

[92] 陈根法：《德性论》，上海人民出版社2004年版。

[93] 王本陆：《课程与教学论》，高等教育出版社2004年版。

[94] 黄志斌：《绿色和谐管理理论——生态时代的管理哲学》，中国社会科学出版社2004年版。

［95］金生鈜：《规训与教化》，教育科学出版社 2004 年版。

［96］宋希仁：《西方伦理思想史》，中国人民大学出版社 2004 年版。

［97］孙彩平：《教育的伦理精神》，山西教育出版社 2004 年版。

［98］张岱年：《文化与价值》，新华出版社 2004 年版。

［99］赵汀阳：《论可能生活：一种关于幸福和公正的理论》，中国人民大学出版社 2004 年版。

［100］［德］伽达默尔：《真理与方法》，洪汉鼎译，上海译文出版社 2004 年版。

［101］［法］埃德加·莫兰：《复杂性理论与教育问题》，陈一壮译，北京大学出版社 2004 年版。

［102］［加拿大］迈克尔·富兰：《变革的力量——透视教育改革》，中央教育科学研究所译，教育科学出版社 2004 年版。

［103］［美］克洛克、戈德史密斯：《管理的终结》，王宏伟译，中信出版社 2004 年版。

［104］［挪］G. 希尔贝克等：《西方哲学史》，童世俊等译，上海译文出版社 2004 年版。

［105］李森：《现代教学论纲要》，人民教育出版社 2005 年版。

［106］梁漱溟：《中国文化要义》，上海人民出版社 2005 年版。

［107］侯晶晶：《关怀德育论》，人民教育出版社 2005 年版。

［108］万力维：《控制与分等——大学学科制度的权力逻辑》，南京师范大学出版社 2005 年版。

［109］熊川武、江玲：《理解教育论》，教育科学出版社 2005 年版。

［110］章海山：《经济伦理及其范畴研究》，中山大学出版社 2005 年版。

［111］［加拿大］迈克尔·富兰：《学校领导的道德使命》，邵迎生译，教育科学出版社 2005 年版。

［112］时伟、吴立保：《现代大学教学管理制度研究》，安徽大学出版社 2006 年版。

［113］孙玉丽：《教育管理审美价值论》，天津教育出版社 2006 年版。

［114］张传有：《伦理学引论》，人民出版社 2006 年版。

［115］庄西真：《国家的限度——"制度化"学校的社会逻辑》，南京师范大学出版社 2006 年版。

[116] 林樟杰：《高等学校管理新认知》，上海教育出版社2007年版。

[117] 宋丽慧：《学生参与——转型时期高校管理的视界》，北京大学出版社2007年版。

[118] 石中英：《教育学的文化性格》，陕西教育出版社2007年版。

[119] 闫旭蕾：《教育中的"肉"与"灵"——身体社会学研究》，南京师范大学出版社2007年版。

[120] 欧阳超：《教学伦理学》，四川大学出版社2008年版。

[121] [英] 亚当·斯密：《道德情操论》，谢宗林译，中央编译出版社2008年版。

[122] 刘万海：《德性教学论》，华东师范大学出版社2009年版。

[123] 周保松：《自由人的平等政治》，生活·读书·新知三联书店2010年版。

[124] [英] 塔拉·史密斯：《有道德的利己》，王旋、毛鑫译，华夏出版社2010年版。

[125] [德] 叔本华：《叔本华论道德与自由》，韦启昌译，上海人民出版社2011年版。

[126] [美] 艾伦·格活斯等：《伦理学要义》，戴杨毅等译，中国社会科学出版社1991年版。

[127] [巴西] 保罗·弗莱雷：《被压迫者教育学》，顾建新等译，华东师范大学出版社2007年版。

[128] [英] 边沁：《政府片论》，沈叔平等译，商务印书馆1997年版。

[129] 陈向明：《质的研究方法与社会科学研究》，教育科学出版社2015年版。

[130] 黄济：《教育哲学通论》，山西教育出版社2014年版。

[131] 冯契：《哲学大辞典》，上海辞书出版社1992年版。

[132] 高兆明：《伦理学理论与方法》，人民出版社2013年版。

[133] [德] 海德格尔：《存在与时间》，陈嘉映译，生活·读书·新知三联书店1999年版。

[134] [美] 赫伯特·A.西蒙：《管理行为》，詹正茂译，机械工业出版社2004年版。

[135] [德] 康德：《道德形而上学原理》，苗力田译，上海人民出版社

2005年版。

[136] 李新旺：《决策心理学》，刘金平主编，河南大学出版社2003年版。

[137] 李泽厚：《伦理学纲要》，人民日报出版社2010年版。

[138] ［美］罗尔斯：《正义论》，何怀宏等译，中国社会科学出版社1988年版。

[139] 罗国杰：《伦理学》，人民出版社1989年版。

[140] ［美］麦金太尔：《追寻美德》，宋继杰译，译林出版社2003年版。

[141] ［英］密尔：《功用主义》，唐钺译，商务印书馆1957年版。

[142] ［美］泰勒：《课程与教学的基本原理》，罗康、张阅译，中国轻工业出版社2008年版。

[143] ［美］梯力：《伦理学概论》，何意译，中国人民大学出版社1987年版。

[144] 唐凯麟：《伦理学》，高等教育出版社2001年版。

[145] 王本陆：《教育崇善论》，广东教育出版社2001年版。

[146] 王策三：《教学论稿》，人民教育出版社1985年版。

[147] 王海明：《新伦理学》，商务印书馆2001年版。

[148] 王正平、周中之：《现代伦理学》，中国社会科学出版社2001年版。

[149] ［美］威廉·威伦等：《有效教学决策》，李森、王纬虹译，教育科学出版社2008年版。

[150] 魏英敏：《新伦理学教程》，北京大学出版社1993年版。

[151] 吴光：《刘宗周全集》，浙江古籍出版社2007年版。

[152] 徐向东编：《后果主义与义务论》，浙江大学出版社2011年版。

[153] 许淑萍：《决策伦理学》，黑龙江人民出版社2005年版。

[154] ［德］雅斯贝尔斯：《什么是教育》，邹进译，生活·读书·新知三联书店1991年版。

[155] 杨伯峻：《论语译注》，中华书局1980年版。

[156] ［美］约翰·古德莱德等主编：《提升教师的教育境界：教学的道德尺度》，汪菊译，教育科学出版社2015年版。

[157] 张广君：《教学本体论》，甘肃教育出版社2005年版。

[158] 周辅成编:《西方伦理学名著选辑》,商务印书馆 1987 年版。

[159] [日] 佐藤学:《课程与教师》,钟启泉译,教育科学出版社 2003 年版。

[160] 朱熹:《四书章句集注》,中华书局 1983 年版。

(二) 中文论文类

[1] [美] 戴维·B.赫尔茨:《科学与管理的联合》,《管理科学》1965 年第 4 期。

[2] 瞿葆奎、喻立森:《教育学逻辑起点的历史考察》,《教育研究》1986 年第 11 期。

[3] 吴新文:《国外企业伦理学:三十年透视》,《国外社会科学》1996 年第 3 期。

[4] 葛新斌:《试论人性假设问题的教育管理学意义》,《清华大学教育研究》1997 年第 2 期。

[5] 方军:《制度伦理与制度创新》,《中国社会科学》1997 年第 3 期。

[6] 杨国荣:《道德与价值》,《哲学研究》1999 年第 5 期。

[7] 燕红、汪苏华等:《高校合并的融合与发展》,《中国高教研究》2000 年第 7 期。

[8] 陈桂生:《制度化教育评议》,《上海教育科研》2000 年第 2 期。

[9] 麻美英:《规范,秩序与自由》,《浙江大学学报》(人文社会科学版) 2000 年第 6 期。

[10] 李森、王牧华:《现代教学论生长点试探》,《西南师范大学学报》(人文社会科学版) 2001 年第 1 期。

[11] 陈彩虹:《道德与功利——现代经济学的一种理解和现代经济学面临的选择》,《东南学术》2001 年第 6 期。

[12] 邬大光:《现代大学制度的根基》,《现代大学教育》2001 年第 1 期。

[13] 赵汀阳:《知识、命运和幸福》,《哲学研究》2001 年第 8 期。

[14] 郁振华:《波兰尼的默会认识论》,《自然辩证法研究》2001 年第 8 期。

[15] 戴木才:《论管理与伦理结合的内在基础》,《中国社会科学》2002

年第 3 期。
［16］田正平、李江源：《教育制度变迁与中国教育现代化进程》，《华东师范大学学报》（教育科学版）2002 年第 1 期。
［17］李森：《教学交往观的确立与基础教育课程改革》，《教育研究》2002 年第 9 期。
［18］徐继存、赵昌木：《教学本质追问的困惑与质疑——兼论教学论研究思维方式的变革》，《教育理论与实践》2002 年第 11 期。
［19］余源培：《人的需要和人的全面发展》，《学术月刊》2002 年第 11 期。
［20］孙彩平：《教育起源于人的道德——一种新的伦理视角》，《江苏教育学院学报》（社会科学版）2003 年第 2 期。
［21］［美］多尔：《超越方法：教学即审美与精神的追求》，《华东师范大学学报》（教育科学版）2003 年第 3 期。
［22］杜海平：《论教师教育的人本价值诉求》，《教育研究与实验》2003 年第 3 期。
［23］金伟：《大学生德性培育的意义和途径》，《湖北社会科学》2003 年第 5 期。
［24］李轶芳：《我国高等教育管理学的历史、现状与未来走向》，《现代大学教育》2003 年第 6 期。
［25］孙绵涛：《西方范式方法论的反思与重构》，《华中师范大学学报》（人文社会科学版）2003 年第 6 期。
［26］汪雷：《安徽师范大学生转系转学》，《中国教育报》2003 年 3 月 29 日。
［27］韦森：《伦理道德与市场博弈中的理性选择》，《毛泽东邓小平理论研究》2003 年第 1 期。
［28］周建平：《追寻教学道德——当代中国教学道德价值问题研究》，博士学位论文，南京师范大学，2003 年。
［29］东方朔：《德性论与儒家伦理》，《天津社会科学》2004 年第 5 期。
［30］徐继存：《教学技术化及批判》，《教育理论与实践》2004 年第 2 期。
［31］刘永富：《胡塞尔现象学中的"意向性"的三层可能的解释》，《世

界哲学》2004 年第 2 期。
[32] 邓正来：《知识生产机器的反思与批判》，《西南政法大学学报》2004 年第 3 期。
[33] 眭依凡：《好大学理念与大学文化建设》，《教育研究》2004 年第 3 期。
[34] 吴向东：《制度与人的全面发展》，《哲学研究》2004 年第 8 期。
[35] 张新平、蒋和勇：《教育管理学的困境与方法转型》，《湖北大学成人教育学院学报》2004 年第 1 期。
[36] 周艳丽：《萨义德知识分子观的分析与启发》，《河北理工学院学报》（社会科学版）2004 年第 2 期。
[37] 寇东亮：《德性伦理与和谐社会价值观的建构》，《郑州大学学报》（哲学社会科学版）2005 年第 3 期。
[38] 邬庭瑾：《教育管理伦理：一个新的研究领域》，《华东师范大学学报》（教育科学版）2005 年第 4 期。
[39] 周建平：《教学的伦理基础》，《内蒙古师范大学学报》（教育科学版）2005 年第 5 期。
[40] 文雪、扈中平：《人性假设与教育意谓》，《高等教育研究》2004 年第 5 期。
[41] 熊川武：《理解教育论》，《教育研究》2005 年第 8 期。
[42] 李森：《论课堂的生态本质，特征及功能》，《教育研究》2005 年第 10 期。
[43] 廖哲勋：《我的教学本质观》，《课程·教材·教法》2005 年第 7 期。
[44] 刘万海：《教学即德性生活：走向新的教学理解》，《全球教育展望》2005 年第 11 期。
[45] 石中英：《论教育实践的逻辑》，《教育研究》2006 年第 1 期。
[46] 徐继存：《教学制度的理性合伦理规约》，《西北师范大学学报》（社会科学版）2006 年第 2 期。
[47] 曾小彬：《试论高校教学管理机构设置与职责划分》，《四川师范大学学报》（社会科学版）2006 年第 3 期。
[48] 袁广林：《高等教育理念相关概念的内涵及相互关系》，《现代教育

科学》2006年第3期。

[49] 魏丹:《大学的三大职能探析》,《继续教育研究》2006年第3期。

[50] 张旸:《学生的主体性文化:教育存在的生命》,《教育研究与实验》2006年第3期。

[51] 宋兵波:《"文化人"人性假设与教育》,《天津市教科院学报》2006年第4期。

[52] 时晓玲:《教育本该激扬生命》,《中国教育报》2006年6月28日。

[53] 薄建国:《教育的科学发展观研究的回顾与展望》,《教育理论与实践》2006年第10期。

[54] 丁远坤:《高校教学管理应强化学术管理》,《中国大学教学》2006年第11期。

[55] 吉标、徐继存:《当前教学论研究三问》,《教育科学》2006年第12期。

[56] 张广君、张建鲲:《教学论:走进生活与超越现实》,《教育研究》2006年第1期。

[57] 车丽娜、韩登池:《学校制度规约与教师文化发展》,《中国教育学刊》2007年第8期。

[58] 李亚娟、李志强、宋传颖:《文化管理与管理文化的区别与联系》,《湘潮》2007年第8期。

[59] 冯向东:《大学职能的演变和大学的开放性》,《中国高等教育》2007年第10期。

[60] 朱平:《制度伦理视角下的高等教育制度》,博士学位论文,厦门大学,2007年。

[61] 李森:《论教学论的类型》,《教育理论与实践》2007年第12期。

[62] 邝庭瑾:《我国教育管理伦理研究现状与反思》,《教育发展研究》2007年第12期。

[63] 李森、潘光文:《从美国教学论流派的创生看中国教学论的发展》,《课程·教材·教法》2008年第3期。

[64] 李森、潘光文:《教学论研究的事实与价值之思》,《西南大学学报》(社会科学版)2008年第11期。

[65] 陈应春:《制度的伦理诉求》,《理论界》2008年第5期。

[66] 龙宝新:《教育观念能撑起教师教育的大厦吗——对专业型教师教育核心理念的质疑与反省》,《教师教育研究》2008年第7期。

[67] 王家军:《学校管理的伦理本质》,《首都师范大学学报》(社会科学版)2008年第3期。

[68] 金保华:《论教育管理的伦理基础》,博士学位论文,华中师范大学,2008年。

[69] 张培:《生命的背离:现代教师的生存状态透视》,《教师教育研究》2009年第1期。

[70] 李森、张东:《中国教学论三十年:实然之境与应然之策》,《西南大学学报》(社会科学版)2009年第6期。

[71] 于泽元:《教学论理论范式的比较与超越:以大陆地区为例》,《西南大学学报》(社会科学版)2009年第6期。

[72] 刘云林:《合道德性教育伦理规范的生成路径》,《教育研究与实验》2009年第9期。

[73] 吴黛舒:《教育变革中教师发展问题》,《教育发展研究》2009年第10期。

[74] 程亮:《规范·专业·实践:当代教师伦理研究的三种取向》,《教育发展研究》2009年第12期。

[75] 高德胜:《论大学德性的遗失》,《全球教育展望》2009年第12期。

[76] 沈小碚、王天平、张东:《对中国课程与教学论流派构建的审思》,《西南大学学报》(社会科学版)2010年第1期。

[77] 于伟、李姗姗:《教育理论本土化的三个前提性问题》,《教育研究》2010年第4期。

[78] 朱永新:《书写教师的生命传奇》,《教育研究》2010年第4期。

[79] 胡军良:《"对话"与"责任":当代中国教育伦理重构应有的两个向度》,《教育理论与实践》2011年第6期。

[80] 郝文武:《课程教学公平的本质特征和量化测评》,《教育研究与实验》2011年第5期。

[81] 金生鈜:《教育正义:教育制度建构的奠基性价值》,《陕西师范大学学报》2011年第2期。

[82] 王小红、杜学元:《学校规训教育与人的异化——福柯规训理论透

视》,《教育研究与实验》2011 年第 5 期。

[83] 韩东屏:《论道德文化的社会治理作用——从道德与制度的比较推论》,《河北学刊》2011 年第 5 期。

[84] 陈德中:《能动性与规范性——雷尔顿论规范力量与规范自由》,《世界哲学》2011 年第 5 期。

[85] 袁祖社:《社群共同体之"公共善"何以具有优先性——实用主义政治伦理信念的正当性辨析》,《厦门大学学报》(哲学社会科学版) 2011 年第 4 期。

[86] 冯书生:《在"自然"与"人为"之间:休谟的正义论及其内在张力》,《天津行政学院学报》2011 年第 5 期。

[87] 王强:《何谓"认同行动"?——规范伦理学的一种拓展性分析》,《北京师范大学学报》(社会科学版) 2011 年第 3 期。

[88] 曾建平:《道德榜样与道德人格》,《武陵学刊》2011 年第 2 期。

[89] 任丑:《应用德性论及其价值基准》,《哲学研究》2011 年第 4 期。

(三) 外文类

[1] See Simon, H., *Administrative Behavior: A Study of Decision-Making Process in Administrative Organization*, 2nd edu, New York: Free Press, 1945.

[2] Heidegger, M., *Kant and the Problem of Metaphysica*, trans. James S. Churchill, Bloomington: Indians University Press, 1962.

[3] Wilson, A. C. and Sarich, V. M., *A Molecular Time Scale for Human Evolution*, Proceeding of the National Academy of Sciences of the United States of American, 1963.

[4] R. S. Peters, *Ethics and Education*, George Allen & Unwin Ltd., 1966.

[5] Foucault, M., *The Order of Things: An Archaeology of the Human Sciences*, London: Tavistock, 1970.

[6] Gallup, C. G., "Chimpanzees: Self-Recognition", *Science*, 1970.

[7] John Rawls, *A Theory of Justice*, Harvard University Press, 1971.

[8] McDermott, R. P., "Achieving School Failure: An Anthropological Approach to Illitcracy and Social Stratification", in Spindler, G. D.

(ed.), *Education and Cultural Processes: Toward An Anthropology of Education. Holt, Rinehart, and Winston*, New York, 1974.

[9] D. Hume, *A Treatise of Human Nature*, 2nd ed., Oxford: Clarendon Press, 1978.

[10] Schwartz, F., "Supporting and Subverting Learning: Peer Group Patterns in Four Tracked School", *Anthropology and Education Quarterly*, 1981.

[11] Rae D. W., "Two Contradictory Ideas of (Political) Equality", *Ethics*, 1981.

[12] Aristotle, *Poeties*, trans. J. Hutton, London, New York: Norton, 1982.

[13] Fodor, J. A., *The Modularity of Mind*, Cambridge, MA: MIT Press, 1983.

[14] Heath, S. B., *Ways with Words: Language, Life and Work in Communities and Classroom*, Cambridge: Cambridge University Press, 1983.

[15] Philips, S., *The Invisible Culture: Communication in Class-room and Community on the Warm Springs Reservation*, New York: Longman, 1983.

[16] Aristotle, *Nicomachean Ethics*, Trans. D. Ross, Oxford University Press, 1984.

[17] Les Brown, *Justice, Morality and Education: A New Focus in Ethics in Education*, The Macmillan Press, Ltd., 1985.

[18] W. C. Crain, *Theories of Development*, Upper Saddle River, NJ: Prentice Hall, 1985.

[19] Foster, W. P. *Paradigms and Promise: New Approaches to Educational Administration*, Baffulo, NY: Prometheus Booke, 1986.

[20] Bishop, A. J., *Mathematical Enculturation: A Cultural Perspective on Mathematics Education*, Kluwer Academic, London, 1988.

[21] REdward Freeman and Daniel R. Gibert, *Corporate Strategy and the Search for Ethics*, Englewood Cliffs, 1988.

[22] Bottery, M., *The Morality of the School: The Theory and Practice of Values in Education*, London: Cassell Educational Limited, 1990.

[23] Srike, K. A. , Soltis, J. F. , *The Ethics of Teaching* , Theachers College Press, Columbia Unniversity, 1992.

[24] Mike Bottery, *The Ethics of Educational Management: Personal, Social and Political Perspectives on School Organization*, Cassell, 1992.

[25] Baudrillard, J. , *Symbolic Exchange and Death*, trans. Iain Hamilton Grant, London: Sage, 1993.

[26] Greenfield, H. "The Decline and Fall of Science in Educational Administration", Greenfield. & Ribbins, P. , *Greenfieldon Educational Administration: Towards Human Science*, London and New York: Routled Re, 1993.

[27] Greenfield, T. B. and Ribbins, P. , *Greenfield on Educational Administration: Towards a Humane Science*, New York: Routledge, 1993.

[28] Fenwick W. English, *Theory in Educational Administration*, New York: Harper Collins College Publishers, 1994.

[29] Florio, S. R. , "Classroom Culture and Social Organization, Anthropological Study of, in Torsten Husen", T. Neville Postlethwaite (eds.), *International Encyclopedia of Education*, Kidlington: Elsevier Science Ltd. , 1994.

[30] Robert J. Starratt, *Building an Ethical School: A Practical Response to the Moral Crisis in Schools*, Routledge Falmer, 1994.

[31] Willower, Donald J. , "Inquiry in Educational Administration and the Spirit of the Times", *Educational Administration Quarterly*, Vol. 32, No. 3, 1996.

[32] Kenneth A. Strike, *The Ethics of School Administration*, Teachers College Press, 1998.

[33] Samford, Charles, *Public Sector Ethics: Finding and Implementing Values*, London, UK: Routledge, 1998.

[34] Preston, Nod, *Ethics and Political Practice: Perspectives on Legislative Ethics*, London, UK: Oudedge, 1998.

[35] Lynn Bowes-Sperry, Gary N. Powell, "Observers' Reactions to Social-Sexual Behaviors at Work: An Ethical Decision Msking Perspective",

Jouranal of Management, 1999.

[36] Rosalind Hursthouse, *On Virtue Ethics*, Oxford, 1999.

[37] Leidlmair, K. "From the Philosophy of Technology to a Theory of Media", *Society for Philosophy and Technology*, 1999.

[38] Ahonen, Sirkka, "What Happens to the Common School in the Market?" *Journal of Curriculum Studies*, 2000.

[39] Copley, T., *Spiritual Development in the State School: A Perspective on Worship and Spiritual in the Education System of England and Walse*, Exeter: University of Exeter Press, 2000.

[40] Calderwood, Patricia E., *Learning Community: Finding Common Ground in Difference*, New York: Teachers College Press, 2000.

[41] James A. Brivkley, Clifford W. Smith Jr., Jerold L. Zimmerman, "Business Ethics and Organizational Architecture", *Joural of Banking & Finance*, 2002.

[42] David F. Hansen, *Exploring the Moral Heart of Teaching: Toward a Teachers Creed*, N.Y.: Teachers College Press, 2010.

[43] Mauss M., *A General Theory of Magic*, Trans. by Robert Brain, London: Routledge and K. Paul, 2001.

[44] R. Cohone, "Hume's Moral Philosophy", in Edward N. Zalta, ed., *Stanford Encyclopedia of Philosophy* (Fall 2010 Edition), Retrieved April 30th 2011 at http: plato. stanford. edu/archives/fall 2010/entries/hume-moral/.

[45] R. Johnson, "Kant's Moral Philosophy", in Edward N. Zalta, ed., *Stanford Encyclopedia of Philosophy* (Summer 2010 Edition), Retrieved April 30th 2011 at http: plato. stanford. edu/archives/fall2010/entries/hume-moral/.

[46] Bruce, H. Kramer & Ernestine, K. Enomoto, *Leading Ethically in Schools and Other Organizations: Inquiry, Case Study and Decision-making*, Maryland: Rowman & Littlefield, 2014: 12.

[47] Clark, C. & Peterson, P., *Teacher Stimulated Recall of Interactive Decisions*, Paper Presented at the Meeting of American Educational Research

Association, San Francisco, 1976.

[48] Eggleston, J., *Teacher Decision-making in the Classroom*, London: Routledge & Kegan Paul, 1979.

[49] Gee, J. P., "Identity as an Analytic Lens for Research in Education", in W. Sccanda (ed.), *Review of Research in Education*, Washington, D C: AERA, 2001.

[50] Hansen, D. T., "Teaching as a Moral Activity", in V. Richardson (ed.), *Handbook of Research on Teaching* (4th ed.), Washington, D. C.: American Educational Research Association, 2001b.

[51] Haynes, F., *The Thical School*, London: Routledge, 1998.

[52] Jacobs, J., *Dimensions of Moral Theory: An Introduction to Metaethics and Moral Psychology*, Malden, MA: Blackwell, 2002.

[53] Jackson, P., *Life in Classrooms*, New York: Holt, Rinehart and Winston, 1968: 3-11.

[54] Kierstead, F. D. & Wagner, P., "The Nature of Morality", in *The Ethical, Leagal, and Multicultural Foundations of Teaching*, Madison, Wisconsin: Brown & Benchmark Publishers, 1993.

[55] Melo, P., *Ethical Conflicts in Teaching: The Novice Teacher's Experience*, 2003.

[56] Oser, F. K., Dick, A. & Patry, J. L. (eds.), *Effective and Responsible Teaching: The New Synthesis*, San Francisco: Jossey-Bass Publishers, 1992.

[57] Patton, M. Q., *Qualitative Research & Evaluation Methods* (3rd ed.), Thousand Oaks: Sage Publishers, 2002.

[58] Robert Beekes, *Etymological Dictionary of Greek*, Koninklijke Brill NV, 2009: 129.

[59] Russell, S. L., *Ethical Theory: An Anthology* (2nd), A John Wiley & Sons, Inc., 2013.

[60] Sockett, H., *The Moral Base for Teacher Professionalism*, New York: Teacher Clollege Press, 1993.

[61] Strike, K. A. & Soltis, J. F., *The Ethics of Teaching*, Teachers College

Press of Columbia University, N. Y., 1985.
[62] Tom Alan, R., *Teaching as a Moral Craft*, Longman Inc., 1984.
[63] William Wilen, *Dynamics of Effective Teaching* (4th ed.), Addision Wesley Longman, Inc., 2000.
[64] Barrow, R., "Is Teaching an Essentially Moral Enterprise?" *Teaching and Teacher Education*, 1992 (8).
[65] Buzzelli, C. & Johnston, B., "Authority, Power, and Morality in Classroom Discourse", *Teaching and Teacher Education*, 2009 (17).
[66] Colnerud, G., "Teacher Ethics as a Research Problem: Syntheses Achieved and New Issues", *Teachers and Teaching: Theory and Practice*, 2006, 12 (3).
[67] Greene, J. D., "Why are VMPFC Patients more Utilitarian? A Dual-process Theory of Moral Judgment Explains", *Trends Cogn Sci*, 2007, 11.
[68] Hadit, J., "The Emotional Dog & its Rational Tail: A Social Intuitionist Approach to Moral Judgment", *Pyschological Review*, 2001, 108.
[69] Husu, J., & Tirri, K., "Teachers' Ethical Choices in Socio-moral Settings", *Journal of Moral Education*, 2001, 30 (4).
[70] Husu, J., & Tirri, K., "Develping Whole School Pedagogical Values-A case of Going through the Ethos of 'good schooling'", *Teaching and Teacher Education*, 2007, 23 (4).
[71] Husu, J. A., "A Multifocal Approach to Study Pedagogical Ethics in School Setting", *Scandinavian Journal of Educational Research*, 2004, 48 (2).
[72] Luckowski, J. A., "A Virtue-Centered Approach to Ethics Education", *Journal of Teacher Education*, 1997, 48 (4).
[73] Jones, S. K. & Hiltebeitel, K. M., "Organizational Influence in a Model of the Moral Decision Making Process of Accountants", *Journal of Business Ethics*, 1995 (14).
[74] Joseph, P. B. & Efron, S., "Moral Choices/Moral Conflicts: Teachers' Self-Perceptions", *Journal of Moral Education*, 1993, 18 (1).

[75] Lyons, N. , "Dilemmas of Knowing: Ethical and Epistemological Dimensions of Teacher's Work and Development", *Harvard Education Review*, 1990 (60).

[76] MacKay, D. A. , & Marland, P. W. , "Thought Processes of Teachers", *ERIC Document Repreduction*, Service No ED 151 328, 1978.

[77] Maslavaty, "Teachers' Choice of Teaching Strategies for Dealing with Socio-moral Dilemmas in the Elementary School", *Journal of Moral Education*, 2002, 20 (4).

[78] Miner, M. & Petocz, A. , "Moral Theory in Ethical Decision Making: Problems, Clarifications and Recommenddations from a Psychological Perspective", *Journal of Business Ethics*, 2003 (42).

[79] Nash, R. J. , "Three Conceptions of Ethics for Teacher Educations", *Journal of Teacher Education*, 1991, 42 (3).

[80] Orly Shapira-Liskchinsky, "Teacher's Critical Incidents: Ethical Dilemma in Teaching Practice", *Teaching and Teacher Education*, 2011 (27).

[81] Oser, F. K. & Althof, W. , "Trust in Advance: On the Professional Morality of Teachers", *Journal of Moral Education*, 1991, 22 (3).

[82] Pring, R. , "Education as a Moral Practice", *Journal of Moral Education*, 2001 (2).

[83] Shavelson, R. J. , "Review of Research on Teachers Pedagogical Judgements, Plans & Decisions", *Elementary School Journal*, 1983, 83 (4).

[84] Shavelson, R. J. & Stern, P. , "Research on Teachers Pedagogical Thoughts, Judgements, Decisions & Behaviors", *Review of Educational Research*, 1981, 51 (4).

[85] Soltis, J. F. , "Teaching Professional Ethics", *Journal of Teacher Education*, 1986, 37 (3).

[86] Strike, K. A. , "Teaching Ethics to Teachers: What the Curriculum Should be about", *Teaching and Teacher Education*, 1990 (6).

后　　记

　　本书系作者在博士论文基础上修改完善而成。博士论文研究和成文期间，有过挫折和迷惘，但更多的是成长与收获。拙作即将脱手，望着一沓厚厚的文稿，各种思绪涌上心头，也许它并不完美，也难免会有偏颇和疏漏，但它记录了我四年博士生活和十余年大学教学管理一线经历的点点滴滴，承载了许多痛并快乐着的回忆和满腔的感激。

　　感激于心，感恩于情，感谢于言！

　　衷心感谢导师李森教授。导师治学严谨，学养丰厚，品德高尚，平易近人，引领我走进学术的殿堂。还记得博士学位论文选题时心灵的阵痛，研究时披星戴月的艰辛，写作时的殚精竭虑，导师的耐心点拨、悉心指导，他用博大的胸怀，宽容我的愚钝和木讷，容忍我的过错和失误，让我得以坚持学业，继续前行；还记得博士论文定稿之际，导师不顾劳累，精心批阅，慧眼识瑕，宽严相济。我将永远铭记这份浓浓的"学缘"关系和学术亲情。感谢师母郑红苹女士，师母温婉儒雅，贤良淑德，让我们求学于此，倍感温暖。

　　衷心感谢在西南大学求学期间给予我指导的各位老师：徐仲林教授、靳玉乐教授、廖其发教授、刘义兵教授、于哲元教授、任一明教授、王牧华教授。感谢北京师范大学王本陆教授、陕西师范大学陈晓端教授、海南师范大学蔡宝来教授、山东师范大学徐继存教授多次的点拨和指导。独学而无友，则孤陋而寡闻。衷心感谢各位学友，我亲爱的同学和朋友，师兄宋德云、刘忠政、张家政、陈勇、赵鑫、陈建生、潘光文，师姐李纯、匡方涛，他们的智慧予以我启迪；感谢师弟张建佳、杜尚荣、杨智、段胜峰、李德全，师妹刘旖洁、马琴、刘桂影、亓玉慧、郝元慧等，他们的快乐与我共享；感谢高岩老师、伍叶琴老师，王天平、张姝、张涛、刘伟、吴文、陆明玉、胡白云，有他们的同行共进，鼓励交流，让我的学术之旅不再孤单。

博士毕业之后，个性使然，我关注高等教育教学的理想问题，也着力关注和改革现实问题，将现实性和时代感织入德性与理性的理想图景之中，以课题为依托，以研究为动力，继续加强教育教学改革研究，相继承担两项重庆市高等教育教学改革项目和重庆市教育综合改革项目，助推大学教学管理改革，相关政策解读和实践总结也给论文的修改提供了更丰富的现实素材和更广阔的分析视角。衷心感谢重庆市教育评估院和重庆邮电大学的各位领导及同事给予我研究提供的大力支持和帮助。

在美访学期间，感谢亚利桑那大学教育学院 Walter Doyle 教授的悉心指导和陕西师范大学龙宝新教授对本书修改的研讨提升。

感谢重庆邮电大学代金平教授、谢俊教授，重庆交通大学张绍荣书记，温州医科大学苏强博士，重庆师范大学许毅老师在书稿修改完善过程中，提供的智力支持和真诚建议。感谢中国社会科学出版社孔继萍老师在著作出版期间的辛勤付出和帮助。

多年来，家人一直是我的坚强后盾，一直默默支持、激励着我，给我前进的信心、勇气和动力，让我能温暖而坚定地前行。

情谊难忘，铭记于心。谨以此书献给所有关心和帮助过我的人！

张 东

2018 年 5 月